Cuaderno de trabajo

FIFTH EDITION

Dos mundos

Tracy D. Terrell
Late, University of California, San Diego

Magdalena Andrade
Irvine Valley College

Jeanne Egasse
Irvine Valley College

Elías Miguel Muñoz

Boston   Burr Ridge, IL   Dubuque, IA   Madison, WI   New York
San Francisco   St. Louis   Bangkok   Bogotá   Caracas   Kuala Lumpur
Lisbon   London   Madrid   Mexico City   Milan   Montreal   New Delhi
Santiago   Seoul   Singapore   Sydney   Taipei   Toronto

McGraw-Hill Higher Education

A Division of The McGraw-Hill Companies

This is an EBI book.

Cuaderno de trabajo
Dos mundos

Published by McGraw-Hill, an imprint of The McGraw-Hill Companies, Inc., 1221 Avenue of the Americas, New York, NY 10020. Copyright © 2002, 1998, 1994, 1990, 1986 by The McGraw-Hill Companies, Inc. All rights reserved. No part of this publication may be reproduced or distributed in any form or by any means, or stored in a database or retrieval system, without the prior written consent of The McGraw-Hill Companies, Inc., including, but not limited to, in any network or other electronic storage or transmission, or broadcast for distance learning.

This book is printed on acid-free paper.

3 4 5 6 7 8 9 0 QPD QPD 0 9 8 7 6 5 4 3 2

ISBN: 0-07-248612-0 (Combined); 0-07-248604-X (Part A); 0-07-248605-8 (Part B)

Editor-in-chief: *Thalia Dorwick*
Publisher: *William R. Glass*
Development editor: *Pennie Nichols-Alem*
Senior marketing manager: *Nick Agnew*
Senior production supervisor: *Pam Augspurger*
Senior supplements producer: *Louis Swaim*
Senior project manager: *David M. Staloch*
Illustrators: *David Bohn, Wayne Clark, Anica Gibson, Rick Hackney, Sally Richardson, Dave Sullivan*
Compositor: *TechBooks*
Typeface: *10/12 Palatino*
Printer and binder: *Quebecor World Printing, Dubuque*

Grateful acknowledgment is made for use of the following:

Photo credit:
Page 245: © Stuart Cohen

Literary credits:
Page 105: Cinco de mayo, in *Laughing Tomatoes and Other Spring Poems* by Francisco X. Alarcón and Christina Gonzalez. Used by permission of the publisher, Children's Book Press, 1997.
Page 268: «De muerte natural» by Rafael Bernal: Adapted from *Cuentos americanos, con algunos poemas,* Third Edition. Edited by Donald Devenish Walsh and Lawrence Bayard Kiddle, by permission of W.W. Norton & Company, Inc. Copyright 1970, 1948 by W.W. Norton and Company, Inc. Copyright renewed 1976 by Donald D. Walsh.
Page 292: «El porto del señor Cura» by Armando Palacio Valdés from *Obras completas* (Madrid: Aguilar).
Page 317: «Prejuicio» by Luis Muñoz Marín from *Cuentos alegres para principiantes,* Third Edition, by Mario B. Rodríguez, copyright 1972 by Holt, Rinehart and Winston. Reprinted by permission of the publisher.

http://www.mhhe.com

CONTENTS

To the Instructor

Welcome to the Fifth Edition of the *Cuaderno de trabajo*. Our combined workbook/laboratory manual has many new features and activities, but its basic premise has not changed. The *Cuaderno* is intended for use outside the classroom. Its primary goal is to further students' acquisition and learning of Spanish by giving them additional practice reading, writing, and listening to the target language in a variety of meaningful contexts.

The general organization of the *Cuaderno* follows that of the student textbook: three preliminary **Pasos** (**A, B,** and **C**) and fifteen regular chapters. Each chapter contains the same thematic divisions as the corresponding chapter in the main text. We provide **Actividades escritas** (written activities) and **Actividades auditivas** (listening comprehension activities, formerly **Comprensión oral**) for every topic in the **Actividades de comunicación y lecturas** sections of the textbook.

The most important change in the Fifth Edition of the *Cuaderno de trabajo* is the reorganization of its contents. We have created a new, more manageable, structure. Adopters of the previous edition will want to pay close attention to this structural change. Each chapter now has the following sequence.

Actividades escritas: two to four activities per chapter theme

Resumen cultural: questions that review the cultural content of the chapter

Actividades auditivas: one or more listening comprehension activities per chapter theme

Pronunciación y ortografía: recorded exercises

Videoteca: written activities coordinated with the video

Lecturas: readings

The **Actividades escritas** and **Actividades auditivas** have been completely separated. Students will do the **Actividades escritas** and the **Resumen cultural** first; then, once familiar with the themes, vocabulary, culture, and grammar in the chapter, students will work on the **Actividades auditivas.** The written activities will provide the practice and confidence students need before they listen to the recorded segments on their own. Thus this new structure will make the students' work outside of class more productive and effective. This separation also ensures that the written and listening sections of the *Cuaderno* can be easily assigned and collected.

The *Cuaderno* Sections: A Closer Look

Actividades escritas. Two types of activities are included in the **Actividades escritas** section:

■ Those that focus on grammar and are based on the **Gramática** section of the main text

■ Those that allow students to write creatively

Each **Actividades escritas** section begins with a reference (**Lea Gramática...**) to the corresponding grammar point(s) in the textbook. This reference will remind students which grammar topic(s) to review before doing those activities and where to look for help while working. Most of these activities can be done outside of class, although in-class follow-up of the more creative ones can prove beneficial.

Resumen cultural. The written activities in the **Resumen cultural** sections add emphasis to the strong cultural focus in *Dos mundos*, Fifth Edition. These activities appear at the end of the **Actividades escritas** sections. They allow students to verify their knowledge and understanding of Hispanic culture. The **Resumen cultural** draws on the cultural material in each chapter, from the **Lecturas,** the **Notas culturales,** the **Ventanas culturales,** and the **¡OJO!** feature.

Actividades auditivas. The activities in this section consist of conversations, narratives, advertisements, and other examples of texts recorded on the audio program. Since the focus is on listening comprehension, the scripts of these passages are not included in the *Cuaderno*. Instead, each recorded passage has a corresponding worksheet, which always contains:

- A list of useful vocabulary (with English translations) to aid comprehension

- A short introduction to the recorded passage

- Verification activities of several different types

Each **Actividades auditivas** section (starting with **Capítulo 1**) opens with a segment called **Para empezar** and closes with a segment called **¡A repasar!** (beginning with **Paso B**). The **Para empezar** activities review vocabulary, themes, and grammar from the previous chapter, providing students with a warm-up before they listen to the new material. The **¡A repasar!** segments consist of cumulative activities that focus on the general theme of the chapter. As the title suggests, their purpose is to review chapter topics, vocabulary, and grammar.

Pronunciación y ortografía. This section provides explanations and exercises that help students work with both the sound system of Spanish and its correspondence with spelling. Spanish sound-letter correspondences are relatively simple, and many students become good spellers in Spanish without any explicit instruction. Note that these exercises generally include only words that students have already encountered in oral class activities.

Videoteca. Correlated with the *Video to accompany Dos mundos*, this section helps students work with the content of the chapter's video segment. A brief introduction to each episode is provided in the **Videoteca** section at the end of **En resumen,** in each chapter of the textbook. The *Cuaderno* viewing activities were rewritten for the Fifth Edition and now provide:

- A list of useful new vocabulary

- A synopsis of the segment

- Comprehension questions with varying formats

It is helpful—and fun!—to present each video segment and do the corresponding activities in class with your students. Some of the segments may also be used as material for tests.

Lecturas. Many previous readings were rewritten for the Fifth Edition, and new readings were added, including several **El mundo hispano... La gente** segments, a **Nota cultural** on Andean cuisine, and a poem about the **Cinco de mayo** holiday. Each of the **Lecturas** and **Notas culturales** is preceded by an introduction to the passage and a list of useful vocabulary. All readings are followed by three types of activities:

- **Comprensión** (brief verification questions)

- **¡Ahora usted!** (personalized questions)

- **Un paso más... ¡a escribir!** (creative writing activities)

The readings can be assigned as homework or as makeup work, or used as springboards for class discussion and oral group presentations. In the *Instructor's Manual,* you will find helpful notes and suggestions for teaching the *Cuaderno* readings.

Expansión gramatical. Some additional grammar concepts, with verification exercises, have been placed in a section called **Expansión gramatical** at the end of the *Cuaderno de trabajo*. If you wish to present more grammar concepts than those included in the main text, the **Expansión** section will be very helpful.

Answer Key. At the end of the *Cuaderno* are answers to most written activities including the **Resumen cultural,** to all listening comprehension activities, to the spelling exercises, to the **Videoteca** activities, and to the **Comprensión** questions of the **Lecturas.** This Answer Key allows students to check their own work and to learn from their errors. You will find many open-ended and communicative activities in the *Cuaderno.* Answers to questions for which there is more than one correct response and for personalized activities are identified by the symbol ▲ or by the phrase *answers should be original.* In those cases we usually provide guidelines and suggestions, rather than specific answers. Students must allow for differences in content when checking answers to open-ended questions and activities. They should correct errors in form only.

Teaching the *Cuaderno*: Useful Suggestions

A Low-Stress Classroom Environment: Letting it Happen Naturally

Please remember that there is a close correlation between a low affective filter and successful language acquisition. Avoid placing undue stress on students about the *Cuaderno de trabajo* assignments. Help them to understand that the listening component is a source of additional comprehensible input, not a testing tool. Encourage students to consult you when problems arise. Remind them that they may listen multiple times but that, even so, it is not realistic to expect to comprehend everything they hear, nor is it necessary to answer every question correctly.

The *Actividades auditivas*: Helping Students to Listen

The listening comprehension activities are intended for use primarily as homework, but they can also be done in class. Try to do at least part of each **Paso** in class before you assign the remaining activities as homework. The brief introduction to students that follows ("To the Student") will help them complete the assignments for the **Pasos**. There are specific instructions and strategies included in that section, as well as suggestions for working with several **Actividades auditivas** from **Capítulo 2**. We recommend that you repeat this "training session" at some point between **Capítulos 2** and **4** and at the beginning of a new semester or quarter. It is also a good idea to review the procedure and listening techniques when you or your students feel that segments are starting to become more complicated.

Please note that although the speakers on the audio program will not speak at normal native speed, students often have the impression that the rate of speech is too fast. One reason for this is the lack of visual cues. Furthermore, the level of input in some segments is slightly above the students' current level of comprehension, which may cause some anxiety. To avoid concern, make sure students understand the role of the *Cuaderno* materials and know how to use them correctly. It is a good idea to finish most of the **Actividades de comunicación** of a given textbook chapter before assigning students to work independently on the **Actividades auditivas** of the *Cuaderno de trabajo*.

Pronunciation: Do Not Repeat after Me!

Students' pronunciation depends upon factors largely beyond the instructor's control, but with regular classroom experience students will generally develop pronunciation that is acceptable to most native speakers. We suggest that students at first be urged to concentrate on listening comprehension, rather than on pronunciation. The purpose of pronunciation exercises is not to provide rules for students to hear at the beginning of the course but to present a set of exercises in which certain problematic sounds are isolated.

Some instructors find it useful to assign a review of the **Pronunciación y ortografía** sections when starting the second semester (or second or third quarter). A few even recommend that students listen to the audio program for all previous chapters as a review. This experience is usually rewarding, since students who have covered five or six chapters find the texts from the initial chapters easy the second time around and are excited about their progress.

Measuring Students' Performance: That Is the Question . . . and the Answer

Since the answers are included in the *Cuaderno*, there remains the problem of how to keep students from copying. In our experience, the majority of students will not cheat unless the assignment proves excessively difficult. In spite of this, and since in an academic environment there is always a need to measure performance, we suggest that you use two or three of the items from each chapter in a short listening comprehension quiz. You may photocopy the corresponding worksheets from the *Cuaderno*, leaving out the vocabulary section, or you may write your own questions. Play each selection two or three times during the quiz. You will find that students who have done their homework honestly will do well on the quizzes and those who merely copied the answers will not.

To the Student

The *Cuaderno de trabajo* (workbook/laboratory manual) is intended for use outside the classroom. Its primary goal is to give you additional practice reading, writing, and listening to Spanish in a variety of meaningful contexts. The general organization of the *Cuaderno* follows that of your textbook: three preliminary **Pasos** (*steps*) and fifteen regular chapters. Each chapter provides **Actividades escritas** (*written activities*) and **Actividades auditivas** (*listening comprehension activities*) for every topic in the **Actividades de comunicación y lecturas** sections of *Dos mundos*, Fifth Edition.

The following chart highlights the most important features of the *Cuaderno de trabajo*.

	WHAT IS IT?	**HOW WILL IT HELP?**
Actividades escritas	Written activities usually done outside of class. Coordinated with the chapter theme, vocabulary, and grammar.	Allow you to express yourself in writing and let your instructor see your progress.
Resumen cultural	Written activities that review the cultural content in the main text. One activity per chapter.	Allow you to verify your knowledge and understanding of Hispanic culture.
Actividades auditivas	Listening activities for use outside of class. Most activities have comprehension questions.	Provide you with opportunities to listen to and acquire Spanish outside the classroom.
Ejercicios de pronunciación y ortografía	Recorded pronunciation and spelling exercises.	A simple introduction to Spanish spelling and pronunciation.
Videoteca	Written activities to accompany the **Videoteca** section of the text and the video.	Provide you with opportunities to work with and react to the video segments.
Lecturas	Additional readings; may be done in class, as homework, or read for pleasure.	Allow you to acquire more Spanish through additional reading.
Expansión gramatical	Additional grammar points with verification exercises, in the Appendix of the combined edition and of Part B of the split editions.	For reference or further study.
Answer Key	Answers to most of the **Actividades escritas,** the **Resumen cultural,** the recorded **Actividades auditivas,** the **Ejercicios de ortografía,** and the **Videoteca** activities.	Give you quick feedback on comprehension and written activities.

How to Get the Most Out of the *Cuaderno*

Actividades escritas. This section gives you the opportunity to express your own ideas in written Spanish on the topics covered in each chapter. When doing each activity, try to use the vocabulary and structures that you have acquired in the current chapter as well as those from previous chapters. The **Lea Gramática...** note will refer you to the specific grammar points that you need to review in the main text. You may also want to remember the following basic guidelines related specifically to the mechanics of the Spanish language:

- Include accent marks whenever they are needed. Accent marks are written directly over vowels: **á, é, í, ó, ú.** Note that when **i** has an accent it doesn't have a dot.

- Don't forget the tilde on the **ñ.** The **ñ** is a different letter from **n.**

- Include question marks (**¿** and **?**) to open and close questions.

- Include exclamation points (**¡** and **!**) before and after exclamations.

When you've finished the assignment, check your answers against the Answer Key in the back of the *Cuaderno.* Bear in mind that in many cases your answers should reflect your own life and experiences. Use the Answer Key to correct errors in form, not differences in content.

Resumen cultural. This section presents questions that review the cultural content from **Ventanas culturales, Lecturas, Notas culturales,** and the **¡OJO!** segments of the chapter. Use the Answer Key to correct your answers.

Actividades auditivas. This section is made up of worksheets to help you check your comprehension of recorded passages, including conversations, narratives, and advertisements. These passages provide you with more opportunities to listen to and understand spoken Spanish outside the classroom. They simulate real-life experiences, giving you exposure to authentic speech in a variety of contexts and to the different accents of the Spanish-speaking world.

The worksheets for each passage consist of the following:

- A list of useful vocabulary words, followed by their English translation, to aid comprehension

- A short introduction to the passage

- Tasks to help you verify whether you have understood the main ideas

Beginning with **Capítulo 1,** each section of **Actividades auditivas** opens with a segment called **Para empezar,** which reviews material from the previous chapter, and beginning with **Paso B,** each section closes with a segment called **¡A repasar!** (*Let's review*!), a cumulative activity that focuses on the general theme of the chapter.

The topics of the recorded passages are the same as those of the corresponding chapter of your textbook. You should try to work on a section of the *Cuaderno* activities after most of the textbook activities for the section have been done in class, that is, when you feel comfortable with the topics and vocabulary of the chapter.

Ejercicios de pronunciación. The *Cuaderno* includes a series of pronunciation exercises starting in **Paso A** and continuing through **Capítulo 10.** These exercises are designed to attune your ear to the differences between English and Spanish and to improve your Spanish pronunciation. These **Ejercicios** group words you already know so you can practice the pronunciation of a particular sound they have in common. First, an explanation of the pronunciation of the sound is given, followed by examples for you to repeat aloud.

Keep the following suggestions and facts in mind when doing these exercises.

- Your goal is to develop a feel for good pronunciation in Spanish, not to memorize pronunciation rules.

- Most people achieve good pronunciation in a new language by interacting in a normal communicative situation with native speakers of that language.

- The more spoken Spanish you hear, the more you will become used to the rhythm, intonation, and sound of the language.

- Do not attempt to pay close attention to details of pronunciation when you are speaking Spanish; it is far more important to pay attention to the ideas you are trying to express.

Ejercicios de ortografía. These exercises consist of spelling rules and examples, followed by dictation exercises. You will be familiar with the words in these dictation exercises from the communicative activities done in class. Again, the idea is not to memorize a large number of spelling rules but rather to concentrate on items that may be a problem for you. These spelling exercises continue through **Capítulo 14.** Remember to check the answers in the back of the *Cuaderno* when you have completed the exercises.

Lecturas. Starting with **Capítulo 1,** each chapter of the *Cuaderno de trabajo* contains a section called **Lecturas.** The readings in this section correspond to the same categories as those in the textbook. We recommend that you read as many of them as possible, since reading is a skill that can help you acquire Spanish. The more Spanish you read, the more Spanish you will be able to understand and speak. Keep the following suggestions and facts in mind when working with the readings.

- Reading is not translation. If you are looking up a lot of words and translating into English as you go, you are not really reading.
- Most of the readings in the *Cuaderno* are for practice in extensive reading; that is, reading for the main idea and using context and common sense to guess the meaning of words you don't know.
- Many of the words and phrases in these readings have appeared in classroom activities. Some words are included in the **Vocabulario útil** list. You do not need to learn these; just use them to help you understand what you're reading.
- There will also be some words that you will not have seen before and that are not part of the vocabulary list. Try to understand the gist of the reading without looking up such words. Chances are that you can guess their meaning from context or that you don't need to know their meaning to understand the general idea of the reading.

Your instructor will ask you to do some of the **Lecturas** at home so you can discuss them in class. The better you prepare yourself, the more you will learn from these discussions and the more Spanish you will acquire. Be adventurous. Try your hand at the different types of questions and post-reading activities. Let your reading be an enjoyable experience!

The Cast of Characters. Many activities and exercises in *Dos mundos* and the *Cuaderno de trabajo* feature a cast of characters from different parts of the Spanish-speaking world. There are two main groups: **Los amigos norteamericanos** and **Los amigos hispanos.** Please refer to your textbook, pages xxxiv–xxxv, for a presentation of these characters.

The Video. The Fifth Edition of *Dos mundos* features a two-hour video, filmed on location in Mexico, Ecuador, and Spain. You will find an introduction to the vignette in the **Videoteca** section of **En resumen,** at the end of the **Actividades de comunicación y lecturas** sections of the textbook. Each chapter video segment also includes a cultural montage on one of the twenty-one countries in the Spanish-speaking world in addition to the two- to three-minute vignette.

The **Videoteca** sections of this *Cuaderno* provide you with a variety of viewing activities. Each activity provides:

- A list of useful new vocabulary
- A synopsis of the segment
- Comprehension questions with varying formats

Featured throughout the video are many main and supporting characters. Please refer to your textbook, page xxxvi, for an introduction to these characters.

Helpful Symbols. We have included three icons to identify each section of the *Cuaderno*:

 This icon appears at the beginning of the written activities section and next to written activities that require you to write an essay on a separate sheet of paper.

 This icon indicates that it is time to listen to the audio program.

 This icon identifies activities for the *Video to accompany Dos mundos.*

Strategies for the *Actividades auditivas*

Basic Strategies

Although you may listen to the audio program as many times as you consider necessary, you should not listen over and over until you understand every single word. Your goal should be to reach an acceptable—not perfect—level of comprehension. Listening to the segments several times can be helpful, but if you listen repeatedly when you're not ready, you will be frustrated. The following strategies will minimize that frustration and maximize your comprehension.

- Listen for key words. Key words are those you are acquiring or have acquired in class up to this point, plus those given in the vocabulary list at the beginning of each segment to which you will be listening.
- Pay close attention to the context.
- Make educated guesses whenever possible.

Pressure is your worst enemy when doing these assignments. Whenever you are stressed, if a problem arises, you will tend to think that the material is too difficult or that you are not as good a student as you should be; more often than not, however, extraneous factors are to blame. Here are some frequent causes of frustration.

- Poor planning. Waiting to do the assignment until just before it is due, or not allowing sufficient time to complete it without rushing.
- Listening to a segment without adequate preparation.
- Listening over and over, even when you have followed the correct procedure. If you are feeling lost, a more effective remedy is to stop the audio program and go over the particular topic as well as the related vocabulary in your textbook.
- Unrealistic expectations. Often students expect to understand everything after listening to a segment once or twice. Don't forget that listening to an audio program is always different from listening to a person. When you listen to a radio talk show or to a song for the first time, even in you own language, you don't always grasp everything you hear.

Specific Strategies
The following strategies will help you increase your comprehension. In time, you will develop your own strategies for working with this material.

- First, find a comfortable, well-lit place—one where you can listen and write comfortably, without interruptions. Make sure you have the audio controls as well as the *Cuaderno* within easy reach.
- Do not start until you are thoroughly familiar with the mechanism of the audio player and feel comfortable using it.
- Open your *Cuaderno* and find the segment you will be listening to. Look at the accompanying drawing(s) and make a mental note of what's depicted, then read everything that is printed for the segment. In addition to helping you determine what is expected of you, this procedure will aid you in "creating" a context.
- Relax while listening. Let your mind create scenes that correspond to what you're hearing, and listen just to enjoy the exposure to the spoken language. This additional exposure will result in increased confidence in real-life situations.

In order to help you derive the most benefit from the **Actividades auditivas,** your instructor will play several of the recorded segments in the classroom. He or she will go over, clarify, and amplify the directions you have just read, to make sure you've grasped the procedure you need to follow.

Strategies for Sample Activities
Let's work with four listening comprehension activities from **Capítulo 2.** We hope the following strategies will help you get the most out of these segments, now that the material is more advanced. Note that after you do the **Actividades auditivas,** you can check you answers in the Answer Key at the end of the *Cuaderno.*

Los horarios de Mónica y Pablo (p. 64). The illustration tells you that Mónica and Pablo are enjoying their conversation. The key word **horario** and the two tables that follow reveal that they are talking about class schedules. Since your task is to complete the class schedules, you know you have to listen for classes and times. To avoid stress, make sure you attempt to complete only one schedule at a time. Do Mónica's first.

- You need to listen for the days on which Mónica has classes.
- Since you know most students usually have the same classes on two or three different days, when you hear Mónica say **lunes, miércoles y viernes,** you know now that you only have to concentrate on listening for the times and the classes.
- You also know that you can fill out Monday as you listen and then go back and add the same information for Wednesday and Friday after you have stopped the audio player.
- Make it even easier for yourself by writing only the first three or four letters of each class while listening; then go back and complete the words once you have stopped the audio player.
- Follow the same procedure for Mónica's Tuesday/Thursday schedule, and for all of Pablo's schedule.

El Hotel Miramar (p. 65). Get into the habit of making sure you know what to listen for before you start the audio program. The task for this particular segment is to listen to the ad and decide whether the activities listed (1–8) can be done at the Hotel Miramar.

- Now that you know what you have to do, take a few seconds to map out a strategy.
- Set a simple goal for yourself, such as listening just for every even-numbered activity (2, 4, 6, 8). Then once you start listening, concentrate on those activities only.
- Now listen again and do the same for the odd-numbered activities.
- You can listen again if you are not sure about any of them.

¡Vamos al cine! (p. 65). After reading what is printed and looking at the illustration, you realize that this one has few easy clues. You know that two people, Nora and Raúl, are talking after class; you know that one doesn't have a class at 10:00, and that one prefers to study, and so on. Also, from the title and from question number 5 you can predict that at least one of these people will go to the movies. But wait! It isn't as difficult as you thought.

- The directions say you merely have to determine who makes the statements listed.
- Don't attempt to do everything the first time you listen to the segment.
- Plan on listening at least three times—once to focus on the even numbers (2, 4, 6), a second time to focus on the odd numbers (1, 3, 5), and a third time to check your work.

El pronóstico del tiempo (p. 66). The drawing for this segment shows a radio announcer. The map behind her suggests that this is either a newscast or a weather forecast. The title helps you determine that you will be listening to a weather forecast. Look at what is expected of you.

- You need to decide what to wear, since you are going to travel to the cities listed.
- By now it is clear the announcer won't tell you what items of clothing you will need. You have to determine what is appropriate by listening to her weather report.
- Note that there are articles of clothing listed above the city names. You can make it easier on yourself by using your knowledge of vocabulary (clothes and weather) to write the weather associated with each article; **frío** with **abrigo,** for instance.
- You should now set a goal for yourself. The first time you listen you will focus on even-numbered cities only, and plan to write the weather of each city in the left margin. The second time around, plan to do odd-numbered cities, and again write the weather in the left margin.
- If you need to, listen a third and a fourth time to make sure you have the right weather next to the right city.
- Stop the audio program and look at the weather for each city and at the weather you associated with each article of clothing, and quickly match them.

These are some strategies that students have reported to be helpful. No doubt you will pick the ones that work best for you and/or the ones most appropriate for the different types of recorded passages. Predictably, you will also soon develop some of your own strategies. Once you have done several assignments, you will notice that you feel more comfortable with them. At this point it is a good idea to go back and listen to the audio program for chapters you've completed. You will realize how much progress you have made.

We hope that this section has made you aware of the importance of planning ahead and mapping out the most effective strategies before attempting a task. After some practice you will be so familiar with the process that it will become automatic. Let the *Cuaderno* work for you. It can help you in your real-life interactions with native speakers of Spanish!

ABOUT THE AUTHORS

Tracy D. Terrell (*late*) received his Ph.D. in Spanish linguistics from the University of Texas at Austin and published extensively in the areas of Spanish dialectology, specializing in the sociolinguistics of Caribbean Spanish. Professor Terrell's publications on second language acquisition and on the Natural Approach are widely known in the United States and abroad.

Magdalena Andrade received her first B.A. in Spanish/French and a second B.A. in English from San Diego University. After teaching in the Calexico Unified School District Bilingual Program for several years, she taught elementary and intermediate Spanish at both San Diego State and the University of California, Irvine, where she also taught Spanish for Heritage Speakers and Humanities Core Courses. Upon receiving her Ph.D. from the University of California, Irvine, she continued to teach there for several years and also at California State University, Long Beach. Currently an instructor at Irvine Valley College, Professor Andrade has co-authored *Mundos de fantasía: Fábulas, cuentos de hadas y leyendas* and *Cocina y comidas hispanas* (McGraw-Hill) and is developing two other language books.

Jeanne Egasse received her B.A. and M.A. in Spanish linguistics from the University of California, Irvine. She has taught foreign language methodology courses and supervised foreign language and ESL teachers in training at the University of California, Irvine. Currently, she is an instructor of Spanish and coordinates the Spanish Language Program at Irvine Valley College. In addition, Professor Egasse leads children's literature circles and read-aloud sessions at a local public school. She also serves as a consultant for local schools and universities on implementing the Natural Approach in the language classroom. Professor Egasse is co-author of *Cocina y comidas hispanas* and *Mundos de fantasía: Fábulas, cuentos de hadas y leyendas* (McGraw-Hill).

Elías Miguel Muñoz is a Cuban American poet and prose writer. He has a Ph.D. in Spanish from the University of California, Irvine, and he has taught language and literature at the university level. He is the author of *Viajes fantásticos, Ladrón de la mente,* and *Isla de luz* (all by McGraw-Hill), titles in The Storyteller's Series of Spanish readers, which he created in collaboration with Stephen Krashen. Dr. Muñoz has published four other novels and two poetry collections. His stories, poems, and essays have appeared in numerous anthologies, including W. W. Norton's *New Worlds of Literature.* An entry on Muñoz's creative work also appears in Continuum's *Encyclopedia of American Literature.* The author resides in California with his wife and two daughters.

La clase y los estudiantes

Actividades escritas

✳ Los mandatos en la clase

Lea Gramática A.1.

NOTE: Notes like the one above appear throughout the **Actividades escritas** to indicate which grammar topics you may want to review before doing a particular group of exercises. You may want to turn to those sections for help while working.

A.   Look at the drawings and then write the command that you think Professor Martínez gave the students.

bailen	canten	escriban	lean	salten
caminen	corran	escuchen	miren	saquen un bolígrafo

1. ___Lean los libros___

2. ___Bailen___

3. _escuchen_ 4. _escriban_

5. _salten_ 6. _canten_

✳ Los nombres de los compañeros de clase

Lea Gramática A.2.

B. Complete these statements by writing the name of one of your classmates who fits the description.

1. ¿Cómo se llama una persona que tiene el pelo rubio y rizado? Se llama ———————————.

2. ¿Cómo se llama una persona alta? Se llama ———————————.

3. ¿Cómo se llama una persona que lleva lentes? Se llama ———————————.

4. ¿Cómo se llama un(a) estudiante que es muy guapo/bonita? Se llama ———————————.

5. ¿Cómo se llama un estudiante que tiene barba o bigote? Se llama ———————————.

✳ ¿Quién es?

Lea Gramática A.3–A.4.

C. Identify the drawings on page 3. Use **es** or **son.**

1.   2.   3.   4.   5.

1. Es un vestido.
2. Son los lentes
3. Es un sombrero
4. Son las botas
5. Es un abrigo

D. Use a negative sentence to say the opposite about these people. Remember to place **no** before the verb.

MODELO: Alberto es bajo. → Alberto **no** es bajo.

1. Carmen tiene el pelo largo. Carmen no tiene el pelo largo
2. Mónica es muy gorda. Mónica no es muy gorda
3. Esteban tiene bigote. Esteban no tiene bigote.
4. Nora tiene barba. hora no tiene barba
5. Luis y Alberto son feos. Luis y Alberto no son feos

✳ Los colores y la ropa

Lea Gramática A.5–A.6.

E. ¿De qué color son?

El sombrero 🎩 elegante es _negro_¹. El conejo 🐰 es

_blanco_². Las hojas 🍃 del árbol 🌳 son _verdes_³. El

limón 🍋 es _amarillo_⁴. Las uvas 🍇 son _moradas_⁵ o

_verdes_⁶. La bandera 🇺🇸 de los Estados Unidos es

_roja_⁷, _blanca_⁸ y _azul_⁹.

F. Think of the clothing you own and then write a sentence matching your clothing with a description. Use **mi** (singular) and **mis** (plural) for *my*. Use more than one word for each description.

> MODELOS: (el) vestido → *Mi vestido es blanco y largo.*
>
> (las) corbatas → *Mis corbatas son nuevas y bonitas.*

(las) blusas
(las) camisas
(las) faldas
(las) botas
(la) chaqueta
(el) saco
(el) suéter
(el) vestido
(el) abrigo
(los) pantalones

nuevo/a, viejo/a
bonito/a, feo/a
largo/a, corto/a
blanco/a, negro/a
grande, pequeño/a
verde, gris, azul, etcétera
anaranjado/a, rojo/a, etcétera

es/son

1. Mi blusa es nueva y blanca
2. Mi abrigo es largo y negro
3. Mis botas son nuevos y color café
4. Mis pantalones son azules y viejos
5. Mis suéter es rojo y corto.
6. Mi vestido es largo y negro.

✳ Los números (0–39)

Lea Gramática A.7.

G. Fill in the missing vowels to form a word. In the circle to the right write the number that corresponds to the word.

> MODELO: T R __E__ c __E__ ⑬

1. D __O__ c __e__ ⑫
2. Q __u__ i N c __e__ ⑮
3. v __e__ i N T I C __u__ __a__ T R __o__ ㉔
4. T R __e__ i N T __a__ y C i N C __o__ ㉟
5. __o__ c H __o__ ⑧

Now check your work by adding the numbers in the circles. (Do not include the **modelo.**) The total should be **94.**

✳ Los saludos

H. Complete the dialogues with the following words or phrases: **cansado, Cómo se llama, gracias, Igualmente, Me llamo, Mucho, usted.**

CARMEN: Hola, me llamo Carmen. ¿_Cómo se llama_¹ usted?

ESTEBAN: _Me llamo_² Esteban. _Mucho_³ gusto.

CARMEN: _Igualmente_⁴.

ALBERTO: Buenos días, profesora Martínez. ¿Cómo está _usted_⁵?

PROFESORA: Muy bien, _gracias_⁶. ¿Y usted?

ALBERTO: Un poco _cansado_⁷.

▶ **REPASO DE PALABRAS Y FRASES ÚTILES**

Complete these conversations by choosing the most logical word or phrase from the list that follows.

Cómo   Cómo se llama   gracias   Hasta luego
Me llamo   Mucho gusto   Muy   Y usted

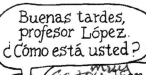

1.

2.

3.

4.

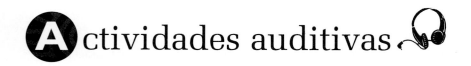 **A**ctividades auditivas

✳ Los mandatos en la clase

A. **Los mandatos en la clase de español.** You will hear part of Professor Martínez's 8:00 A.M. Spanish class at the University of Texas in San Antonio. The students are participating in a Total Physical Response activity.

VOCABULARIO ÚTIL

ahora *now*

«Cielito lindo» *popular Spanish song*

La profesora Martínez le da instrucciones a su clase de español.

❖ ❖ ❖

Professor Martínez's commands to the class are out of sequence. Number the commands from 1 to 8 in the order that you hear them.

—— Caminen.

—— Canten «Cielito lindo».

—— Corran.

—— Miren arriba.

—— Pónganse de pie.

—— Siéntense.

—— Digan «¡hola!».

—— Bailen.

✳ Los nombres de los compañeros de clase

B. **Los amigos.** Professor Martínez is asking the students their names.

VOCABULARIO ÚTIL

pregunta *asks*

La profesora Martínez les pregunta su nombre a los estudiantes.

❖ ❖ ❖

Listen to the dialogue between Professor Martínez and her students and write the names they mention in the order in which they are mentioned.

Students' names out of order: **Mónica, Nora,** and **Esteban.**

1. _____   2. _____   3. _____

✳ ¿Quién es?

C.   ¡Muchos estudiantes! Alberto is a new student in Professor Martínez's Spanish class. He doesn't know the names of all his classmates yet, so Carmen is trying to help him.

VOCABULARIO ÚTIL

conversan   *they are talking*
Pues…   *Well . . .*
estatura mediana   *medium height*

Alberto y Carmen conversan en la clase de español.

Write the names of the people described.

The names out of order are: **Luis, Mónica, Nora,** and **Esteban.**

1.   La chica de pelo rubio se llama _____.

2.   El muchacho que lleva lentes es _____.

3.   La muchacha de estatura mediana y pelo castaño se llama _____.

4.   El muchacho de pelo rizado y negro es _____.

✳ Los colores y la ropa

D.   ¿Qué ropa lleva? Nora and Esteban are talking about the clothes that the other students and Professor Martínez are wearing today.

VOCABULARIO ÚTIL

hablan   *they are talking*
pero   *but*
¡Es muy elegante!   *It's very elegant!*

Nora y Esteban hablan de la ropa que llevan los estudiantes y la profesora.

Listen to the conversation and then indicate whether the following statements are true or false (**cierto [C] o falso [F]**).

1. —— Lan lleva una blusa rosada.

2. —— Alberto lleva pantalones grises y una camisa anaranjada.

3. —— Luis lleva una chaqueta morada.

4. —— La profesora Martínez lleva un abrigo azul muy feo.

✳ Los números (0–39)

E. ¿Cuántos estudiantes? Today in Professor Martínez's class the students are counting the number of students wearing the same color clothing.

VOCABULARIO ÚTIL

cuentan *they are counting*
mismo *the same*

La profesora Martínez y los estudiantes de español cuentan las personas que llevan ropa del mismo color.

Indicate the number of students wearing each article of clothing mentioned.

1. —— estudiante(s) lleva(n) blusa blanca.

2. —— estudiante(s) lleva(n) camisa azul.

3. —— estudiante(s) lleva(n) pantalones de color café.

4. —— estudiante(s) lleva(n) zapatos de tenis.

5. —— estudiante(s) lleva(n) botas.

F. Los números. Professor Martínez is dictating numbers to her class today. Esteban is having problems understanding and asks her to repeat some numbers.

VOCABULARIO ÚTIL

¿Listos? *Ready?*
Perdón *Pardon me*
Más *More*

La profesora Martínez practica los números con su clase de español.

Listen to the interaction and write the numbers Professor Martínez dictates.

____ __9__ ____ __26__ ____ ____ __23__ ____ ____

✳ Los saludos

G. Los saludos. Professor Martínez is greeting her students.

VOCABULARIO ÚTIL

saluda   *she greets*
¡Qué bueno!   *Wonderful!*
siempre   *always*

La profesora Martínez saluda a sus estudiantes.

❖   ❖   ❖

¿Cierto (**C**) o falso (**F**)?

1. _____ La profesora les dice «Buenos días» a los estudiantes.

2. _____ La profesora no está bien hoy.

3. _____ Luis está muy bien, y Mónica, excelente.

4. _____ Esteban siempre está muy mal.

H. Las despedidas. Professor Martínez is saying goodbye to her students.

VOCABULARIO ÚTIL

Hasta mañana   *See you tomorrow*
Hasta pronto   *See you soon*
¡Nos vemos!   *We'll see you!*
¿Cómo se dice… ?   *How do you say . . . ?*
¡Hasta la próxima!   *Catch ya later!*

La profesora Martínez se despide de sus estudiantes.

❖   ❖   ❖

Listen to the dialogue and number the «goodbyes» in the order that you hear them.

_____ ¡Hasta la próxima!   _____ Nos vemos.   _____ Hasta pronto.

_____ ¡Hasta mañana!   _____ Adiós.   _____ Hasta luego.

Ⓟronunciación y ortografía

Pronouncing and Writing Spanish: Preliminaries

NOTE: In this section of the text (and in **Ejercicios de pronunciación** and **Ejercicios de ortografía**), only the actual exercise material will be heard on the audio program. You should stop and read the introductions before doing the exercises.

Here are some preliminary pronunciation rules to help you pronounce Spanish words. They will be especially useful if you need to pronounce a word you have not heard yet. Each rule will be explained in more detail in subsequent pronunciation and orthographic exercises.

I. VOWELS

The Spanish vowels are **a, e, i, o,** and **u.** They are pronounced as very short crisp sounds. Do not draw them out as sometimes happens in the pronunciation of English vowels. The following vowel sounds are approximate equivalents.

	SPANISH	ENGLISH
a	c<u>a</u>sa	f<u>a</u>ther
e	p<u>e</u>lo	w<u>ei</u>ght
i	s<u>í</u>	ch<u>ee</u>p
o	com<u>o</u>	wr<u>o</u>te
u	m<u>u</u>cho	L<u>u</u>ke

II. CONSONANTS

The pronunciation of most Spanish consonants is close to that of English. However, Spanish sounds are never exactly the same as English sounds. For this reason the following rules are offered only as guidelines.

A. The pronunciation of these consonants is almost identical in Spanish and English.

	SPANISH	SOUNDS LIKE ENGLISH			SPANISH	SOUNDS LIKE ENGLISH
ch	<u>ch</u>ile	<u>ch</u>ili		n	<u>n</u>o	<u>n</u>o
f	<u>f</u>uente	<u>f</u>ountain		p	<u>p</u>atio	<u>p</u>atio
l	<u>l</u>ámpara	<u>l</u>amp		s	<u>s</u>opa	<u>s</u>oup
m	<u>m</u>apa	<u>m</u>ap		t	<u>t</u>iempo	<u>t</u>ime

B. These consonants have more than one pronunciation in Spanish, depending on the letter that follows.

	SPANISH	SOUNDS LIKE ENGLISH	ENGLISH MEANING
c	<u>c</u>arro	*k* before **a, o, u**	*car*
c	<u>c</u>írculo	*s,* or *c* before **e, i***	*circle*
g	<u>g</u>eneral	*h* followed by **e, i**	*general*
g	<u>g</u>as	*g* followed by **a, o, u,** pronounced softer than in English	*gas (element)*
x	ta<u>x</u>i	*ks* before a vowel	*taxi*
x	e<u>x</u>perto	*s* before a consonant	*expert*

C. The sounds of these Spanish consonants are almost identical to sounds in English that are represented by different letters.

	SPANISH	SOUNDS LIKE ENGLISH	ENGLISH MEANING
q	<u>q</u>ué	*k* when followed by **ue, ui;** never *kw*	*what*
z	<u>z</u>oológico	*s;* never **z***	*zoo*

_____

*In parts of Spain, **c** before **e** or **i** and **z** are pronounced like the English *th.*

D. The sounds of these Spanish consonants are similar to English sounds that are represented by different letters.

	SPANISH	SOUNDS LIKE ENGLISH	ENGLISH MEANING
d	pa<u>d</u>re	*fa<u>th</u>er*	*father*
j	<u>j</u>a <u>j</u>a	*<u>h</u>a <u>h</u>a*	*ha ha*
ll	<u>ll</u>ama	*<u>y</u>es*	*call(s)*
ñ	ca<u>ñ</u>ón	*can<u>y</u>on*	*canyon*

E. These Spanish sounds have no close or exact English equivalents.

	SPANISH	PRONUNCIATION	ENGLISH MEANING
b, v	ca<u>b</u>eza	Similar to English *b* but	*head*
	ca<u>v</u>ar	softer; lips do not always	*to dig*
		close. No difference	
		between *b* and *v*	
		in Spanish	
r	pa<u>r</u>a	Single tap of the tongue	*for*
rr	pe<u>rr</u>o	Trill	*dog*

F. In Spanish **h,** and **u** in the combination **qu,** are always silent.

	SPANISH	ENGLISH MEANING
h	<s>h</s>ablar	*to talk*
u *in* qu	q<s>u</s>e	*that*

✳ **Ejercicios de pronunciación**

RHYTHM AND INTONATION

A. Listen to the sentences in the following dialogues and note the difference between English stress-timed rhythm and Spanish syllable-timed rhythm. Note especially that each syllable in Spanish seems about equal in length when pronounced.

Hello, how are you?	Hola, ¿cómo está usted?
Fine, thanks. And you?	Muy bien, gracias. ¿Y usted?
I'm fine. Are you a friend of Ernesto	Estoy bien. ¿Es usted amigo de Ernesto
Saucedo?	Saucedo?
Yes, he's a very nice person and also very	Sí, es una persona muy simpática y muy
intelligent.	inteligente también.

B. Listen and then pronounce the following sentences. Concentrate on making the syllables equal in length.

1. Carmen lleva una chaqueta azul.
2. Luis tiene el pelo negro.
3. La profesora Martínez es muy bonita.
4. Alberto lleva una camisa verde.
5. Los pantalones de Nora son blancos.

PASO

L as descripciones

B

 ## Actividades escritas

❋ Hablando con otros

Lea Gramática B.1–B.2.

A. Complete estos diálogos. Use **tú** o **usted** y **está** (polite) o **estás** (informal).

1. Dos amigos, Alberto y Nora, están en la universidad.

ALBERTO: Hola, Nora. ¿Cómo _____?

NORA: Bien, Alberto. ¿Y _____?

ALBERTO: Muy bien, gracias.

2. Esteban, un estudiante, y la profesora Martínez están en la oficina.

PROFESORA MARTÍNEZ: Buenos días, Esteban. ¿Cómo _____ _____?

ESTEBAN: Muy bien, profesora Martínez. ¿Y _____?

PROFESORA MARTÍNEZ: Bien, gracias.

3. El señor Pedro Ruiz habla con Ernestito, un niño pequeño.

SEÑOR RUIZ: Hola, Ernestito. ¿Cómo _____?

ERNESTITO: Bien, gracias. ¿Y _____?

SEÑOR RUIZ: Muy bien, gracias.

❋ Las cosas en el salón de clase

Lea Gramática B.3–B.4.

B. Diga qué cosas hay en su salón de clase y cómo son. Aquí tiene usted algunas palabras útiles.

blanco/a	fácil	moderno/a	pequeño/a
bonito/a	feo/a	negro/a	verde
difícil	grande	nuevo/a	viejo/a

MODELO: Hay una pizarra verde.

1. *Hay* _____

2. _____

3. _____

4. _____

5. _____

✳ El cuerpo humano

Lea Gramática B.5.

C. Complete correctamente.

1. En la _____ _____ tenemos los _____ _____, la _____ _____ y

   la _____ _____.

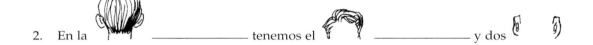

2. En la _____ _____ tenemos el _____ _____ y dos _____

   _____.

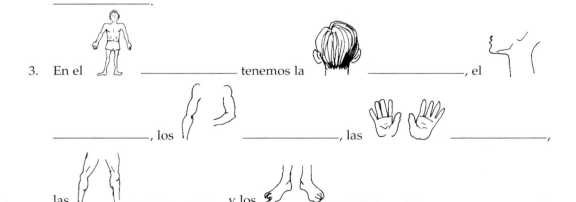

3. En el _____ _____ tenemos la _____ _____, el _____

   _____, los _____ _____, las _____ _____,

   las _____ _____ y los _____ _____.

✳ La descripción de las personas

Lea Gramática B.6.

D. Describa a dos personas de su familia o a dos compañeros de clase, un hombre y una mujer.

MODELO: Mónica lleva un suéter amarillo y zapatos de tenis. Es alta. Tiene el pelo rubio y los ojos azules. Es inteligente y simpática.

Remember to use **tiene** (*has*) and **es** (*is*) with descriptions and **lleva** (*is wearing*) with clothing. Here are some words and phrases you might want to use.

tiene: pelo largo, pelo corto, pelo castaño, pelo rubio, pelo negro; ojos azules, ojos verdes, ojos castaños; barba, bigote

lleva: pantalones cortos, una falda nueva, un vestido bonito, una blusa blanca, zapatos de tenis

es: divertido/a, trabajador(a), reservado/a, generoso/a, tímido/a, entusiasta, idealista

1. _____

    _____

    _____

    _____

    _____

2. _____

    _____

    _____

    _____

    _____

    _____

▶ REPASO DE PALABRAS Y FRASES ÚTILES

Complete estas conversaciones con la palabra o frase apropiada según la situación.

Cuánto cuesta(n)…   gracias   tímido/a
divertido/a   perezoso/a   trabajador(a)

1.

2.

3.

4.

5.

6.

Actividades auditivas

Hablando con otros

A. Conversaciones en la universidad. Listen to the following short conversations at the University of Texas in San Antonio. Note that some speakers are using polite (**usted**), and others are using informal (**tú**) forms of address.

VOCABULARIO ÚTIL

Varias *A few*
El secretario *secretary*
los perros *dogs*
Tengo *I have*

Varias conversaciones en la Universidad de Texas en San Antonio

Indicate whether each conversation is formal or informal by writing **tú** or **usted.**

1. _____ el secretario y la profesora Martínez

2. _____ el profesor López y la profesora Martínez

3. _____ los estudiantes Alberto Moore y Esteban Brown

4. _____ la profesora Martínez y su estudiante, Esteban

B. Los vecinos. Ernesto Saucedo is greeting Mrs. Silva, one of his neighbors.

VOCABULARIO ÚTIL

hoy *today*
¡Qué amable! *How nice of you!*

Ernesto Saucedo saluda a su vecina, la señora Rosita Silva.

Listen to the dialogue and indicate which character is described by the following phrases: Ernesto (**E**), doña Rosita (**R**), or both (**los dos [LD]**).

1. _____ Lleva un vestido azul.

2. _____ Su corbata es elegante.

3. _____ Está bien.

4. _____ Es amable.

✳ Las cosas en el salón de clase y los números (40–69)

C. El primer día de clase. Ernestito is the eight-year-old son of Ernesto and Estela Saucedo. He has just returned from his first day at school this fall; his mother is asking about his classroom and the objects in it.

VOCABULARIO ÚTIL

la escuela *school*
todos *all*
tienen *have*
tenemos *we have*
la maestra *teacher*

Estela Ramírez de Saucedo habla con su hijo Ernestito de su primer día en la escuela.

Indicate which items are found in Ernestito's classroom by writing **Sí** or **No** under each drawing.

1. _____

2. _____

3. _____

4. _____

5. _____

6. _____

7. _____

8. _____

9. _____

10. _____

11. _____

12. _____

D. Las cosas en el salón de clase. Professor Martínez has asked the class to number drawings of classroom objects. Esteban has trouble following her instructions and asks for help.

VOCABULARIO ÚTIL

los dibujos *drawings*
debajo de *underneath*
finalmente *finally*

La profesora Martínez habla de las cosas en el salón de clase.

Write the numbers that Professor Martínez says in the blank below the appropriate drawing.

_____ _____ _____ _____ _____

✳ El cuerpo humano

E.   Una actividad... ¡diferente! The students in Professor Martínez's class are doing a TPR activity.

VOCABULARIO ÚTIL

¡Alto!   *Stop!*
Tóquense   *Touch*
pónganse   *put*
rápidamente   *quickly*

La profesora Martínez le da instrucciones a su clase de español.

❖   ❖   ❖

Listen to what Professor Martínez says and number the parts of the body in the order that she mentions them in this TPR sequence.

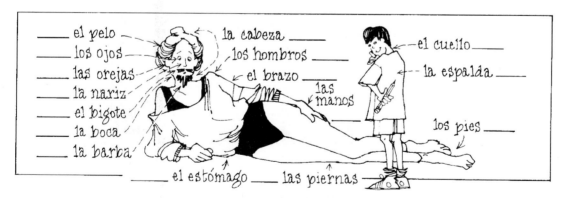

※ La descripción de las personas

F.   El estudiante francés. Nora and Mónica are talking about the new French foreign exchange student at the university.

VOCABULARIO ÚTIL

¡Qué romántico!   *How romantic!*
Es verdad   *That's true*
¡Qué lástima!   *What a pity!*

Nora y Mónica hablan de un estudiante francés.

❖ ❖ ❖

¿Cierto (**C**) o falso (**F**)?

1. ——— El chico se llama Pierre.

2. ——— Él es alto y delgado.

3. ——— Jean Claude habla francés y español.

4. ——— El (idioma) francés es muy romántico.

G.   ¿Quién en la clase... ? Professor Martínez is showing pictures to her class. She describes the people in the pictures and some of the students.

VOCABULARIO ÚTIL

las láminas   *pictures*
esta   *this*
divertido   *fun*
hace preguntas   *asks questions*

La profesora Martínez describe láminas en la clase.

❖ ❖ ❖

Match the following people with their description in the dialogue. There may be more than one answer.

1. ——— Alberto
2. ——— Mónica
3. ——— Esteban

a. artística
b. cómica
c. tiene ojos azules
d. alto, delgado
e. divertido
f. hace preguntas
g. tiene barba

※ ¡A repasar!

H.   Carmen necesita ropa nueva. Carmen Bradley is shopping at a store in a Hispanic neighborhood. She is trying to practice her Spanish by asking the clerk about prices.

VOCABULARIO ÚTIL

la tienda de ropa   *clothing store*
el vecindario hispano   *Hispanic neighborhood*
¿En qué puedo servirle?   *How may I help you?*
¿cuánto cuesta?   *how much does it cost?*
los precios   *prices*

Carmen Bradley está en una tienda de ropa en un vecindario hispano. Ella pregunta cuánto cuesta la ropa.

Answer the following questions.

1. ¿Cuánto cuesta la falda blanca?   Cuesta $_____.

2. ¿Es grande o pequeña la blusa roja?   Es _____.

3. ¿Cuánto cuesta el vestido azul?   Cuesta $_____.

4. ¿Es corto o largo el vestido?   Es _____.

5. ¿Cómo es la ropa de la tienda?   Es muy _____.

Pronunciación y ortografía

✳ Ejercicios de pronunciación

VOWELS

A.   Vowels in Spanish are represented by five letters: **a, e, i, o,** and **u.** Listen to the vowel sounds in these words.

a	mesa, largo, azul, abrigo		o	mano, pelo, corto, rojo
e	café, clase, negro, mujer		u	luz, blusa, mucho, gusto
i	sí, tiza, libro, rizado			

All of the vowels in Spanish are relatively short, unlike the vowels in English. English has both short vowels (as in the words *hit, pet, sat, but*) and long vowels (as in the words *he, I, ate, who, do*). Notice that in English the word *go* is pronounced like *gow* and the word *late* as if it were *layte*. Such lengthening of vowel sounds, typical in English, does not occur in Spanish.

B.   Listen and compare the following English and Spanish vowel sounds.

ENGLISH	SPANISH		ENGLISH	SPANISH
day	de		low	lo
say	sé		mellow	malo

C. Listen and then repeat the following words. Concentrate on producing short vowel sounds in Spanish.

a   tarde, amiga, camisa, mano, llama
e   camine, cante, pelo, presidente, generoso
i   idealista, inteligente, bonita, simpático, tímido
o   noche, compañero, ojo, otro, como, boca
u   pupitre, azul, su, usted, blusa

D. Now listen and pronounce the following sentences. Remember to produce short vowels and use syllable-timed rhythm.

1. Esteban es mi amigo.
2. Yo tengo dos perros.
3. Mi novio es muy guapo.

4. Nora es muy idealista.
5. Usted es una persona reservada.

✳ Ejercicios de ortografía[1]

INTERROGATIVES: ACCENT MARKS

When writing question words (*who?, where?, when?, why?, how?*) in Spanish, always use question marks before and after the question and write an accent mark on the vowel in the stressed syllable of the question word.

Listen and then write the question words you hear beside the English equivalents.

1. How? _____
2. What? _____
3. Who? _____

4. How many? _____
5. Which? _____

---

[1]Ejercicios... *Spelling Exercises*

Mi familia y mis amigos

P A S O
C

Actividades escritas ✏

✳ La familia

Lea Gramática C.1, especialmente las secciones B y C.

A. Complete las oraciones con los nombres apropiados.

1. Los padres de mi padre (mis abuelos) se llaman ———————————————— y
   ————————————————.

2. Los padres de mi madre (mis otros abuelos) se llaman ———————————————— y
   ————————————————.

3. Mi padre se llama ————————————————.

4. Mi madre se llama ————————————————.

5. El hermano / La hermana de mi padre (mi tío/a) se llama ————————————————. Es
   ———————————————— (casado/a, soltero/a). Tiene ———————— hijos (mis primos). Se
   llaman ————————————————————————————.

6. El otro hermano / La otra hermana de mi padre (mi tío/a) se llama ———————————————— y
   es (casado/a, soltero/a). Tiene ———————— hijos (mis primos). Se llaman ————————————
   ————————————————————————————.

7. Yo me llamo ————————————————. Soy ———————————————— (soltero/a, casado/a).

8. Tengo ———————— hermanos. Se llaman ————————————————————————————.

B. Ahora describa a los miembros de su familia.

> MODELO: ¿Mi papá? → *Es inteligente y generoso.*

cómico/a	generoso/a	inteligente	reservado/a	sincero/a
divertido/a	idealista	moderno/a	simpático/a	¿ ?

1. ¿Mi hermano/a? _____

2. ¿Mi esposo/a (novio/a)? _____

3. ¿Mi mamá? _____

4. ¿Mi abuelo/a? _____

5. ¿Mi hijo/a (sobrino/a)? _____

✳ ¿Qué tenemos?

Lea Gramática C.1–C.2.

C. ¿De quién son estas cosas?

MODELO: Los pantalones viejos *son de Guillermo.*

Guillermo

1.
   La profesora

2.
   Graciela

3.
   Ernestito

1. El libro de español _____.

2. El vestido nuevo _____.

3. Los zapatos de tenis _____.

4.
   Carmen

5.
   doña Lola

6.
   Pablo

4. El coche deportivo nuevo _____.

5. Los perros _____.

6. Las plantas _____.

D. Diga quién en su familia tiene estas cosas. Use **tengo, tiene, tienes, tenemos.**

MODELO: Mi hermano → *Mi hermano tiene un coche.*

botas negras	una chaqueta anaranjada	una bicicleta roja
muchos libros	un sombrero viejo	una casa vieja
pantalones azules	un suéter blanco	una falda nueva
un coche nuevo		

1. Yo ————————————————————————.
2. Mi papá ————————————————————.
3. Mi mamá ———————————————————.
4. Mis hermanos/as ——————————————.
5. Mi hermano y yo —————————————.

E. Escriba una descripción. Use **su** o **sus.**

> MODELO: ¿Cómo es el traje **de Juan**? → *Su traje es nuevo, gris y muy bonito.*

1. ¿Cómo es la blusa de la profesora?

   ————————————————————————————

2. ¿Cómo es el pelo de su novio/a?

   ————————————————————————————

3. ¿Cómo son los ojos de su mamá?

   ————————————————————————————

4. ¿Cómo son los pantalones de su hermano/a?

   ————————————————————————————

5. ¿Cómo es el carro de su novio/a (esposo/a)?

   ————————————————————————————

✳ Los números (10–100) y la edad

Lea Gramática C.3.

F. Diga la edad.

> MODELO: ¿Cuántos años tiene su padre? → *Mi padre tiene cincuenta y nueve años.*

1. ¿Cuántos años tiene usted?

   ————————————————————————————

2. ¿Cuántos años tiene su profesor(a)?

   ————————————————————————————

3. ¿Cuántos años tiene su hermano/a o su hijo/a?

   ————————————————————————————

4. ¿Cuántos años tiene su mejor amigo/a?

   ————————————————————————————

5. ¿Cuántos años tiene su madre o su padre?

   ————————————————————————————

G. ¿Cómo se escribe el total?

MODELO: veinticinco + veinticinco = _C I N C U E N T A_ = _50_

1. treinta y cinco + treinta y cinco = ___ ___ ___ ___ ___ ___ ___ = ___

2. setenta y uno + cinco + catorce = ___ ___ ___ ___ ___ ___ ___ = ___

3. diez + cincuenta + veinte = ___ ___ ___ ___ ___ ___ ___ = ___

4. ochenta y dos + ocho + diez = ___ ___ ___ ___ = ___

SUMA TOTAL = _340_

H. ¿Cuánto cuestan los objetos? Escriba los precios.

MODELO: El gato cuesta _veinte, noventa y nueve._

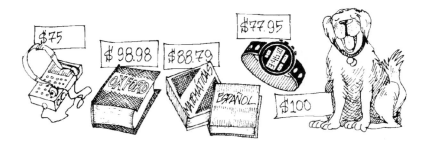

1. El radio cuesta _____ _dólares_.

2. El diccionario Oxford cuesta _____.

3. Los libros cuestan _____.

4. El reloj para deportistas cuesta _____.

5. El perro San Bernardo cuesta _____ _dólares_.

✳ Los idiomas y las nacionalidades

Lea Gramática C.4–C.5.

I. Complete las oraciones con palabras que describan el idioma, la nacionalidad o el país.

MODELO: Gabriel García Márquez es de Colombia y habla _español_.

1. Steffi Graff es una tenista _____ y habla _____.

2. Hosni Mubarak, el primer ministro de Egipto, es _____ y habla

   _____.

3. En Tokio hablan _____; es la capital de _____.

4. En Roma hablan _____; es la capital de _____.

5. Nelson Mandela es _____ y habla _____ y xhosa.

6. Madrid es una ciudad _____; es la capital de _____.

7. En Inglaterra, los Estados Unidos y Australia hablan _____.

8. Celine Dion es canadiense. Habla _____ y _____.

J. Diga si son ciertas (**C**) o falsas (**F**) estas afirmaciones. Si son falsas, diga por qué.

> MODELO: Pilar dice: «Tengo un coche alemán y hablo alemán.» →
> Falso. Pilar habla alemán pero no tiene coche.

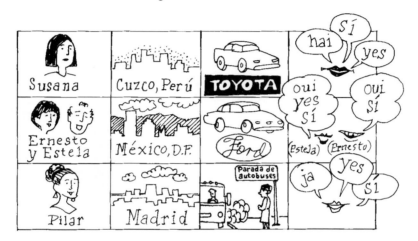

1. _____ La mujer que tiene un Toyota es de Bogotá, Colombia, y habla tres idiomas.

   _____

2. _____ La mujer que habla alemán es de Madrid.

   _____

3. _____ El hombre de México no habla francés, pero habla inglés y español.

   _____

4. _____ Estela y Ernesto Saucedo dicen: «Los dos hablamos francés, pero Ernesto no habla inglés.»

   _____

5. _____ Susana dice: «Tengo un coche japonés pero no hablo japonés.»

   _____

▶ **REPASO DE VOCABULARIO Y FRASES ÚTILES**

Complete las conversaciones en la próxima página con la frase adecuada según la situación. Use todas las frases.

apellido   Cómo cambia el mundo   De quién es/son…   Feliz cumpleaños   Perdón

1.

2.

3.

4.

Actividades auditivas

✳ **La familia**

A.   La familia de Luis. Luis Ventura is talking about his family with Professor Martínez.

> VOCABULARIO ÚTIL
>
> travieso   *mischievous*
> en total   *total, in all*

Luis Ventura habla de su familia con la profesora Martínez.

Escriba los nombres de los padres y los hermanos de Luis.

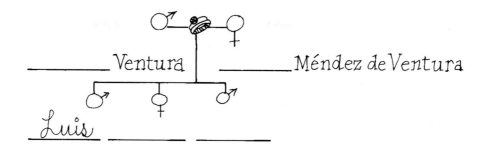

B.   El álbum de fotos. Professor Martínez brought her photo album to class and is now showing photos of her relatives to her students.

VOCABULARIO ÚTIL

muestra   *shows*
el sobrino   *nephew*
calvo   *bald*
la novia   *girlfriend*
¡Qué pena!   *Oh, darn!; What a bummer!*
querida   *dear*

La profesora Martínez le muestra su álbum de fotos a la clase.

❖   ❖   ❖

¿Quiénes son los parientes de la profesora Martínez? Indique qué pariente es al lado de cada nombre en el álbum de fotos: el sobrino, la mamá o el hermano.

✳ ¿Qué tenemos?

C. Después de la fiesta. Álvaro and Lisa Ventura, Luis's parents, are cleaning up their house the morning after a party. Many of their son's friends attended the party and forgot some of their belongings.

VOCABULARIO ÚTIL

A ver…   *Let's see . . .*
Creo que   *I believe that; I think that*
la bolsa   *purse*
los lentes de sol   *sunglasses*
Solamente   *Only*

Álvaro y Lisa Ventura están en su casa después de una fiesta. Hay muchas cosas de los amigos de Luis.

❖ ❖ ❖

Diga qué cosas hay en casa de los señores Ventura y de quiénes son.

	COSAS	ES/SON	
1.	La _____	_____	de Alberto.
2.	La _____	_____	de Mónica.
3.	El _____	_____	de Carmen.
4.	Los _____	_____	de Esteban.

✳ Los números (10–100) y la edad

D. En la tienda de ropa. Carla Espinosa and Rogelio Varela are students at the University of Puerto Rico, Río Piedras campus. Today they are taking inventory in the clothing store *El Encanto,* where they work.

VOCABULARIO ÚTIL

los dependientes   *salespeople, clerks*
exactamente   *exactly*
todos   *all*
¡A descansar!   *Let's rest!*

Carla Espinosa y Rogelio Varela son estudiantes en la Universidad de Puerto Rico en Río Piedras. También son dependientes en la tienda de ropa *El Encanto.*

❖ ❖ ❖

Escuche la conversación e indique la cantidad de cada artículo de ropa que Carla y Rogelio cuentan.

1. ____ pantalones
2. ____ camisas
3. ____ blusas
4. ____ faldas

5. ____ trajes para hombre
6. ____ vestidos
7. ____ pantalones cortos
8. ____ pantalones largos

E.   La edad de los estudiantes. Professor Martínez asks her students how old they are.

VOCABULARIO ÚTIL

menos   *fewer; less*
la pregunta   *question*
treinta y… muchos   *thirty plus*

La profesora Martínez habla de la edad con sus estudiantes.

❖   ❖   ❖

Escriba el nombre y la edad de cada persona mencionada en la conversación.

	PERSONA	EDAD
1.	——————————————————	————
2.	——————————————————	————
3.	——————————————————	————
4.	——————————————————	————

✳ Los idiomas y las nacionalidades

F.   El Club Internacional. There is an International Club at the University of Texas in San Antonio. Students from different countries meet at this club to share ideas about their cultures. Professor Martínez and her friend, Professor Alejandro López, are attending a Club party.

VOCABULARIO ÚTIL

Oye   *Listen*
cerca de   *near*
se comunican   *they communicate*
¡supongo!   *I suppose!*
los mexicoamericanos
        Mexican Americans

Hay un Club Internacional en la Universidad de Texas en San Antonio. Ahora la profesora Martínez y el profesor López están en una fiesta del Club.

❖   ❖   ❖

Complete la tabla con la información del diálogo. Los nombres de los estudiantes son **Petra, Nora, Hugo, Vikki, Esteban** y **Brigitte.**

NOMBRE	DESCRIPCIÓN	NACIONALIDAD
1. *Petra*	*mediana, pelo rubio*	
2.	*pelo castaño*	*argentino*
3. *Vikki*		
4.		*francesa*
5. *Nora*	*estudiante de la profesora Martínez*	
6.		*norteamericano*

✳ ¡A repasar!

G. Las corbatas del abuelo

VOCABULARIO ÚTIL

elegantes   *sophisticated, elegant*
feas   *ugly*
el gusto   *taste*
la moda   *style, fashion*
como tú   *like you*

Susana Yamasaki de González tiene dos hijos y vive con sus padres en Lima, Perú. Ahora conversa con su hijo menor, Andrés, que tiene nueve años.

❖   ❖   ❖

¿Cierto (**C**) o falso (**F**)?

1. _____ El abuelo de Andrés tiene corbatas amarillas, rosadas, azules y anaranjadas.

2. _____ El abuelo tiene gusto de viejo.

3. _____ El abuelo tiene 62 años.

4. _____ La ropa negra es la ropa de moda de los jóvenes peruanos.

Pronunciación y ortografía

✳ Ejercicios de pronunciación

PRONUNCIACIÓN: **ll, ñ, ch**

The letter **ll** (**elle**) is pronounced the same as the Spanish letter **y** by most speakers of Spanish and is very similar to the English *y* in words like *you, year.*

A. Listen and then pronounce the following words with the letter **ll.**

llama, amarillo, lleva, ellas, silla

The letter **ñ** is very similar to the combination *ny* in English, as in the word *canyon.*

B. Listen and then pronounce the following words with the letter **ñ.**

castaño, niña, señor, año, compañera

The combination **ch** is considered a single letter in Spanish. It is pronounced the same as *ch* in English words such as *chair, church.*

C. Listen and then pronounce the following words with the letter **ch.**

chico, chaqueta, muchacha, ocho

D. Concentrate on the correct pronunciation of **ll, ñ,** and **ch** as you listen to and pronounce these sentences.

1. La niña pequeña lleva una blusa blanca y una falda amarilla.
2. La señorita tiene ojos castaños.
3. Los niños llevan chaqueta.
4. El niño alto se llama Toño.
5. El chico guapo lleva una chaqueta gris.

✳ Ejercicios de ortografía

NEW LETTERS: **ll, ñ, ch**

A. Listen and write the words you hear with the letter **ñ.**

1. _____   3. _____   5. _____

2. _____   4. _____

B. Now listen and write the words you hear with the letter **ll.**

1. _____   3. _____   5. _____

2. _____   4. _____

C. Listen and write the words you hear with the letter **ch.**

1. _____   3. _____   5. _____

2. _____   4. _____

ideoteca

VOCABULARIO ÚTIL

¿Qué te pasa?   *What's the matter? What's up?*
Busco...   *I'm looking for . . .*
Son las once   *It's eleven o'clock*
No sé   *I don't know*
tal vez   *perhaps*
bienvenido   *welcome*
D.F. (Distrito Federal)   *Federal District (like D.C.)*
¿De dónde eres?   *Where are you from?*
Soy de...   *I'm from . . .*
tío   *uncle*
¿Qué te gusta hacer?   *What do you like to do?*
Oye   *Hey, (listen)*
debe   *should be*
la película   *movie*

Sinopsis

Antonio Sifuentes, a student at the Universidad Nacional Autónoma de México (UNAM), is looking for a new student from California. He has been told that the new student is wearing beige pants and a blue shirt. Since he has been told that the student is from California, he thinks he is looking for a blond, blue-eyed student. At the end both Diego and Antonio realize that stereotypes can be misleading.

Primero lea estas preguntas y luego vea el video para contestarlas.

A.   ¿Cierto (**C**) o falso (**F**)?

1. _____ Diego lleva zapatos de tenis.
2. _____ Diego lleva una camisa azul.
3. _____ Antonio tiene 20 años.
4. _____ El apellido de Diego es González.
5. _____ El padre de Diego es de Veracruz.
6. _____ Diego toca (*plays*) la guitarra.
7. _____ Antonio baila (*dances*) mucho.
8. _____ El primo de Diego se llama Rafael.

B.   **¿Quién es?** Escriba el nombre de la persona descrita (Diego o Antonio) en el espacio en blanco.

1. _____ Es de Guadalajara.
2. _____ Tiene abuelos chilenos.
3. _____ Tiene 20 años.
4. _____ Tiene 22 años.
5. _____ Tiene una familia grande.
6. _____ No tiene hermanos.
7. _____ Tiene un tío que (*who*) vive en Puebla.
8. _____ Su padre es mexicano, de Veracruz.

C.   Ahora describa a Diego.

_____

_____

Los datos personales y las actividades

Actividades escritas

✳ Las fechas y los cumpleaños

Lea Gramática 1.1.

A. Escriba la fecha de nacimiento de estas personas.

> MODELO: Adriana: 17 de abril →
> *Adriana nació el diecisiete de abril de mil novecientos sesenta y siete.*

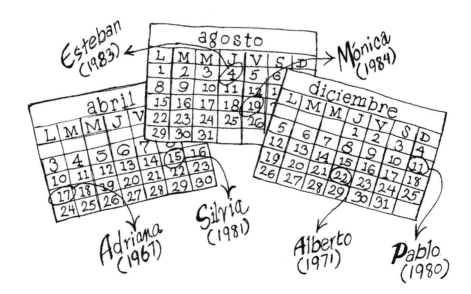

1. Silvia _____

2. Alberto _____

3. Pablo _____

4. Mónica _____

5. Esteban _____

Ahora diga cuándo es el cumpleaños de algunos miembros de su familia.

MODELO: Mi *tío* Paul nació el *catorce de abril.*

1. _____

2. _____

3. _____

¿Y cuándo nació usted? Yo nací _____.

B. ¿Qué fechas son éstas? Escriba los números.

1. Cortés conquistó a los aztecas en _____ (mil quinientos veintiuno).

2. La fecha de la independencia de varios países de América Latina es _____ (mil ochocientos veintiuno).

3. Nuestro país (los Estados Unidos) nació en _____ (mil setecientos setenta y seis).

4. El año de las Olimpíadas en Sydney, Australia, es _____ (dos mil).

5. En mi opinión, el año más importante es 19 ___ ___ (mil novecientos _____
_____) porque yo nací en ese año.

✳ Datos personales: El teléfono y la dirección

Lea Gramática C.5, 1.2–1.4.

C. Hágales preguntas a estas personas.

MODELO: profesora Martínez / hablar: *¿Habla (usted) francés, profesora Martínez?*

1. Esteban / estudiar: _____

2. Nora y Luis / leer: _____

3. profesor(a) / vivir: _____

4. Pablo / comer: _____

5. profesora Martínez / cantar: _____

6. Esteban / escribir: _____

D. Escriba la descripción de las siguientes personas.

MODELO: Nombre: *Estela Ramírez de Saucedo*
Dirección: *Avenida Juárez 457*
Ciudad: *México, D.F.*   País: *México*
Teléfono: *5-66-79-83*
Edad: *35 años*
Estado civil: *casada (Ernesto)*
Hijos: *tres (Amanda, Guillermo, Ernestito)*

El nombre de mi amiga es Estela Ramírez de Saucedo. Tiene 35 años. Es de México y vive en la capital, México, D.F., con su esposo Ernesto, en la Avenida Juárez, número

457. Su número de teléfono es el 5-66-79-83. Tiene tres hijos: Amanda, Guillermo y Ernestito.

1. Ahora escriba una descripción de Silvia.

Nombre: *Silvia Alicia Bustamante Morelos*
Dirección: *Paseo de la Reforma número 5064, Apartamento 12*
Ciudad: *México, D.F.* País: *México*
Teléfono: *5-62-03-18*
Edad: *21 años*
Estado civil: *soltera*
Hijos: *no tiene*

_____

_____

_____

_____

_____

2. Ahora escriba una descripción de un buen amigo / una buena amiga.

_____

_____

_____

_____

_____

E. La hermana de Pilar

Lea el modelo y luego describa en uno o dos párrafos, a un miembro de su familia. Use una hoja de papel aparte (*separate sheet of paper*).

MODELO: Mi hermana se llama Gloria Álvarez Cárdenas. Es alta y bonita. Tiene el pelo rubio y los ojos castaños. Tiene 23 años. Es idealista, entusiasta y generosa. Le gusta mucho hablar con sus amigos y observar a las personas. Ella estudia psicología. Vive en Madrid en un apartamento pequeño. Yo vivo allí también. Su dirección es Calle Almendras, número 481. Su número de teléfono es el 2-71-94-55.

✳ La hora

Lea Gramática 1.5.

F. Escriba la hora apropiada.

MODELOS: 6:30 → *Son las seis y media.*

1:50 → *Son las dos menos diez.*

1. 9:00 _____

2. 8:15 _____

3. 9:47 _____

4. 3:30 _____

5. 11:20 _____

6. 12:00 _____

7. 1:05 _____

8. 4:45 _____

9. 8:58 _____

10. 6:55 _____

G. Conteste las preguntas usando la teleguía. Si es después del mediodía, ponga la hora de dos maneras. Mire el modelo.

TV1	TV2
9:30 El nuevo show de Popeye	9:30 Los pueblos
10:00 Digimon. Las aventuras de los digimons y las niñas	10:00 Paraísos cercanos, Isla Mauricio
10:30 La nueva familia Addams	11:00 La película de la mañana. *Este que lo es* (España 82 minutos)
11:15 Los rompecorazones. Episodio 182	12:30 Vuelta ciclista de España
12:05 Xena, la princesa guerrera. La llave del reino. Estéreo. No recomendada para menores de 7 años	16:00 China salvaje. Los insectos de China
13:05 Los vigilantes de la playa en Hawaii. Marcas en la arena. Para todos los públicos	17:00 Luchando por los animales. *Mujeres y animales*
14:00 Informativo territorial	17:30 Norte-Sur. Se presentan Palestina, Chad y Mozambique
14:30 Corazón de verano	18:30 Harry y los Henderson. El profesor Dupond en París
15:00 Telediario	19:10 Salto al infinito. Episodio 10. La utopía tiene su precio
16:00 El tiempo	20:00 Informativo territorial

MODELO: ¿A qué hora es *Corazón de verano*?

Es a las 14:30 o a las dos y media de la tarde.

1. ¿A qué hora es *Los vigilantes de la playa en Hawaii*?

——

2. ¿A qué hora es *La nueva familia Addams*?

——

3. ¿A qué hora es *Salto al infinito,* Episodio 10?

——

4. ¿A qué hora es *China salvaje. Los insectos de China*?

——

5. ¿A qué hora es *El nuevo show de Popeye*?

——

✳ Las actividades favoritas y los deportes

Lea Gramática 1.6.

H.   Diga qué les gusta hacer a estas personas.

MODELO:

Pablo

A Pablo le gusta *trabajar en el jardín.*

1.

Alberto

A Alberto le gusta ——————————————————————————— .

2.

Carmen y Esteban

A Carmen y a Esteban les gusta _____.

3.

Lan

A Lan le gusta _____.

4.

Luis

_____.

5.

Mónica

_____.

I. ¿Qué dicen estas personas? Complete con la forma apropiada de **gustar**.

MODELO:

Nora, ¿ *le* *gusta* dibujar?

Sí, profesora, *me* *gusta* mucho.

1.

2.

3.

J. ¿Qué (no) le gusta hacer a usted? ¿Qué le gusta hacer con sus amigos? ¿y con su familia? Complete las oraciones. Algunas ideas:

bailar	explorar el Internet	nadar en el mar
bailar ballet	ir de compras	salir con mis amigos
comer en restaurantes elegantes	jugar al tenis	ver la televisión
escuchar música clásica	leer novelas	¿ ?

1. Me gusta _____.

2. Me gusta _____.

3. Me gusta _____.

4. No me gusta _____.

5. No me gusta _____.

6. No me gusta _____.

7. A mis padres y a mí nos gusta _____.

8. A mi novia/a (esposo/a) y a mí nos gusta _____.

9. Los sábados por la noche me gusta _____.

10. Con mis amigos me gusta _____.

Complete estas conversaciones correctamente con la frase u oración apropiada según la situación.

Cómo se escribe	no entendí	pasado mañana	Qué hora tiene
es temprano	No lo creo	por favor	Ya es tarde

1.

2.

3.

4.

5.

6.

Resumen cultural

Complete las oraciones y conteste las preguntas con nombres, palabras y frases de la lista.

Miguel Indurain	Roberto Alomar	el tenis
Isabel Allende	Conchita Martínez	el béisbol
Arantxa Sánchez Vicario	Rigoberta Menchú	el básquetbol
Casimiro González	la Sierra Nevada	la natación
el Premio Nóbel de la Paz	la Serie Mundial	el quiché
Son las once y media de la noche.	Son las ocho y media de la noche.	
Son las cuatro menos cuarto de la tarde.	Son las tres y cuarto de la tarde.	

1. _____ es un artista cubano que vive ahora en los Estados Unidos.

2. _____ es el deporte más popular en el Caribe.

3. _____ es una activista guatemalteca. En 1992 recibió

   _____.

4. Se practica el esquí en _____ de España.

5. _____ y _____ son tenistas españolas.

6. Otra palabra para **baloncesto** es _____.

7. _____ es una escritora chilena, autora de *Hija de la fortuna* y *La casa de los espíritus*.

8. ¿Qué hora es? (20:30) _____.

9. ¿Qué hora es? (15:45) _____.

10. _____ es un idioma maya, hablado en Guatemala.

Actividades auditivas

✳ Para empezar

A.   La música en KSUN, Radio Sol

Mayín Durán habla de la música en KSUN, Radio Sol de California.

¿Qué tipos de música tienen en KSUN? Escriba **Sí** o **No.**

1. —— rock
2. —— argentina
3. —— italiana
4. —— jazz

5. —— clásica
6. —— romántica
7. —— española
8. —— mexicana

B. En el parque

Doña Lola y don Anselmo Olivera hablan de las personas en el parque.

❖ ❖ ❖

Identifique a estas tres personas. ¡Cuidado! Hay más de una respuesta posible.

1. —— doña Rosita Silva
2. —— Pedro Ruiz
3. —— Clarisa

a. Tiene seis años.
b. Tiene dos hijas.
c. Es la hija mayor.
d. Lleva lentes.
e. Lleva un vestido morado.

✳ Las fechas y los cumpleaños

C. Los cumpleaños

VOCABULARIO ÚTIL

Entonces *Then; Therefore*
quiere decir *it means*
ya sabe *you already know*

La profesora Martínez habla con los estudiantes de las fechas de sus cumpleaños.

❖ ❖ ❖

Escriba la fecha de cumpleaños de estas personas.

FECHA DE CUMPLEAÑOS

1. Carmen _____
2. Alberto _____
3. Esteban _____
4. La profesora _____

✳ Datos personales: El teléfono y la dirección

D.   Información, por favor

VOCABULARIO ÚTIL

la operadora   *operator*
Un momentito   *Just a moment*
diga   *hello (used when answering the phone in Spain)*

Pilar Álvarez es una chica española de 22 años. En la mañana Pilar estudia en la Universidad Complutense de Madrid; por la tarde trabaja de operadora en la Compañía Telefónica de Madrid. Ahora está en su trabajo.

❖   ❖   ❖

Escuche a Pilar y escriba los números de teléfono.

NÚMERO DE TELÉFONO

1.   Ricardo Puente Arce: ___-___ ___-___ ___-___ ___

2.   Melisa Becker López: ___-___ ___-___ ___-___ ___

3.   Colegio La Paz: ___-___ ___-___ ___-___ ___

¿Cuál es la dirección del Colegio La Paz?

4.   La dirección es _____ Goya, número _____.

✳ La hora

E.   ¿Qué hora es?

VOCABULARIO ÚTIL

En este momento   *At this time*
temprano   *early*
terminar   *to end; to finish*

La profesora Martínez muestra relojes con la hora en diferentes ciudades de los Estados Unidos.

❖   ❖   ❖

Escuche el diálogo y escriba la hora en el reloj.

1.   San Antonio   2.   Los Ángeles   3.   Nueva York

4. Denver   5. el reloj de Esteban

F. Silvia en la terminal de autobuses

VOCABULARIO ÚTIL

sale *leaves*
el próximo *the next*
Para servirle *At your service*
la salida *departure*
cada hora *each (every) hour*

Los fines de semana Silvia Bustamante trabaja en una terminal de autobuses. Ahora Silvia está hablando con unos clientes.

❖ ❖ ❖

Escriba en los espacios en blanco la hora de salida de los autobuses.

HORA DE SALIDA

1. Durango   ———————

2. Puebla   ———————

3. Monterrey   ——————— y ———————

4. Guadalajara   ———————

✳ **Las actividades favoritas y los deportes**

G. Ernestito

VOCABULARIO ÚTIL

la presentación *presentation*
el Distrito Federal (el D.F. [«de efe»]) *Federal District, Mexico City*
más que nada *more than anything*

Ernestito Saucedo hace una presentación en su clase; él habla de su familia y de sus actividades favoritas.

❖ ❖ ❖

¿Cierto (**C**) o falso (**F**)?

1. —— Ernestito vive en el D.F.

2. —— Tiene tres hermanos.

3. —— Su hermano se llama Lobo.

4. —— A Ernestito le gusta jugar con su hermano.

5. —— No le gusta montar (andar) en bicicleta.

H.   Las actividades de la profesora

VOCABULARIO ÚTIL

las montañas   *mountains*
enseñar   *to teach*

La profesora Martínez habla con los estudiantes de sus
actividades favoritas.

Diga a quién le gusta hacer estas actividades: a Lan (**LA**), a Luis (**LU**) o a la profesora Martínez (**PM**).

1. —— leer

2. —— andar en bicicleta

3. —— montar a caballo

4. —— tocar el piano

5. —— enseñar español

¡A repasar!

I.   Radio Sol… ¡su estación favorita!

VOCABULARIO ÚTIL

la estación   *station*
la promoción   *promotion*
reciben   *they receive*
la llamada   *call*

Hoy KSUN, Radio Sol de California, hace una promoción especial.
Las personas que llaman de las 9:00 a las 9:30 de la mañana reciben
una camiseta con el nombre de la emisora (estación de radio).

❖   ❖   ❖

Llene los espacios en blanco con la información apropiada.

Nombre: _Carlos Medrano_

Música favorita: _____

Color favorito: _____

Dirección: _Calle Sepúlveda,_ _____
Calle   Número

Camiseta (pequeña, mediana, grande): _____

Nombre: _Leti Valdés_

Música favorita: _____

Color favorito: _____

Dirección: _Avenida Manchester,_ _____
Calle   Número

Camiseta (pequeña, mediana, grande): _____

Pronunciación y ortografía

✳ Ejercicios de pronunciación

PRONUNCIACIÓN: **r**

The Spanish **r** is not at all like the American English *r*. In Spanish there are two basic **r** sounds: one is a trill, the double **r** (**rr**), and the other is a tap, the single **r** (**r**).

A. Listen and then pronounce the following words with double **r** (**rr**).

cie**rr**e, bo**rr**ador, piza**rr**a, pe**rr**o, co**rr**ecto

If the letter **r** begins a word, it is usually pronounced with a trill. Note that at the beginning of a word, a trill is written as a single **r** rather than as a double **r.**

B. Listen and then pronounce the following words that begin with a trill.

rizado, **r**oja, **r**ubia, **r**eloj, **r**eservado, **r**opa

Remember that in Spanish the double **r,** and the single **r** at the beginning of a word, are trilled. Most other **r**'s are pronounced as a tap, that is, the tongue strikes the roof of the mouth lightly. It is very similar to the way Americans pronounce some *d*'s and *t*'s (which sound very much like *d*'s) in the middle of words: *butter, pretty, water, latter, ladder, body.* Say the expression *pot of tea* very quickly and pay attention to the *t* of *pot.*

C. Listen and then pronounce the following words with Spanish single **r.**

mi**r**e, na**r**iz, pe**r**o, o**r**ejas, cla**r**o, ca**r**a, ho**r**a

D. Now practice the same sound when the letter appears at the end of the word.

baila**r**, docto**r**, cocina**r**, habla**r**, ve**r**, lee**r**, mayo**r**, meno**r**, tene**r**, mejo**r**, se**r**

E. Listen to the following sentences and then pronounce them, concentrating on producing **r** and **rr** correctly. Don't forget to pronounce the vowels short and to use syllable-timed rhythm.

1. Cierre la puerta.
2. Luis tiene el pelo rizado.
3. El perro de Ernestito es muy grande.

4. —¿Qué hora es?
   —No tengo reloj.
5. Miren arriba.

✳ Ejercicios de ortografía

Write the words you hear, paying attention to the single and double **r** sounds and how they are written.

1. _____
2. _____
3. _____
4. _____
5. _____

6. _____
7. _____
8. _____
9. _____
10. _____

Videoteca

VOCABULARIO ÚTIL

¡Estoy muerta!   *I'm dead!* (*tired*)
Hombre, ¡qué sorpresa!   *Man, what a surprise!*
hace muchos años   *many years ago*
la economía internacional   *international finance*
me encanta   *I really like*
juntos   *together*

Sinopsis
Paloma y su primo, José Miguel, hacen una excursión en bicicleta. Se encuentran con (*meet*) Gustavo, un viejo amigo de Paloma. Paloma los presenta y luego invita a Gustavo a hacer varias actividades con su familia.

Primero lea estas preguntas y luego vea el video para contestarlas.

A.   ¿Cierto (**C**) o falso (**F**)?

1. _____ José Miguel es el hermano de Paloma.

2. _____ Gustavo estudia en el Parque Carolina.

3. _____ La familia de Gustavo vive en Guayaquil.

4. _____ Gustavo estudia economía internacional.

5. _____ El tres de marzo es un viernes.

6. _____ A Gustavo le gusta bailar.

7. _____ Son las once.

8. _____ Paloma invita a Gustavo al cine.

B. Complete las siguientes oraciones con la información correcta.

1. El apellido de Gustavo es ———————————————.

2. ———————————————— nació el tres de marzo.

3. El tres de marzo, Paloma y su familia van a ————————————
   ————————————————————————————.

4. El deporte favorito de José Miguel es ————————————————.

5. Gustavo juega al fútbol en el Parque Carolina los ————————————.

6. Paloma vive en la calle ————————————————.

7. El número de teléfono de Paloma es ————————————————.

 ecturas

 # Los saludos y las despedidas

VOCABULARIO ÚTIL

es costumbre   *it is customary*
todos   *everybody*
darle la mano   *to shake hands*
Gusto de verte   *Good to see you*
pueden durar   *can last*
valen la pena   *are worth the trouble*

Los saludos y las despedidas son una parte importante de muchas culturas. Aquí tiene algunos saludos y despedidas de la cultura hispana.

En la sociedad hispana, cuando uno entra en un lugar donde hay otras personas, es costumbre saludar a todos con «Hola», «Buenos días» o simplemente «¡Buenas!». Si es posible, es costumbre también darle la mano a cada persona. Y cuando uno se despide, le da la mano a todos otra vez y dice «Adiós», «Nos vemos», «Gusto de verte» o «¡Hasta mañana!».

Para saludar a los amigos, los hispanos dicen «¿Cómo estás?» o «¿Qué tal?». Y hay frases más expresivas, como, por ejemplo, «¿Qué me cuentas?», «¿Qué pasa?» o «¿Qué hay de nuevo?». Hay saludos un poco formales: «¿Cómo está usted?», «¿Cómo le va?» y «¿Cómo está la familia?».

Los saludos y las despedidas pueden durar mucho tiempo, pero valen la pena. Para muchos hispanos, ¡las relaciones humanas son más importantes que el tiempo!

Comprensión

Aquí tiene algunos saludos y despedidas. ¿Cuáles son formales (**F**) y cuáles informales (**I**)?

1. _____ Hola.
2. _____ ¿Cómo estás?
3. _____ ¿Qué tal?
4. _____ ¿Qué me cuentas?
5. _____ ¿Cómo está la familia?

6. _____ ¿Cómo le va?
7. _____ Gusto de verte.
8. _____ ¿Qué hay de nuevo?
9. _____ ¿Cómo está usted?
10. _____ ¿Qué pasa?

Ahora… ¡usted!

1. ¿Cómo saluda usted a sus amigos? ¿Y a las personas que no conoce (*know*) muy bien?

   _____

   _____

2. ¿Piensa usted que hay diferencias entre la manera de saludar y despedirse de los hispanos y la de los norteamericanos? ¿Cuáles son estas diferencias?

   _____

   _____

 **Un paso más… ¡a escribir!**

Escriba diálogos breves para practicar los saludos. Usted va a saludar a tres de las siguientes personas: su profesor o profesora, un amigo o una amiga, una amiga de su mamá, su hermano o hermana, un compañero de clase, su primo, su abuela.

LECTURA # Los amigos hispanos: Las actividades de Raúl

VOCABULARIO ÚTIL

la ingeniería   *engineering*
conoce   *knows*
A veces   *Sometimes*
Además   *Besides*
levantar pesas   *to lift weights*
pasear   *to go for a walk*
charlar   *conversar*

*Aquí describimos las actividades favoritas de un estudiante mexicano. Mire las palabras **en negrita** y descubra rápidamente varias de estas actividades. ¡A este joven le gusta hacer muchas cosas!*

Raúl Saucedo es de la Ciudad de México, pero estudia ingeniería en la Universidad de Texas en San Antonio. Tiene diecinueve años; es delgado y tiene el pelo largo y lacio.

Raúl conoce a varios de los estudiantes de español de la profesora Martínez. A veces **conversa** con ellos en inglés y a veces en español, porque los estudiantes necesitan practicar.

Raúl **estudia** mucho. Pero también **practica varios deportes**, especialmente el fútbol. ¡Es un joven muy activo! Los sábados en la mañana **le gusta jugar al fútbol** con sus amigos hispanos. Además, a Raúl le gusta **levantar pesas** y **nadar** en la piscina de la universidad.

Los sábados por la tarde, generalmente, le gusta **salir a pasear y charlar con sus amigos** norteameri-canos. Por la noche, prefiere **ir al cine o bailar** en las discotecas. Sus amigos dicen que él baila muy bien.

¿Y qué le gusta hacer a Raúl los domingos? Pues… los domingos son para estudiar y **hacer la tarea.** ¡Son días muy importantes!

Comprensión

¿Cierto (**C**) o falso (**F**)?

1. _____ Raúl es norteamericano.

2. _____ Raúl es estudiante en la Universidad de México.

3. _____ Es viejo y bajo.

4. _____ No es muy activo.

5. _____ A Raúl le gusta hacer ejercicio.

6. _____ Los domingos le gusta ir al cine.

7. _____ Raúl es muy buen estudiante.

8. _____ Tiene varios amigos hispanos.

Ahora… ¡usted!

¿Cuáles de las actividades de Raúl le gusta hacer a usted?

	SÍ ME GUSTA…	NO ME GUSTA…
conversar en español	_____	_____
jugar al fútbol	_____	_____
levantar pesas	_____	_____
nadar en la piscina	_____	_____
ir al cine	_____	_____
estudiar y hacer la tarea	_____	_____
bailar en discotecas	_____	_____

Un paso más… ¡a escribir!

¿Qué le gusta hacer a su compañero/a? Hágale una entrevista y luego escriba una composición como esta lectura, con el título *Las actividades de* (*nombre*). Para empezar, puede usar las siguientes preguntas.

1. ¿Qué te gusta hacer los viernes por la noche?

2. ¿Qué te gusta hacer los sábados y los domingos?

EL MUNDO HISPANO... LA GENTE

Elizabeth Álvarez nació en los Estados Unidos, de padres mexicanos. Elizabeth tiene 34 años y vive en Perrysburg, Ohio.

Describa a un buen amigo o a una buena amiga.

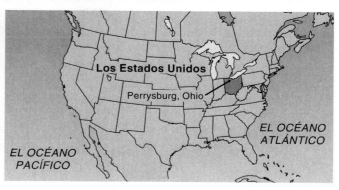

Los Estados Unidos

Perrysburg, Ohio

EL OCÉANO PACÍFICO

EL OCÉANO ATLÁNTICO

Una buena amiga es una persona que quiere escucharte cuando más lo necesitas. Es esa persona sincera que te acepta tal como eres.[1] Mi buena amiga se llama Juanita García. Vive en Calexico, California. Juanita celebra su cumpleaños el cinco de septiembre. Nos gusta celebrar juntas su cumpleaños cuando se puede.[2] Lo que más nos gusta hacer cuando estamos juntas es conversar. Hablamos mucho de eventos especiales de nuestra niñez.[3]

[1]tal... *just as you are*   [2]cuando... *when it's possible*   [3]*childhood*

Comprensión

¿Cierto (**C**) o falso (**F**)?

1. _____ La actividad que Elizabeth y su amiga prefieren es conversar.

2. _____ Normalmente las dos amigas hablan de su niñez.

3. _____ A las dos amigas les gusta celebrar juntas el cumpleaños de Elizabeth.

4. _____ Para Elizabeth, una buena amiga es alguien que escucha sus problemas.

Mis planes y preferencias

 Actividades escritas

✳ Los planes

Lea Gramática 2.1.

A. Escoja ocho de las siguientes personas y describa qué van a hacer durante el fin de semana.

> MODELO: Esta fin de semana mi novio y yo vamos a salir a bailar.

yo	una amiga / un amigo	mis padres	mi hermano/a y yo
mi hijo/a	mi novio/a (esposo/a)	mi profesor(a)	mi mejor amigo/a y yo
mis amigos	mi abuelo/a	mi primo/a	¿ ?

1. _____

2. _____

3. _____

4. _____

5. _____

6. _____

7. _____

8. _____

B. Complete esta conversación entre Estela y su hermana Andrea. Ellas hablan de los planes de Estela para el fin de semana. Use las formas correctas de **ir a.**

ESTELA: Este fin de semana _____ _____[1] descansar.

ANDREA: ¿No _____ _____[2] limpiar la casa el sábado?

ESTELA: No, Ernesto y los niños _____ _____ ³ limpiar todo porque el sábado es mi cumpleaños.

ANDREA: ¿Y el sábado tú _____ _____ ⁴ dormir todo el día?

ESTELA: No, porque _____ _____ ⁵ ir de compras. Quiero un vestido nuevo.

ANDREA: ¡Un vestido nuevo! ¿Por qué?

ESTELA: Porque la fiesta sorpresa del domingo *no* es un secreto.

✳ Las clases

Lea Gramática 2.2.

C. Escriba las clases que usted tiene y la hora de cada una.

HORA	LUNES	MARTES	MIÉRCOLES	JUEVES	VIERNES
____	_____	_____	_____	_____	_____
____	_____	_____	_____	_____	_____
____	_____	_____	_____	_____	_____
____	_____	_____	_____	_____	_____
____	_____	_____	_____	_____	_____

D. Complete las oraciones con información acerca de sus clases.

1. Mi primera clase los lunes es _____.

2. Mi tercera clase los miércoles es _____.

3. Mi segunda clase los jueves es _____.

4. Mi quinta clase los _____ es _____.

5. Mi _____ clase los _____ es español.

6. Mi clase más fácil/difícil es _____.

7. Mi clase favorita es _____.

✳ Las preferencias y los deseos

Lea Gramática 2.3–2.4.

E. Hable de sus deseos para el día de su cumpleaños.

1. ¿Quiere usted tener una fiesta grande?

_____

2. ¿Quiere usted recibir visitas ese día?

   _____

3. ¿Quiere usted salir a bailar con su novio/a (esposo/a)?

   _____

4. ¿Qué quieren hacer sus padres? / ¿Qué quiere hacer su esposo/a (novio/a)?

   _____

5. ¿Qué quieren hacer usted y sus amigos?

   _____

F. Diga las preferencias de usted o de otra persona.

   MODELO: ¿Prefiere usted bailar o jugar al béisbol? → *Prefiero bailar.*

1. ¿Prefiere usted jugar al tenis o al ráquetbol?

   _____

2. ¿Prefiere usted cocinar o ir a un restaurante?

   _____

3. ¿Prefiere usted andar en bicicleta o en motocicleta?

   _____

4. ¿Prefiere usted bucear o nadar?

   _____

5. ¿Prefiere usted trabajar en el jardín o limpiar la casa?

   _____

6. ¿Qué prefieren sus padres, ver la televisión o ir al cine?

   _____

7. ¿Qué prefiere su hijo/a, patinar o jugar al fútbol?

   _____

8. ¿Qué prefiere su hermano/a, esquiar o jugar al voleibol?

   _____

G.   ¿Cuáles de las siguientes actividades considera usted actividades del tiempo libre y cuáles considera obligaciones? Haga dos listas en la próxima pagina.

Actividades: cocinar, escribirle una carta a un amigo / una amiga, escuchar música, estudiar español, explorar el Internet, ir de compras, jugar a las cartas, jugar al básquetbol, lavar el carro, leer una novela, limpiar la casa, llamar a mis padres/abuelos por teléfono, manejar, nadar, reparar el carro, salir a bailar, salir a caminar con el perro, tomar el sol, tomar un examen, trabajar, ver la televisión, ¿ ?

TIEMPO LIBRE	OBLIGACIÓN
_____	_____
_____	_____
_____	_____
_____	_____
_____	_____
_____	_____
_____	_____
_____	_____
_____	_____
_____	_____
_____	_____

✳ El tiempo

Lea Gramática 2.5.

H.   Mire estos dibujos con cuidado y diga qué tiempo hace y qué quieren hacer las personas que aparecen en cada uno.

Acapulco, México/marzo

Bariloche, Argentina/julio

Parque nacional, Los Paraguas, Chile/octubre

1.   2.   3.

1.   *Es primavera y hace viento. Las chicas quieren navegar.*

2.   _____

_____

3.   _____

_____

el Caribe/mayo

Madrid, España/enero

México, D.F./agosto

4.   5.   6.

4. _____
   _____

5. _____
   _____

6. _____
   _____

I. ¿Qué actividades asocia usted con el tiempo?

MODELO: ¿Qué prefiere usted hacer cuando *hace mal tiempo?* →
        Cuando hace mal tiempo, prefiero leer en casa.

hace buen tiempo   hace mucho viento   llueve
hace frío   hace sol   nieva
hace mucho calor

1. ¿Qué prefiere usted hacer cuando _____?
   _____

2. ¿Qué prefiere usted hacer cuando _____?
   _____

3. ¿Qué prefiere usted hacer cuando _____?
   _____

4. ¿Qué prefiere usted hacer cuando _____?
   _____

5. ¿Qué prefiere usted hacer cuando _____?
   _____

J. Lea los planes y las preferencias de la profesora Martínez y luego, en una hoja de papel aparte, escriba por lo menos dos párrafos sobre los planes, deseos y preferencias de usted.

Me gustan mucho los meses de invierno. En el invierno hace frío aquí en San Antonio. Me gusta escuchar música y leer al lado de la chimenea especialmente cuando llueve, pero prefiero ir a las montañas cuando nieva. Me gusta jugar en la nieve. En el verano siempre voy a Guanajuato. ¡Es una ciudad muy bonita!

Este verano voy a viajar a México. Primero voy a ir a Guanajuato a visitar a mis parientes. Un fin de semana voy a acampar en las montañas con toda la familia. Después voy a ir a Puerto Vallarta por una semana. Hace mucho calor pero me gusta mucho la playa. Quiero nadar, leer y descansar. Luego voy a ir a la Ciudad de México. En el verano llueve mucho allí pero no hace frío. Voy a visitar muchos museos y voy a cenar en mis restaurantes favoritos. También quiero pasear en el Parque de Chapultepec[1] y visitar los jardines flotantes[2] de Xochimilco. ¿Y usted?

▶ REPASO DE PALABRAS Y FRASES ÚTILES

Complete estas conversaciones con la oración adecuada según la situación.

A qué hora	Nos vemos	Qué buena idea
Ni pensarlo	Por qué	Yo también

1.

2.

3.

4.

---

[1]Parque… parque grande en el centro de México, D.F.   [2]jardines… *floating gardens*

Resumen cultural

Complete las oraciones y conteste las preguntas con nombres, palabras y frases de la lista.

Penélope Cruz	Acapulco	la peseta	historia del arte
Julio Iglesias	Veracruz	el peso	diseño gráfico
Federico García Lorca	Chihuahua	la plaza	psicología
Carmen Zapata	Guadalajara	el verano	ciencias de la comunicación
Rita Moreno	Mérida	el otoño	derecho
Edward James Olmos	Monterrey	hace buen tiempo	sociología
Octavio Paz	Sevilla	hace frío	ciencias políticas
	primaria		arquitectura
	preparatoria		antropología

1. En los Estados Unidos se usa el dólar, pero en España se usa ———————————.

2. En México los cuatro niveles de educación son la ———————————, la secundaria, la ——————————— y la universitaria.

3. En muchas ciudades hispanas la gente se reúne en ——————————— para charlar y descansar.

4. ——————————— es la presidenta de la Fundación Bilingüe de las Artes en Los Ángeles.

5. ——————————— es un famoso poeta y dramaturgo español.

6. ——————————— y ——————————— son ciudades mexicanas en el Golfo de México.

7. ——————————— y ——————————— son ciudades en el norte de México.

8. ¿Qué estación es en Paraguay en febrero? Es ———————————.

9. ¿Cómo es el clima de Venezuela? ———————————.

10. ¿Cuáles son dos especialidades en el área de ciencias sociales que se ofrecen en la Universidad del Valle de México? ——————————— y ———————————

11. ¿Cuáles son dos especialidades en el área de arte y humanidades que se ofrecen en la Universidad del Valle de México? ——————————— y ———————————

Actividades auditivas

✳ **Para empezar**

A.   La familia de Esteban

Esteban Brown hace una presentación sobre los miembros de su familia en la clase de español.

❖   ❖   ❖

¿Cuáles son las preferencias de los miembros de la familia de Esteban? Hay más de una respuesta posible.

1. ____ Esteban
2. ____ su madre
3. ____ su padre
4. ____ Michael

a.   Le gusta nadar.
b.   Prefiere bailar.
c.   Le gusta hacer preguntas.
d.   Prefiere jugar al fútbol.
e.   No le gusta estudiar.
f.   Prefiere hablar español.
g.   Le gusta jugar al tenis.

B.   ¡Un momentito, por favor!

Pilar Álvarez está en su trabajo, en la Compañía Telefónica de Madrid.

❖   ❖   ❖

Escuche a Pilar y escriba el nombre completo y el número de teléfono de la persona que menciona.

1.   Nombre: el doctor Manuel Hernández _____

2.   Número de teléfono: ___-___ ___-___ ___-___ ___

✳ Los planes

C. Los planes de Amanda

VOCABULARIO ÚTIL

el centro *downtown*
contigo/conmigo *with you / with me*
los adultos *adults*
¿De acuerdo? *OK?*

Hoy es sábado y Ernestito conversa con su hermana sobre los planes de Amanda para esta tarde.

Ponga en el orden correcto estos planes, marcando los espacios en blanco del 1 al 4.

a. _____ Amanda va a descansar con su amiga.

b. _____ Ernestito va a ir al centro con «los adultos».

c. _____ Amanda va a jugar al tenis con Graciela.

d. _____ Amanda va a ir al centro con algunos amigos.

✳ Las clases

D. Una clase divertida

VOCABULARIO ÚTIL

el estacionamiento *parking lot*
aprendo *I learn*
la palabra *word*

Lan Vo habla con Raúl Saucedo en el estacionamiento de la universidad.

¿Cierto (**C**) o falso (**F**)?

1. _____ A Lan no le gusta la clase de español.

2. _____ Raúl dice que las clases de lenguas son aburridas.

3. _____ En la clase de Lan los estudiantes hacen muchos ejercicios de gramática todos los días.

4. _____ Raúl dice que va a visitar la clase de la profesora Martínez.

E. Los horarios de Mónica y Pablo

VOCABULARIO ÚTIL

¡Pobrecita!   *Poor thing!*
estamos libres   *we're free (we have free time)*
la cafetería   *cafeteria*

Mónica Clark y Pablo Cavic hablan de sus horarios de clase.

El horario de Mónica

HORA	LUNES	MARTES	MIÉRCOLES	JUEVES	VIERNES
8:00	*español*				
9:00			*química*		*química*
10:00					
11:00					
12:00					
1:00	*literatura inglesa*				*literatura inglesa*
2:00					
3:00					
4:00					

El horario de Pablo

HORA	LUNES	MARTES	MIÉRCOLES	JUEVES	VIERNES
8:00		*español*			
9:00					
10:00	*historia*				
11:00					
12:00	*matemáticas*		*matemáticas*		*matemáticas*
1:00					
2:00					
3:00					
4:00					

✳ Las preferencias y los deseos

F. El Hotel Miramar

VOCABULARIO ÚTIL

el anuncio comercial *advertisement*
la alberca *swimming pool (Mex.)*
¡Disfruten! *Enjoy!*

Ahora en KSUN, Radio Sol, vamos a escuchar un anuncio comercial del Hotel Miramar de la ciudad de Cancún, en México.

❖ ❖ ❖

¿Son posibles estas actividades en el Hotel Miramar? Escriba **Sí** o **No**.

1. _____ pasar las vacaciones con la familia

2. _____ cocinar

3. _____ nadar en el mar

4. _____ nadar en una alberca

5. _____ comer en un restaurante excelente

6. _____ patinar en el hielo

7. _____ tomar lecciones de esquí acuático

8. _____ jugar al fútbol

G. ¡Vamos al cine!

VOCABULARIO ÚTIL

esta tarde *this afternoon*
¡hasta los viernes! *even on Fridays!*
¡No te creo! *I don't believe you!*

Nora Morales habla con Raúl Saucedo después de la clase de español.

❖ ❖ ❖

¿Quién dice esto, Nora (**N**) o Raúl (**R**)?

1. _____ No tengo clase a las diez.

2. _____ Voy a jugar al tenis por dos horas.

3. _____ ¿Quieres ir a la cafetería?

4. _____ Voy a lavar mi ropa.

5. _____ En la noche, voy a ir al cine.

6. _____ Prefiero estudiar.

7. _____ Es una nueva película italiana. ¿Quieres ir?

El tiempo

H. El pronóstico del tiempo

VOCABULARIO ÚTIL

el pronóstico   *forecast*
grados centígrados   *degrees centigrade*
hermoso   *beautiful*

Ahora vamos a escuchar el pronóstico del tiempo en
KSUN, Radio Sol.

❖ ❖ ❖

Imagínese que hoy usted va a viajar a una de estas ciudades. ¿Qué ropa va a llevar?

Posibilidades: el abrigo, el suéter, el traje de verano, las botas, las sandalias

1. Londres   _____

2. Madrid   _____

3. Buenos Aires _____

4. Santo Domingo _____

5. Nueva York   _____

¡A repasar!

I. La fiesta de Carmen

VOCABULARIO ÚTIL

las novelas   *novels*
la ciencia ficción   *science fiction*

Los estudiantes de la profesora Martínez tienen una fiesta
en casa de Carmen. Alberto, Carmen y Pablo conversan.

❖ ❖ ❖

¿Cuáles son las actividades preferidas de las siguientes personas? Hay más de una respuesta posible.

1. _____ Alberto

2. _____ Carmen

3. _____ Pablo

a. Le gusta leer.
b. Prefiere hablar español.
c. Le gusta bailar.
d. Prefiere las novelas de ciencia ficción.
e. Le gusta jugar con sus perros.
f. Prefiere escuchar música.
g. Le gusta tener fiestas en su casa.

Pronunciación y ortografía

✳ **Ejercicios de pronunciación**

STRESSING THE CORRECT SYLLABLE

Most words in Spanish are not written with an accent mark. When you read words aloud, it is easy to know which syllable is stressed. There are three rules:

If the word ends in a <u>vowel</u> (**a, e, i, o, u**) or the <u>consonants</u> **n** or **s**, pronounce the word with the stress on the next-to-the-last syllable. For example: <u>**ca**</u>-sa, **ba**-ño, **a**-ños, **pe**-so, e-**ne**-ro, **can**-ten, de-par-ta-**men**-to, **ba**-jen, ca-**mi**-nen.

If the word ends in a <u>consonant</u> (except for **n** or **s**), pronounce the word with the stress on the last syllable. For example: lu-**gar**, ter-mi-**nal**, es-pa-**ñol**, ver-**dad**, na-**riz**, me-**jor**, fa-**vor**.

Regardless of what letter a word ends with, if there is a written accent mark, you must stress the syllable where the accent appears. For example: es-**tó**-ma-go, **sué**-ter, **lá**-piz, **ár**-bol, au-to-**mó**-vil, ja-po-**nés**, per-**dón**, a-**quí**.

 A. Look at the following words and pronounce them with the stress on the next-to-the-last syllable. Note that they all end in a vowel, **n**, or **s**. Say the word first and then listen for confirmation.

1.	barba	6.	cabeza
2.	piernas	7.	pongan
3.	italiano	8.	castaños
4.	morado	9.	Argentina
5.	nombre	10.	hablen

B. These words end in a consonant (other than **n** or **s**) and are therefore stressed on the last syllable.

1.	verdad	6.	señor
2.	azul	7.	hospital
3.	borrador	8.	reloj
4.	pared	9.	profesor
5.	regular	10.	mejor

C. These words are written with an accent mark. Stress the syllable with the written accent.

1.	francés	6.	suéter
2.	fácil	7.	difícil
3.	café	8.	alemán
4.	teléfono	9.	sábado
5.	está	10.	inglés

✳ **Ejercicios de ortografía**

WORD STRESS

If a word of three syllables or more is stressed on any syllable other than the last or next to last, it must be written with an accent mark.

Listen and write the following words with accents on the third from last syllable. For example: **música, página, miércoles.**

1. _____   9. _____

2. _____   10. _____

3. _____   11. _____

4. _____   12. _____

5. _____   13. _____

6. _____   14. _____

7. _____   15. _____

8. _____

 ideoteca

VOCABULARIO ÚTIL

Necesito comprar...   *I need to buy . . .*
No hay por qué   *No problem; Don't mention it*
Busco   *I'm looking for*
la antropología   *anthropology*
precolombino/a   *precolumbian, before the
   arrival of Columbus*
¿En serio?   *Really?*
¿Me acompañas?   *Want to come with me?*
juntos   *together*
Creo que...   *I think that . . .*

Sinopsis
Diego y Lupe se encuentran en la librería de la universidad. Los dos tienen clase de antropología con el mismo profesor. A Diego le gusta Lupe. Y tal vez a ella le gusta él también. Después de comprar sus libros, van a tomar un café y estudiar juntos.

Primero lea estas preguntas y luego vea el video para contestarlas.

A.   ¿Sí o no? Indique qué clases tiene Lupe.

1. ____ antropología   5. ____ informática   9. ____ matemáticas

2. ____ arte moderno   6. ____ inglés   10. ____ psicología

3. ____ biología   7. ____ literatura   11. ____ sociología

4. ____ historia del arte   8. ____ ingeniería   12. ____ economía internacional

B.   Complete las oraciones con la forma correcta del verbo más apropiado de la lista.

bailar   buscar   comprar   tomar

1. Lupe _____ libros para sus clases.

2. Diego necesita _____ libros también.

3. Lupe y Diego _____ la clase de antropología juntos.

4. A Lupe y a Diego les gusta _____ en su tiempo libre.

C. Ahora, nombre cuatro cosas más que Lupe necesita comprar en la librería.

_____   _____

_____   _____

ecturas

Los nombres hispanos

VOCABULARIO ÚTIL

Al nacer	*At birth*
algunas	*some*
el apellido de soltera	*maiden name*
cariñosa	*endearing*
el sobrenombre	*nickname*
honrar	*to honor*
el antepasado	*ancestor*
el santo	*saint*
católica	*Catholic*

Aquí tiene algunos de los nombres más populares en el mundo hispano. Lea y descubra por qué los hispanos generalmente tienen dos nombres y dos apellidos.

Al nacer, los hispanos reciben generalmente dos nombres. María Teresa, Jorge Luis y Mari Carmen son algunas combinaciones típicas. El nombre completo de la profesora Martínez, por ejemplo, es Adela Elisa Martínez Briceño. Adela es el nombre de su abuela materna; Elisa, el de su abuela paterna. Martínez es el apellido de su padre y Briceño, el apellido de soltera de su madre.

En el mundo hispano es costumbre usar también el apellido de la madre. Y muchos nombres tienen una forma familiar y cariñosa: el sobrenombre. El sobrenombre de Elena es Nena; el de Jorge, Yoyi; y el de Alberto, Beto.

A los hispanos les gusta honrar a sus parientes. Dar a un niño el nombre de un antepasado, de un tío o de un abuelo es una manera especial de recordar a esa persona. En algunos casos, el primer nombre es el de un santo. Por ejemplo, un niño de familia católica nace el día cinco de septiembre y sus padres le dan el nombre de Tomás. El niño celebra entonces su cumpleaños en septiembre y además celebra el día de su santo, en este caso el siete de marzo, día de Santo Tomás de Aquino.

Comprensión

Diga si las siguientes oraciones son ciertas o falsas. Si son falsas, haga la corrección necesaria.

MODELO: Los hispanos generalmente reciben un solo nombre. →
Falso: Los hispanos generalmente reciben dos nombres.

1. Los hispanos llevan sólo el apellido del padre.

_____

2. El sobrenombre es la forma familiar de un nombre.

_____

3. A los hispanos les gusta honrar a sus parientes.

_____

4. Algunos hispanos católicos celebran el día de su santo.

_____

Ahora... ¡usted!

1. ¿Tiene usted dos nombres? ¿Usa los dos? ¿Por qué? ¿Tiene un sobrenombre o un nombre cariñoso que sólo sus amigos saben? ¿Le gusta ese sobrenombre?

_____

_____

_____

_____

2. ¿Cuáles son sus dos apellidos (paterno y materno)? ¿Le gustaría usar los dos? ¿Por qué? Explique.

_____

_____

3. Si usted es católico/a, ¿celebra el día de su santo? ¿Qué santo es? ¿Coincide este día con su cumpleaños?

_____

_____

Un paso más... ¡a escribir!

¿Cuáles son los nombres? ¿Cuál es el apellido del padre? ¿Y el de la madre? Al final, ¡invente dos nombres!

MODELO: Virginia Elisa Fernández Morales →
Los nombres son Virginia y Elisa. Fernández es el apellido del padre. Morales es el apellido de la madre.

1. María Luisa García Fernández

_____

2. José Ignacio Martínez Gutiérrez

_____

3. Irma Angélica Hernández Ochoa

_____

4. Carlos Rafael Álvarez Carrasco

_____

5. Tomás Benito Valdés González

_____

6. ¿ ? _____

7. ¿ ? _____

 **LECTURA**

Los amigos hispanos: La escuela de Ernestito

VOCABULARIO ÚTIL

Obviamente   *Obviously*
enorme   *enormous*
el rincón   *corner*
la bandera   *flag*
Afuera   *Outside*
el recreo   *recess*

Ésta es la descripción que hace un niño mexicano de su escuela. Obviamente, ¡le gusta mucho!

¡Buenos días, amigos! Me llamo Ernestito Saucedo y tengo ocho años. Soy estudiante en una escuela primaria, el Colegio Benito Juárez,[1] en la Ciudad de México.

Me gusta mi escuela, ¡de verdad! Es una escuelita[2] vieja pero bonita. Los salones de clase son grandes, con muchas ventanas. El escritorio de la maestra es enorme y está enfrente de la clase. En las paredes hay dibujos y fotos que son parte de nuestras lecciones. Y algunos son mis dibujos, pues… ¡soy un poquito artístico!

En el salón también hay tres pizarras, y las tres son verdes; no son negras. Y en un rincón está la bandera de México con los colores nacionales: verde, blanco y rojo. Afuera hay un patio grande con unos árboles gigantes. Me gusta mucho salir a la hora del recreo y correr o jugar al fútbol con mis amiguitos.

Me gusta mucho mi escuela. ¡De verdad!

Comprensión

¿Cierto (**C**) o falso (**F**)?

Ernestito dice que…

1. _____ su escuela está en la Ciudad de México.

2. _____ los salones de clase son pequeños.

3. _____ el escritorio de la maestra está enfrente de la clase.

4. _____ los colores de la bandera mexicana son verde, blanco y azul.

5. _____ a la hora del recreo le gusta jugar con sus amiguitos.

Ahora… ¡usted!

1. ¿Tiene hijos o hermanos que están en la escuela primaria? ¿Les gustan su escuela y su salón de clase? ¿Por qué?

_____

_____

_____

_____
[1]Benito… presidente de México de 1857 a 1865 y 1867 a 1872   [2]-ito/a *added at the end of a word denotes "little"*

2. ¿Piensa usted que los niños generalmente reciben una buena educación en la escuela primaria? ¿Y los jóvenes en la secundaria?

_____

_____

_____

3. ¿Le gusta a usted la universidad donde estudia? ¿Hay algunas cosas que le gustan y otras que no le gustan? ¿Cuáles, por ejemplo?

_____

_____

_____

 Un paso más… ¡a escribir!

¿Recuerda usted la escuela de su infancia? Imagínese que tiene ocho años y ahora está en la escuela. Descríbala en dos párrafos. ¿Cómo es el salón de clase? ¿Le gusta el lugar?

EL MUNDO HISPANO... LA GENTE

Cecilia Ortega tiene 24 años y es de España.

¿Qué le gusta hacer en su tiempo libre?

Leer me apasiona;[1] prácticamente devoro[2] los libros. Me gustan especialmente las novelas policíacas o de misterio, y las biografías.
También voy al cine una vez por semana. En general, detesto las películas violentas y las comedias de chiste fácil,[3] aunque me gustan mucho las comedias inteligentes.

[1] me... *is my passion*   [2] *I devour*   [3] de... *simplistic*

Comprensión

1. ¿Cuál es la actividad favorita de Cecilia?

_____

2. ¿Cuántas veces por semana va ella al cine?

_____

3. ¿Qué tipo de libros le gusta leer a Cecilia?

_____

L os lugares y
las actividades

CAPÍTULO

3

Actividades escritas ✏️

✳️ Los lugares

Lea Gramática 3.1.

A. ¿Adónde va usted para hacer estas cosas?

> MODELO: ¿Adónde va usted para comprar comida? → *Voy al supermercado.*

¿Adónde va usted…

1. para comer? ———————————————————————————

2. para nadar? ———————————————————————————

3. para estudiar? ———————————————————————————

4. para comprar libros? ———————————————————————

5. para comprar papel y lápices? ——————————————————

6. para tomar el sol? ——————————————————————————

B. ¿Dónde están estas personas?

> MODELO: Llevan traje de baño y están charlando, escuchando música y tomando el sol. →
> *Están en la playa.*

1. Hay muchos jóvenes que están leyendo y escribiendo en silencio. Hay muchos libros.

   ———————————————————————————————————————

2. Es un lugar grande. Varias personas están rezando en silencio o meditando.

   ———————————————————————————————————————

3. Hay mucha gente: niños, jóvenes y adultos. Todos están viendo cuadros de pintores españoles famosos como Velázquez, El Greco, Goya, Picasso, etcétera.

   ———————————————————————————————————————

4. Hay varios médicos y hay muchas personas que están enfermas.

_____

5. Es un lugar grande. Hay vestidos, blusas, pantalones, camisas, corbatas, abrigos, etcétera.

_____

6. Hay una profesora, muchos estudiantes, pizarras, un escritorio y muchos pupitres.

_____

7. Hay mucha gente joven. Todos están bailando y escuchando música. Hay poca luz.

_____

C. ¿Qué hacemos en los siguientes lugares?

MODELO: En la farmacia → En la farmacia *compramos medicinas.*

1. En un museo _____.

2. En una zapatería _____.

3. En un almacén _____.

4. En un lago _____.

5. En una iglesia _____.

6. En la biblioteca _____.

❊ Las actividades diarias

Lea Gramática 3.2–3.3.

D. Escriba las actividades de un día típico en su vida. Use verbos de esta lista: **asistir a, caminar, charlar, escribir, estudiar, explorar el Internet, hablar, hacer (la tarea), jugar, leer, llegar, manejar, planchar, regresar, salir, trabajar.** Recuerde que las formas que necesita usar son las formas que corresponden al pronombre **yo:** asist**o**, charl**o**, escrib**o**, hag**o**, etcétera.

MODELO: ¿A las cinco de la tarde? → *(Yo) Estudio en la biblioteca.*

1. ¿A las siete y media de la mañana? _____

2. ¿A las nueve de la mañana? _____

3. ¿A mediodía? _____

4. ¿A las dos de la tarde? _____

5. ¿A las cuatro de la tarde? _____

6. ¿A las seis y media de la tarde? _____

7. ¿A las ocho y media de la noche? _____

8. ¿A las diez y cuarto de la noche? _____

9. ¿A medianoche? _____

E. Suponga que usted va a compartir una habitación en la residencia estudiantil con otro/a estudiante. Usted quiere saber si van a tener conflictos o no. Escriba cinco preguntas (o más) sobre las actividades diarias o hábitos. Use verbos como **almorzar, bailar, beber, charlar, comer, dar fiestas, desayunar, divertirse, dormir, escuchar, fumar, hablar, hacer ejercicio, invitar, jugar, lavar, limpiar, leer, levantar pesas, llegar, recibir, recoger, regresar, salir, tocar (el piano, etcétera), trabajar, usar, ver la televisión.** Recuerde: las formas corresponden al pronombre **tú:** almuerz**as**, charl**as**, com**es**, sal**es**, etcétera.

MODELO: ¿Lees? ¿Lees mucho o poco? ¿Te gusta leer en tu casa, en la biblioteca o afuera?

1. ——

——

2. ——

——

3. ——

——

4. ——

——

5. ——

——

F. Lea este párrafo sobre la rutina de Raúl.

Soy estudiante de primer año en la universidad de Texas en San Antonio y vivo en una residencia estudiantil de la universidad. Todos los días me levanto muy temprano y asisto a clases. Los sábados mi rutina es diferente. Los sábados me levanto un poco más tarde. Me ducho rápido porque a las nueve y media desayuno en un restaurante con varios amigos. Después regreso a la residencia y estudio varias horas. A la una almuerzo en la cafetería de la residencia, luego camino o corro o nado por una hora. Después me ducho y descanso. A las seis de la tarde ya estoy listo para ir al cine o al teatro o a bailar o…

Ahora escriba un párrafo sobre su propia rutina de los sábados. Use una hoja de papel aparte.

✳ ¿De dónde es usted?

Lea Gramática 3.4.

G. Complete las siguientes oraciones con la nacionalidad correcta. Use el mapa al comienzo (*beginning*) y al final del libro de texto.

MODELO: Ricardo Sícora es de Caracas, es *venezolano.*

1. Armando Pinillos López es de Lima, es ——————————————————————.

2. Juan Llorens Munguía es de Barcelona, es ——————————————————————.

3. Patricia Quiñones Romo es de La Paz, es ——————————————————————.

4. Margarita Acosta García es de Quito, es ——————————————————————.

5. Rodrigo Lara Bonilla es de Bogotá, es ——————————————————————.

6. Cristina García Quijano es de Buenos Aires, es ——————————————————————.

7. Miguel Luis Peyro Carrillo es de Durango, es _____.

8. Luz Marina Mora Sánchez es de San José, es _____.

H. ¿Conoce usted a algunas personas de otros países? Lea el modelo y después describa a dos de ellas en uno o dos párrafos. Incluya, por lo menos, la siguiente información básica: ¿Cómo se llama la persona? ¿Cuántos años tiene? ¿De dónde es? (ciudad, país) ¿Dónde vive él/ella ahora? ¿Dónde vive su familia? ¿Qué estudia esta persona? ¿Es casado/a o soltero/a? ¿Tiene hijos? ¿Qué le gusta hacer?

MODELO: Se llama María Elena Pizano. Es boliviana, de La Paz, pero ahora es ciudadana norteamericana. Tiene veinte años. Ella y sus padres viven en San Francisco. Sus hermanos viven en Bolivia. Es soltera y no tiene hijos. No estudia; trabaja en un almacén. Le gusta jugar al tenis con sus amigos y salir a bailar con su novio Richard.

✳ Las actividades del momento

Lea Gramática 3.5.

I. Mire los dibujos y describa qué están haciendo. Luego, explique si es normal o no y por qué.

MODELO:

El gato y el perro están jugando. A veces es posible pero no es normal. A los gatos no les gusta jugar con los perros.

1. _____
   _____
   _____

2. _____
   _____
   _____

3. _____
   _____
   _____

4. _____
   _____
   _____

5. _____
   _____
   _____

6. _____
   _____
   _____

J. ¿Qué están haciendo?

MODELO: Es lunes y son las seis de la mañana. Usted está en su casa. ¿Qué está haciendo? →
Estoy durmiendo. ¡Es muy temprano!

1. Es martes. Son las diez de la noche y usted está en la biblioteca. ¿Qué está haciendo?

   _____

2. Es viernes y son las siete de la tarde. Usted y su novio/a (esposo/a) están en el cine. ¿Qué están haciendo?

   _____

3. Son las ocho de la noche. Usted está en un restaurante elegante. ¿Qué está haciendo?

   _____

4. Es sábado. Son las diez de la mañana. Sus amigos están en la playa. ¿Qué están haciendo?

   _____

   _____

5. Es/Son la(s) _____ de la _____. Usted y su mejor amigo/a están en _____. ¿Qué están haciendo?

   _____

Use algunas de estas palabras y expresiones para completar correctamente lo que dicen las personas que aparecen en cada situación. Consulte las expresiones de cortesía al comienzo del libro de texto.

| A dónde va | De acuerdo | De veras |
| Cuidado | De nada | Lo siento |

1.

2.

3.

4.

Ⓡesumen cultural

Complete las oraciones con los nombres, palabras o frases de la lista.

Antoni Gaudí	Madrid	Nueva Jersey	*Stand and Deliver*
Paul Rodríguez	Texas	Nuevo México	*Zoot Suit*
Pablo Picasso	Arizona	la Iglesia de la Sagrada Familia	Americanos
Edward James Olmos	Michigan	el Rastro	30.000.000
Barcelona	Colorado	la Plaza Mayor	130.000
Granada	Florida		
Albuquerque	Los Ángeles		

1. Muchas personas toman café y conversan en ———————————— de Madrid.

2. _____ es un mercado al aire libre en la ciudad española de

_____.

3. _____ es un famoso arquitecto español.

4. El actor mexicoamericano _____ hizo el papel de Jaime Escalante en la

película _____.

5. Edward James Olmos colabora en un libro titulado _____. Este libro muestra

las muchas contribuciones de los hispanos en los Estados Unidos.

6. Los mexicoamericanos viven principalmente en los estados de California,

_____, _____, _____ y

_____.

7. Muchos cubanos viven en los estados de California, _____ y

_____.

8. Hay más de _____ de hispanos que residen en los Estados Unidos.

9. _____, diseñada por Antoni Gaudí está en la ciudad española de

_____.

10. Edward James Olmos nació en la ciudad de _____.

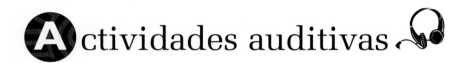

Actividades auditivas

✳ **Para empezar**

A. El Club Pacífico

Un anuncio del Club Pacífico en KSUN, Radio Sol de California.

¡Los esperamos!

❖ ❖ ❖

¿Qué actividades son mencionadas en el anuncio sobre el Club Pacífico?

1. _____ nadar y montar a caballo

2. _____ jugar al fútbol

3. _____ hacer ejercicio en el club

4. _____ leer una novela popular

5. _____ correr o descansar en el parque

6. _____ practicar deportes

B. El tiempo en México y en Buenos Aires

Adriana Bolini es argentina y viaja mucho por su trabajo. Ahora está en la Ciudad de México y conversa con un amigo.

Complete la información sobre el tiempo.

	BUENOS AIRES	MÉXICO
En enero	*hace buen tiempo* _____ _____	_____ _____ _____
En julio	_____ _____ _____	_____ _____ _____

✳ Los lugares

C. Guillermo, el desorganizado

VOCABULARIO ÚTIL

le ayuda   *helps him*
sobre   *on, upon*
¡Caray!   *Darn!; Oh brother! (expression of disgust or impatience)*

Es hora de ir a la escuela. Guillermo, el hermano de Amanda, no sabe dónde están sus cosas. Amanda le ayuda.

¿Dónde están las cosas de Guillermo?

1. ____ el cuaderno
2. ____ los libros
3. ____ la chaqueta
4. ____ los zapatos

a. Están en la piscina.
b. Está sobre la cama.
c. Están en sus pies.
d. Están en la silla.
e. Está sobre la mesa.
f. Está en la escuela.

D. Me encuentro perdido

VOCABULARIO ÚTIL

Me encuentro perdido   *I find myself lost*
¿te ayudo en algo?   *can I help you?*
¿Me puedes dirigir a... ?   *Can you tell me where . . . is?*
Por supuesto   *Of course*
¿Dónde se encuentra... ?   *Where is . . . located?*
las canchas de tenis   *tennis courts*
el Centro Universitario   *University Center*
empieza   *begins*
Hasta pronto   *See you soon*

Es el primer día de clases y Raúl le pide instrucciones a Nora. Los dos conversan en el patio de la plaza central.

¿Dónde están estos edificios en la Universidad de Texas en San Antonio?

1. La Facultad de Ciencias está _____.
2. La Facultad de Ingeniería está _____.
3. Los laboratorios de Ciencias están _____.
4. La Facultad de Bellas Artes está _____.
5. Las canchas de tenis están _____.
6. La parada de autobuses está _____.

E. El permiso

VOCABULARIO ÚTIL

el permiso   *permission*
la tienda de videos   *video store*
la acción   *action*

Amanda está en el colegio y quiere ir al centro. Llama a su mamá para pedirle permiso.

Llene los espacios en blanco con la información necesaria.

GUILLERMO DICE:	AMANDA DICE:
Residencia ____ ____ _____[1] Saucedo.	Quiero hablar con mamá.
Mamá _____ ____[2] el mercado.	Mamá no _____ ____[3] mercado los viernes.
¿Tienes un problema?	_____ a ____[4] de compras y necesito permiso.
¿Qué _____ ____[5] comprar?	Voy ____ _____[6] una película en la tienda de videos.

✳ **Las actividades diarias**

F. Un fin de semana ideal

VOCABULARIO ÚTIL

los dulces   *candy*
¡Bah!   *Oh! (expression of disgust)*
los videojuegos   *video games*

Es viernes y Amanda conversa con sus dos hermanos, Guillermo y Ernestito, después de la cena.

¿A quién se refieren las siguientes actividades ideales, a Amanda (**A**), a Guillermo (**G**) o a Ernestito (**E**)?

1. ____ Come dulces todo el día.

2. ____ Pasa el día en el centro de videojuegos.

3. ____ Juega con su perro, Lobo.

4. ____ Duerme hasta muy tarde.

5. ____ Anda en patineta.

6. ____ Mira la televisión.

7. ____ Lee una novela.

✳ ¿De dónde es usted?

G. La fiesta de Pilar

VOCABULARIO ÚTIL

te presento   *I'll introduce you to*
Encantada   *Very pleased to meet you*
¡Bienvenida!   *Welcome!*
Es un placer   *It's a pleasure*
tejana   *Texan*

Ciudades mencionadas

Managua, Nicaragua
San Antonio, Texas
Madrid, España
Valparaíso, Chile
La Habana, Cuba

Clara Martin está en una fiesta en Madrid, en casa de Pilar Álvarez, su amiga madrileña. Hay estudiantes de varios países en la fiesta.

¿De dónde son los estudiantes que Clara conoce en la fiesta?

		CIUDAD	PAÍS
1.	David Fuentes	_____	_____
2.	José Estrada	_____	_____
3.	María Luisa Correa	_____	_____
4.	Ester Fernández	_____	_____

✳ Las actividades del momento

H. En la clase de historia

VOCABULARIO ÚTIL

la independencia   *independence*
la gente   *people*
encontrar   *to find*
una manera muy extraña   *very strange way*

Ramón Gómez y su amigo Rafael Quesada son estudiantes de primer año de preparatoria en el Colegio Sagrado Corazón. Hoy están en la clase de historia. Ramón está mirando por la ventana.

Llene los espacios en blanco con la información necesaria.

1. La fecha de la independencia de los Estados Unidos es 1776. Pero la fecha de la independencia

   de México es después, en _____.

2. Ramón no está leyendo; él _____ _____ por la ventana.

3. El libro de Ramón está _____ del pupitre.

4. Los otros estudiantes _____ _____ la página 238.

5. Ramón _____ _____ en Amanda.

✳ ¡A repasar!

I. La presentación

VOCABULARIO ÚTIL

nuestro grupo   *our group*
mala memoria   *poor memory*
¡Todos menos tú!   *Everyone except you!*

Esteban llama por teléfono a su amiga Carmen.

❖   ❖   ❖

Combine las frases de cada una de las tres columnas para formar oraciones basadas en el diálogo.

PERSONA(S)	¿DÓNDE ESTÁ(N)?	¿QUÉ ESTÁ(N) HACIENDO / VA(N) A HACER?
Carmen		está pintando un cartel
Mónica	en el jardín	va a traer una pizza
Pablo	en el garaje	está escribiendo
Luis y Lan	afuera	está conversando
Nora	en su casa	están con Nora
Esteban		está practicando con Alberto

1. _____

2. _____

3. _____

4. _____

5. _____

6. _____

Ⓟronunciación y ortografía

✳ Ejercicios de pronunciación

I. PRONUNCIACIÓN: THE SILENT h

The letter **h** is never pronounced in Spanish.

A. Listen and then pronounce the following words that are written with the letter **h.**

hable, hombros, hombre, hola, hasta luego, hermano, hijo, hispano, hace, ahora

B. Listen and then pronounce the following sentences. Be sure not to pronounce the letter **h.**

1. ¿Qué hora es?
2. Los hombros del hombre son muy grandes.
3. Tengo tres hermanos; no tengo hijos.
4. —Hablo con usted mañana.
   —Hasta luego.
5. Hace mal tiempo ahora.

II. PRONUNCIACIÓN: b, v

The letters **b** and **v** are pronounced exactly the same in Spanish. Usually the lips are close together, but they are not completely closed. There is no equivalent sound in English, because English *b* is pronounced with the lips completely closed and English *v* is pronounced with the upper teeth on the lower lip.

A. Listen and then pronounce the following words, concentrating on producing an identical soft **b** sound for both **b** and **v.**

abuela, novio, favorito, avenida, debajo, febrero, cabeza, nuevo, lleva, corbata, automóvil

When preceded by the letters **m** or **n,** both **b** and **v** are pronounced hard as the English letter *b,* as in *boy.*

B. Listen and then pronounce the following words. Concentrate on producing a hard **b** sound for both **b** and **v.**

invierno, hombros, hombre, sombrero

C. Concentrate on the correct pronunciation of the letters **b** and **v** as you listen and then pronounce the following sentences.

1. El hombre lleva sombrero.
2. No hablen; escriban en sus cuadernos.
3. Yo nací en febrero y mi novio nació en noviembre.
4. Mi abuelo lleva corbata.
5. El automóvil nuevo está en la novena avenida.
6. Mi clase favorita es biología.
7. En el invierno llevo abrigo.
8. El libro está debajo del pupitre.
9. La primavera es mi estación favorita.
10. La estudiante nueva no habla bien el español.

✳ Ejercicios de ortografía

I. THE SILENT h

The letter **h** is silent in Spanish. If a word is spelled with an **h,** however, you must remember to write it, even though you do not hear it.

Listen and write the following words and phrases.

1. _____   6. _____
2. _____   7. _____
3. _____   8. _____
4. _____   9. _____
5. _____   10. _____

II. WRITING **b, v**

The spelling of words written with a **b** or a **v** must be memorized, since there is no difference in pronunciation.

Listen and write the words you hear, using **b** or **v.**

1. _____   6. _____
2. _____   7. _____
3. _____   8. _____
4. _____   9. _____
5. _____   10. _____

III. WORD STRESS

If a word ends in a consonant (except **n** or **s**), it is normally stressed on the last syllable. For example: **hospital, universidad.** If the word ends in a consonant and is not stressed on the last syllable, an accent mark must be written on the stressed syllable.

Listen and write the words you hear. All must be written with an accent mark.

1. _____   4. _____
2. _____   5. _____
3. _____

ideoteca

VOCABULARIO ÚTIL

No te oigo   *I can't hear you*
cariño   *sweetheart*
agradable   *pleasant*
precupado   *worried*
la habitación   *room*
diga   *hello (when answering the phone in Spain)*
recado   *message*
La Coruña   *city in northern Spain*
lloviendo a cántaros   *raining cats and dogs (pitchers)*
la estantería   *shelving*
la cama   *bed*
el portafolios   *briefcase*

Sinopsis

Manolo busca los exámenes de sus estudiantes, pero Lola quiere planear un *picnic* para el sábado. Suena (*rings*) el teléfono y Manolo habla primero con una amiga de su hija y luego con Carlos Suárez, un amigo que vive en el norte de España. Carlos y su familia van a ir a Sevilla para visitar a Manolo y Lola.

Primero lea las siguientes preguntas y luego vea el video para contestarlas.

A. ¿Cierto (**C**) o falso (**F**)?

1. —— Lola escucha la radio.

2. —— Manolo busca su reloj.

3. —— Lola dice que mañana va a hacer sol.

4. —— Es el mes de mayo.

5. —— La hija de Lola y Manolo está con ellos en casa.

6. —— Carlos llama por teléfono.

7. —— Manolo quiere ir al parque mañana con los Suárez.

8. —— Lola encuentra los exámenes de Manolo debajo de la cama.

B. Empareje las personas, los lugares y las cosas con las descripciones.

1. —— Begoña

2. —— Carlos Suárez

3. —— Carolina

4. —— La Coruña

5. —— el cuaderno

6. —— los exámenes

7. —— Lola

8. —— Manolo

9. —— Marta

10. —— Sevilla

a. amiga de Marta
b. hace frío y llueve
c. hace buen tiempo
d. tiene un nuevo trabajo en La Coruña
e. dentro del portafolios
f. busca sus exámenes en su apartamento
g. profesora en la universidad
h. hija de Manolo y Lola
i. grande y amarillo
j. esposa de Carlos

Lecturas

NOTA CULTURAL

Música para todos los gustos

VOCABULARIO ÚTIL

ya *already*
Los éxitos *Hits*
indígena *native, indigenous*
el suceso *event, development*
reflejan *they reflect*
viejitas pero bonitas *oldies but goodies*

Hablamos aquí de varios tipos de música y de la presencia musical hispana en los Estados Unidos. Usted seguramente ya conoce a algunos de los cantantes y los estilos mencionados.

La música es un aspecto esencial de la cultura hispana. Los éxitos musicales del momento se escuchan en todas partes. Y siempre hay gran variedad: números bailables, baladas románticas, canciones de rock. La música folclórica también se escucha mucho. Hay países, como Bolivia y Perú, que tienen una tradición indígena muy rica. Estos países producen varios tipos de música con instrumentos nativos. Y los ritmos tradicionales de origen africano, como la cumbia de Colombia y la bachata de la República Dominicana, son muy populares en todo el mundo hispano.

Hoy en día la música latina tiene gran impacto en los Estados Unidos. Hay cantantes de mucho éxito como el puertorriqueño Ricky Martin, el español Enrique Iglesias y la colombiana Shakira.[1] Estos jóvenes cantan en inglés y en español, e incorporan ritmos latinos en sus canciones. Todos representan bien el fenómeno cultural llamado *cross-over*. Pero no sólo los artistas jóvenes reciben el aplauso entusiasta del público estadounidense.[2] Hay músicos mayores muy famosos en este país y en todo el mundo. Entre ellos está Ibrahim Ferrer, cantante cubano del aclamado disco compacto *The Buena Vista Social Club.*

La presencia musical hispana en los Estados Unidos no es un suceso reciente. De hecho, en la década de los años 20, se pone muy de moda en este país el tango argentino. Luego los estilos hispanos se notan en las películas musicales de Hollywood, en las obras de teatro de Broadway y en el jazz. Por último, en los años 40 y 50, hay una explosión de música latina en Nueva York, con influencia puertorriqueña y cubana. Lo que sí podemos decir es que hoy en día muchos cantantes y músicos hispanos están en el *mainstream* de la sociedad norteamericana.

Los programas de las estaciones de radio en España y América Latina reflejan la variedad de música que los hispanos escuchan: rock, rap, hip-hop, canciones románticas, ritmos bailables, música folclórica, los éxitos más recientes pero también las *oldies*, «viejitas pero bonitas». Es decir, ¡música para todos los gustos!

Comprensión

Identifique.

1. _____ cumbia
2. _____ Ricky Martin
3. _____ tango
4. _____ Shakira
5. _____ instrumentos nativos
6. _____ bachata
7. _____ *Buena Vista Social Club*
8. _____ Bolivia y Perú

a. música bailable de Colombia
b. se usan para interpretar la música folclórica
c. cantante puertorriqueño
d. música de moda en los Estados Unidos en los años 20
e. países de rica tradición musical indígena
f. cantante colombiana muy famosa
g. música tradicional de la República Dominicana
h. un disco muy popular de música tradicional cubana
i. canciones de rock muy populares

Ahora... ¡usted!

1. Hay varios grupos musicales y cantantes hispanos famosos en los Estados Unidos. ¿Puede usted mencionar algunos? ¿Escucha la música de estos artistas? ¡Descríbala!

_____

_____

---

[1]Ricky Martin tiene un estilo explosivo, combinación de ritmos bailables y temas románticos. Enrique Iglesias es más tradicional: baladas y temas de amor. Y Shakira es una joven que escribe sus propias (*own*) canciones con temas poéticos. (Ver **Vida y cultura** en la página 176 del libro de texto para más información sobre Shakira.)
[2]Si quiere saber más sobre la influencia de la música hispana en los Estados Unidos, le recomendamos el libro *The Latin Tinge* (Oxford University Press, 1999), de John Storm Roberts.

2. ¿Qué tipo de música le gusta escuchar a usted? Marque sus preferencias.

TIPO DE MÚSICA	ME GUSTA MUCHO	UN POCO	NO ME GUSTA
clásica	_____	_____	_____
jazz	_____	_____	_____
rock	_____	_____	_____
rap	_____	_____	_____
hip-hop	_____	_____	_____
folclórica	_____	_____	_____
popular	_____	_____	_____
otro tipo de música	_____	_____	_____

Un paso más... ¡a escribir!

Entreviste a un compañero o una compañera de clase para saber qué tipo de música escucha. Puede utilizar la lista anterior como guía. Luego, escriba una composición de una página titulada *La música favorita de...*

LECTURA   Los amigos hispanos: Marta en Puerto Rico

VOCABULARIO ÚTIL

la vida   *life*
la arquitectura colonial   *colonial architecture*
me encanta   *I really like*
el clima   *climate*
Estudié   *I studied*
el consulado   *consulate*
tibia   *warm*
extraño   *I miss*

Lugares mencionados

Durango   *city in Northern Mexico*
Isla Verde   *beach in San Juan, Puerto Rico*
el mar Caribe   *Caribbean Sea*

Marta Guerrero es de Durango, México, pero ahora vive en Puerto Rico. Aquí Marta describe su vida. ¡Es una vida interesante!

Hola, amigos. Me llamo Marta Guerrero. Soy mexicana, de Durango. Durango es una ciudad muy bonita en el norte de México. Es una ciudad vieja: ¡tiene más de cuatrocientos años! Me gustan mucho sus casas y edificios de arquitectura colonial. Pero no me gusta su clima. En Durango hace frío durante el invierno y mucho calor en el verano. Ahora vivo en Puerto Rico y me encanta su clima porque hace buen tiempo todo el año.

Estudié ciencias sociales en la Universidad Juárez de Durango, y ahora trabajo en el consulado de México aquí en San Juan. Trabajo diez horas diarias, cinco días a la semana. Son muchas horas, sí, pero trato de hacer tiempo en la mañana para correr por la playa. Además, tengo los sábados y los domingos libres. Los fines de semana voy a Isla Verde con mis amigos y mis compañeros de trabajo. Allí nado, buceo, tomo el sol. ¡El mar Caribe es fantástico! El agua está tibia todo el año. Por las tardes jugamos al voleibol y por la noche cantamos hasta muy tarde.

Debo admitir que a veces extraño a mi familia y a mis amigos mexicanos. Pero la verdad es que me gusta mucho vivir en Puerto Rico.

Comprensión

Indique a qué o a quién se refieren estas descripciones: a Durango (**D**), a Puerto Rico (**PR**), a Marta (**M**) o a Marta y sus amigos (**M y A**).

1. _____ Tiene más de cuatrocientos años.

2. _____ Tiene arquitectura colonial.

3. _____ Hace buen tiempo todo el año.

4. _____ Corre por la playa en la mañana.

5. _____ El agua siempre está tibia.

6. _____ Juegan al voleibol y cantan.

7. _____ Extraña a su familia y a sus amigos.

Ahora... ¡usted!

1. ¿Conoce usted las ciudades que menciona Marta: Durango en México y San Juan en Puerto Rico? ¿Le gustaría pasar sus vacaciones en una de estas ciudades? ¿Qué aspectos le gustarían de cada una, el clima, las playas, la arquitectura?

   _____

   _____

   _____

2. ¿Tiene usted un trabajo? ¿Trabaja muchas horas al día, como Marta, o menos horas?

   _____

3. ¿Qué hace usted normalmente los fines de semana? ¿Qué le gusta hacer en su tiempo libre?

   _____

   _____

Un paso más... ¡a escribir!

Describa la ciudad donde usted vive. ¿Qué le gusta y qué no le gusta de esta ciudad? ¿Hay otro lugar donde le gustaría más vivir? ¿Por qué? Use la descripción que hace Marta de Durango y ¡escriba una nueva lectura!

MODELO:

Hola, amigos. Me llamo _____. *Soy de* _____ *y vivo en*

_____. *Esta ciudad (o pueblo) es muy* _____ *y también es*

_____. *Me gustan mucho sus* _____ *y*

_____. *Pero no me gusta su* _____...

La vida diaria y los días feriados

Actividades escritas

✳ Los días feriados y las celebraciones

Lea Gramática 4.1–4.2.

A. ¿Qué actividades asocia usted con los días feriados?

1. En Navidad me gusta ————————————————————————————.

2. Durante la Semana Santa quiero ————————————————————.

3. El Día de la Madre voy a ————————————————————————.

4. El Día de la Independencia me gusta ———————————— con ———————————.

5. El día de mi cumpleaños prefiero ————————————————————.

6. La noche del Año Nuevo me gusta ——————————————————————.

7. En Nochebuena voy a ———————————— con ————————————.

8. El Día de los Enamorados quiero ———————————— con ————————————.

9. El Día de Acción de Gracias siempre me gusta ———————————— con

    ————————————————.

10. El Día del Padre voy a ——————————————————————————————.

B. Escriba una composición de uno o dos párrafos sobre sus planes para el próximo día feriado. ¿Qué va a hacer? ¿Adónde quiere ir? ¿Con quién(es)? ¿Qué va a hacer allí? Use algunos de estos verbos: **acampar, cenar, dar una fiesta, descansar, esquiar, invitar, ir al cine, ir de compras, levantarse tarde, nadar, pescar, preparar una cena, viajar, visitar a.**

✳ La rutina diaria

Lea Gramática 4.3–4.4.

C. Complete lógicamente los espacios en blanco con estos verbos: **bañarse, desayunar, despertarse, dormir, hablar, levantarse, preparar, salir, volver.** Puede usar los verbos más de una vez.

Soy Mónica. Vivo en casa con mis padres y asisto a la Universidad de Texas en San Antonio. Todos

los días (yo) ____ _____[1] a las seis de la mañana y luego ____

_____[2] ____ _____[3] con agua caliente y jabón. Mi

mamá también ____ _____[4] a las seis de la mañana todos los días. Ella

_____[5] el desayuno para toda la familia. Todos (nosotros)

_____[6] a las siete. Después cada uno _____[7] para el

trabajo o para la escuela. A las tres de la tarde yo _____[8] de mis clases y

_____[9] a casa. _____[10] un poco porque siempre estoy muy

cansada. Después _____[11] con mi familia.

✏ Ahora, en una hoja de papel aparte, escriba una composición de diez oraciones describiendo un lunes típico en su vida. Use la composición de Mónica como modelo.

D. Hable de su rutina diaria y contrástela con la rutina de otra persona: **su hermano/a, esposo/a, novio/a, amigo/a,** etcétera.

Todos los días yo... ____ _____ a las ____. Luego ____ _____ rápido.
                            (levantarse)   (ducharse)

Después, yo _____. A las ____, yo _____ para la universidad.
                (desayunar)   (salir)

En la universidad _____ a mis clases. A mediodía yo _____ en
                        (asistir)   (almorzar)

_____. Por la tarde, yo _____. Más tarde
                                            (trabajar)

_____ mucho. A las ____, _____ a mi casa y
   (estudiar)   (volver)

_____ con mi _____. Después, _____ con
   (jugar)   (cenar)

_____. ____ _____ a las ____ y _____ _____
                          (Acostarse)   (dormir)

horas.

Al contrario, mi _____ ____ _____ a las ____. Él/Ella
                     [una persona]   (levantarse)

____ _____. Él/Ella _____. A las ____, él/ella _____
      (ducharse)   (desayunar)   (salir)

para _____. Él/Ella (no) _____ a clases. Él/Ella

_____ en _____. Él/Ella (no) _____. (No)
   (almorzar)   (trabajar)

_____. Él/Ella _____ a su casa y _____
　　　　　　(estudiar)　　　　　　　　　　　　　　　　(volver)　　　　　　　　　　　　　　　　　　　(jugar)

con _____. Después _____ con _____. (Él/Ella)
　　　　　　　　　　　　　　　　　　　(cenar)

_____ _____ a las _____ y _____ _____ horas.
　　　(acostarse)　　　　　　　　　　　　　　　　　(dormir)

E. Escriba un párrafo corto para narrar lo que hacen estas personas. Use las siguientes palabras para expresar el orden de las actividades de cada persona: **primero, luego, después, mientras, antes** y **finalmente.**

　　　MODELO: Alberto no puede despertarse. →

　　　Primero se levanta. Luego bebe café. Después se ducha y finalmente se despierta.

1. Mónica va a la universidad.

_____

_____

_____

2. Luis quiere llegar a tiempo a clase.

_____

_____

_____

3. La profesora Martínez va a salir.

_____

_____

_____

F. Mire los dibujos y describa lo que hace Ernesto.

MODELO: Después de despertarse, Ernesto se levanta.

1. Después de _____,

   Ernesto ____ _____.

2. Antes de _____,

   Ernesto ____ _____

   ____ _____.

3. Son las 8:00 de la mañana. Después de

   _____, Ernesto

   _____ el periódico.

4. Finalmente, Ernesto _____

   después de _____ el sombrero.

5. Antes de _____, Ernesto

_____ café.

✳ Los estados físicos y anímicos

Lea Gramática 4.5–4.6.

G. Diga cómo está usted o qué tiene según la situación.

MODELO: Si no desayuno, a mediodía *tengo mucha hambre.*

1. Soy estudiante, tengo cinco clases, estoy casada y tengo tres hijos pequeños. _____

_____

2. Si mi hijo maneja el coche sin permiso, _____

_____

3. Si escucho ruidos misteriosos a medianoche, _____

_____

4. Voy a casarme con mi novio José Luis porque _____

_____

5. _____ porque ya son las ocho menos diez y tengo

clase de español a las ocho.

H. Diga cuál es su reacción cuando se encuentra en los siguientes estados físicos y mentales.

MODELOS: ¿Qué hace usted cuando está triste? →
Cuando estoy triste me quedo en mi cuarto y lloro.

¿Qué hace usted cuando tiene prisa? →
Cuando tengo prisa manejo rápidamente.

¿Qué hace usted cuando…

1. está aburrido/a? _____

2. está cansado/a? _____

3. está enojado/a? _____

4. está alegre? _____

5. tiene sed? _____

6. tiene sueño? _____

7. tiene frío? _____

8. tiene hambre? _____

Resumen cultural

Llene los espacios en blanco con uno de estos nombres, palabras o frases.

México	José Martí	una misa
Guatemala	Octavio Paz	disfraces
Honduras	el Día de Acción de Gracias	desfiles
Colombia	las fiestas de San Fermín	los toros
Perú	el carnaval	los globos
Argentina	la Nochevieja	azteca
Venezuela	el Día de los Reyes Magos	maya

1. _____, (que empiezan el 7 de julio) tienen lugar

   en la ciudad de Pamplona, España. Muchos hombres corren por las calles con

   _____.

2. En muchos países del Caribe y de Centroamérica,

   _____ se celebra en febrero o marzo.

3. Durante el carnaval mucha gente lleva _____ y

   hay _____ alegres en las calles.

4. _____ es un famoso poeta cubano, autor de

   los *Versos sencillos*.

5. Los países de _____,

   _____,

   _____ y

   _____, como los Estados Unidos, celebran su Día

   de la Independencia en julio.

6. Rafael González y González es un pintor de

   _____.

7. González y González pinta las costumbres de la gente

   _____.

8. El 6 de enero muchos hispanos celebran _____.

ctividades auditivas

✳ Para empezar

A. Carla llama a dos profesores

Carla Espinosa necesita hablar de los exámenes finales con dos de sus profesores. Hoy, martes, los está llamando por teléfono.

❖ ❖ ❖

Escriba los días y las horas de consulta de los profesores.

	DÍAS	HORAS
1. el profesor Rico	_____	_____
2. la profesora Lecuna	_____	_____

B. Silvia habla con un cliente

Silvia Bustamente está trabajando en la terminal de autobuses.

❖ ❖ ❖

Escriba la hora de salida de los autobuses que van a la ciudad de Tampico.

El primero: _____ El segundo: _____ El último: _____

✳ Los días feriados y las celebraciones

C. El salón de fiestas Alegría

VOCABULARIO ÚTIL

imagínese   *imagine*
la boda   *wedding*
preocuparse   *to worry*
alquilar   *to rent*
los comedores   *dining rooms*

Ahora en KSUN, Radio Sol, vamos a escuchar un anuncio comercial del salón de fiestas Alegría.

¿Qué ocasiones especiales se mencionan en el anuncio sobre el salón de fiestas Alegría?

a. ——— el Día del Padre

b. ——— el Día de la Madre

c. ——— el Año Nuevo

d. ——— la graduación

e. ——— la Navidad

f. ——— el Día de los Enamorados

g. ——— la boda

h. ——— el cumpleaños

D. Nada que celebrar

VOCABULARIO ÚTIL

el cuate   *pal (slang term for "very good friend," Mex.)*
¡Anímate!   *Cheer up!*
el chaperón   *chaperone*

Diego Herrero, el hermano de Graciela, está jugando al básquetbol con su amigo Rafael. Los dos chicos son estudiantes en el Colegio Sagrado Corazón.

Escoja la respuesta más lógica.

1. Diego está triste porque…

   a. no tiene su tarea.

   b. no juega muy bien al básquetbol.

   c. no tiene novia y es el Día de los Enamorados.

2. Rafael dice que…

   a. las novias no son importantes.

   b. hay muchas muchachas en el colegio.

   c. Diego no necesita tener novia.

3. Rafael va a bailar en una discoteca con Graciela esta noche porque…

   a. es el cumpleaños de Graciela.

   b. es viernes.

   c. son novios.

4. Diego va a la discoteca también porque…

   a. Graciela necesita un chaperón.

   b. le gusta tomar cerveza.

   c. quiere bailar con Amanda.

✳ La rutina diaria

E. La solución perfecta

VOCABULARIO ÚTIL

a cinco cuadras   *five blocks away*
De ahora en adelante   *From now on*

La profesora Martínez conversa con Alberto sobre sus actividades de la mañana.

¿Quién dice lo siguiente, la profesora Martínez (**P**), Alberto (**A**) o los compañeros de la clase de Alberto (**CC**)?

1. _____ ¿Por qué siempre llega tarde a clase?

2. _____ Vivo a cinco cuadras de la universidad.

3. _____ En la mañana me ducho, me pongo la ropa, me peino, desayuno, me lavo los dientes.

4. _____ ¡Siempre tarde!

5. _____ Usted duerme mucho.

6. _____ Tengo la solución perfecta: de ahora en adelante usted va a despertarse a las seis y media.

7. _____ ¡Qué temprano!

F. Una carta de Lola Batini

VOCABULARIO ÚTIL

la carta   *letter*
Por acá   *Here*
les enseño   *I teach them*
dar una vuelta   *to go for a walk*
   (or a ride)
el vecindario   *neighborhood*

Lola Batini es una maestra mexicana de 42 años que vive en la Ciudad de México. Ahora le está escribiendo una carta a Celia, una amiga que vive en Chicago. Escuchemos la carta.

¿En qué orden menciona doña Lola estas actividades? Enumérelas.

a. __*1*__ Trabaja de maestra de cuarto año en un colegio.

b. _____ Va a fiestas o al cine.

c. _____ Va a su casa y descansa un poco.

d. _____ Prepara las clases para el siguiente día.

e. _____ Les enseña a las niñas a leer y a escribir.

f. _____ Sale a dar una vuelta.

g. __*3*__ Les enseña a las niñas matemáticas, ciencias naturales, historia y geografía.

h. _____ Prepara la cena.

✳ Los estados físicos y anímicos

G. El examen de Pilar

VOCABULARIO ÚTIL

con tanta prisa   *in such a hurry*
¡Para!   *Stop!*
Vale, vale   *OK, OK (Spain)*
perder el autobús   *to miss the bus*
si pierdes uno   *if you miss one*
buena suerte   *good luck*

José Estrada va caminando al Parque del Retiro[1] cuando
ve a su novia, Pilar Álvarez. ¡Pilar va corriendo!

¿Cierto (**C**) o falso (**F**)?

1. _____ Pilar tiene prisa porque no quiere llegar tarde al trabajo.

2. _____ El autobús pasa en diez minutos.

3. _____ Pilar está preocupada porque tiene un examen hoy.

4. _____ José corre porque él también va a tomar el autobús.

5. _____ José va a hacer ejercicio en el Parque del Retiro.

H. Madrid en un día

VOCABULARIO ÚTIL

A este paso   *At this pace (at this rate)*
disfrutar   *to enjoy*
el espíritu de aventura   *sense of adventure*

Lugares mencionados

la Plaza de España   una plaza famosa que tiene un
monumento dedicado a Miguel de
Cervantes, el autor de *Don Quijote*

el Palacio Real   el palacio de los reyes de España

---

[1]Parque… un parque muy grande en el centro de Madrid

Es verano y Pedro y Andrea Ruiz están de vacaciones en España. Hoy están caminando por la Plaza de España en Madrid, para luego visitar el Palacio Real.

¿Cierto (**C**) o falso (**F**)?

1. _____ Los dos tienen calor porque hace calor.

2. _____ Andrea quiere visitar más lugares turísticos.

3. _____ Pedro tiene mucha hambre y prefiere comer en un restaurante elegante.

4. _____ Andrea está cansada y quiere comer.

5. _____ Pedro admite que es imposible ver Madrid en un día.

✳ ¡A repasar!

I. Fiestas y deportes

VOCABULARIO ÚTIL

la quinceañera   *coming out party*
requieren   *they require*
el esfuerzo   *effort*
chistoso   *funny*

Es un día de primavera en la Ciudad de México. Don Anselmo, un señor de 75 años de edad, y su amigo don Eduardo, quien tiene 80 años, están conversando en el parque.

Diga quién hace las siguientes actividades: don Eduardo, su esposa o don Anselmo.

1. _____ Se levanta temprano.

2. _____ Se acuesta tarde.

3. _____ Es mayor que su esposa.

4. _____ Baila menos que su esposo.

5. _____ No va a muchas fiestas pero practica deportes.

6. _____ Juega al dominó y a las cartas.

Pronunciación y ortografía

✳ Ejercicios de pronunciación

I. PRONUNCIACIÓN: j, g

The letter **g** before the letters **e** and **i** and the letter **j** are pronounced the same in Spanish. They are very similar to the letter *h* in English. The pronunciation of the **g** and **j** sound varies somewhat in different parts of the Spanish-speaking world. In some countries, it is pronounced stronger, with more friction in the throat, than in others.

A. Listen and then pronounce the following words with the letters **g** (followed by **e** or **i**) and **j**.

> colegio, sociología, gimnasio, inteligente, generoso, ojos, joven, roja, viejo, bajo, anaranjado, traje, hijo, mujer, junio, ejercicios, dibujo

B. Listen and then pronounce the following sentences. Be sure to pronounce the **g** and **j** correctly.

1. El libro rojo es el libro de sociología.
2. El libro anaranjado es el libro de geografía.
3. ¿Tienes aquí tu traje de gimnasia?
4. Señora, su hijo tiene los ojos muy bonitos.
5. Ese joven es muy inteligente y le gusta jugar al tenis.

II. PRONUNCIACIÓN: y

In Spanish the letter **y** is pronounced like the Spanish vowel **i** if it appears at the end of a word. Otherwise it is pronounced the same as the Spanish letter **ll**.

A. Listen and then pronounce the following words, in which **y** is pronounced **i**.

> y, hay, soy, muy

B. Now listen and pronounce these words in which **y** is pronounced like **ll**.

> playa, leyendo, mayo, yo, uruguayo

✳ Ejercicios de ortografía

I. THE LETTERS j AND g

The letter **g,** before the vowels **e** or **i,** and the letter **j** are pronounced the same.

Listen to these words and write them with the letter **g** or the letter **j**.

1. _____
2. _____
3. _____
4. _____
5. _____

6. _____
7. _____
8. _____
9. _____
10. _____

11. _____ 14. _____

12. _____ 15. _____

13. _____

II. THE LETTERS **y** AND **ll**

The letter **y** is pronounced similarly to the letter **ll: mayo, amarillo.** In the word **y** (*and*) it is pronounced as the vowel **i.** If it appears at the end of a word as in **voy, hoy,** it is also pronounced as **i,** but together in a diphthong with the preceding vowel.

Listen to the following words and write them with either **y** or **ll.**

1. _____   11. _____

2. _____   12. _____

3. _____   13. _____

4. _____   14. _____

5. _____   15. _____

6. _____   16. _____

7. _____   17. _____

8. _____   18. _____

9. _____   19. _____

10. _____ 20. _____

Videoteca

VOCABULARIO ÚTIL

la paloma   *pigeon*
precioso/a   *adorable*
te portaste mal   *you behaved badly*
reírse de   *to laugh at/about*
se durmió   *fell asleep*
el ruido   *noise*
la peluca   *wig*
¡Qué gracioso!   *How funny!*
inolvidable   *unforgettable*
la mala educación   *bad manners*
se le cayó   *fell (off)*
las tapas   *appetizers*

Sinopsis

Lola y Manolo celebran después de la Primera Comunión de su hija, Marta. Están en el parque con los padres de Lola, el hermano de Manolo, José Jaime, y su esposa, Elena. La madre de Lola recuerda la Primera Comunión de Lola cuando ella y un amigo se rieron de[1] una mujer con peluca que se durmió durante la ceremonia. Después todos recuerdan otros días feriados entre familia.

_____

[1]se... *they laughed at*

Primero lea estas preguntas y luego vea el video para contestarlas.

A. ¿Cierto (**C**) o falso (**F**)?

1. ——— Lola está un poco triste porque es el día de la Primera Comunión de Marta.

2. ——— Manolo dice que Marta no se porta bien (*doesn't behave well*).

3. ——— La madre de Lola estaba (*was*) contenta con el comportamiento (*behavior*) de su hija en la Primera Comunión de ella.

4. ——— Ahora la madre también se ríe del incidente en la Primera Comunión de Lola.

5. ——— La Nochevieja pasada todos fueron (*went*) a una fiesta en un hotel.

6. ——— Una Navidad la familia tuvo (*had*) dos árboles de Navidad.

B. Empareje cada día feriado con la descripción apropiada.

1. ——— la Primera Comunión de Marta
2. ——— la Primera Comunión de Lola
3. ——— las Navidades
4. ——— la Nochevieja

a. La mujer se duerme en la iglesia.
b. Comieron tapas riquísimas en un restaurante cerca de su casa.
c. Tienen dos árboles en la casa.
d. Lola está un poco triste porque los años pasan rápido.

C. Ponga las oraciones en orden lógico.

1. ——— Manolo y su hermano se despiden (se dicen adiós).

2. ——— Lola y su madre hablan de una Primera Comunión anterior.

3. ——— Los niños quieren dar de comer a las palomas.

4. ——— Todos se van.

5. ——— Recuerdan otros días festivos.

 ecturas

LECTURA **Poesía: «Cinco de mayo» de Francisco X. Alarcón**

Francisco X. Alarcón es un famoso poeta chicano que vive en Davis, California. Ha publicado varias colecciones de poesía, entre las cuales se encuentra el libro para niños **Jitomates risueños** *(1997), que contiene el siguiente poema. En el poema «Cinco de mayo», Alarcón escribe sobre un día feriado muy importante en México. Este día se celebra la victoria de los mexicanos contra el ejército[1] francés en la ciudad de Puebla, el cinco de mayo de 1862.[2]*

———————————

[1]*army*

[2]*Mexican forces succeeded in turning back the French invasion of Puebla in 1862; however, Mexico was ultimately unable to prevent France from taking power and instating a French "emperor" in Mexico. The Cinco de Mayo victory is nevertheless seen as a significant declaration of Mexican sovereignty and rejection of European intervention.*

Cinco de mayo

una batalla[3]
en los libros
de historia

una fiesta
de música
y colores

una ocasión
para agitar
banderas[4]

un baile
con piropos[5]
y piñata

horchata[6]
tostaditas[7]
y guacamole

un mango
con chile
y limón

un grito
de alegría[8]
y primavera

¡sí, ya mero[9]
salimos
de vacaciones!

Comprensión

1. ¿A qué batalla se refiere el poeta en el primer verso?

_____

2. ¿Qué comidas y bebidas se mencionan en el poema?

_____

3. El poeta dice que el Cinco de mayo hay una fiesta con baile. ¿Qué otras cosas hay en este día feriado? Mencione cuatro más.

_____

4. ¿Por qué dice el poeta que pronto salimos de vacaciones? ¿A qué vacaciones se refiere?

_____

Ahora… ¡usted!

1. ¿Hay un día feriado que usted celebra con baile, música y comida? ¿Cuál es? ¿Con quién lo celebra normalmente?

_____

_____

2. Mencione un día feriado de su país que está en los libros de historia, como el Cinco de mayo. ¿Conoce usted el origen de esta celebración? ¿Tiene un significado histórico especial? ¿Cuál es?

_____

_____

Un paso más… ¡a escribir!

¿Le gustaría tener más días feriados durante el año? Invente uno nuevo para ponerlo en el calendario. En uno o dos párrafos, describa este día. Use las siguientes preguntas como guía.

1. ¿Cómo se llama el día?
2. ¿En qué fecha se celebra?
3. ¿Qué significado histórico o cultural tiene?
4. ¿Cuáles son las actividades importantes de este día?

---

[3]*battle* [4]*agitar... wave flags* [5]*baile... flirting dance* [6]*a tasty rice drink* [7]*corn chips* [8]*grito... cry of joy* [9]*ya... almost*

LECTURA

Los amigos hispanos: Las distracciones de Pilar

VOCABULARIO ÚTIL

el diseño   *design*
sí misma   *herself*
el piso   *apartment (Spain)*
madura   *mature*
analizar   *to analyze*
doy un paseo   *I take a walk*
nunca me aburren   *never bore me*
el cortao   *espresso coffee with milk*
el ambiente   *atmosphere*

Pilar Álvarez Cárdenas tiene veintidós años y vive en Madrid, la capital de España. Es estudiante de diseño y artes gráficas en la Universidad Complutense de Madrid. Pilar trabaja de operadora algunas horas a la semana en la Compañía Telefónica.

Veamos cómo se describe Pilar a sí misma...

Bueno, mis amigos dicen que soy alegre y extrovertida. ¿Cómo es mi vida? Pues, más o menos típica. Me gustan las fiestas, el teatro, el cine y especialmente los museos. ¡Me fascina el arte! Por lo general estoy bastante ocupada, estudiando, trabajando. Y estoy muy contenta con mi carrera de diseño y artes gráficas.

En Madrid vivo en un piso pequeño con mi hermana Gloria. Ella es tres años menor que yo, aunque es muy madura para su edad. Gloria estudia psicología y le gusta mucho analizar a la gente. Cuando analiza mi personalidad, la escucho con paciencia. La verdad, quiero mucho a mi hermana. Pero debo admitir que a veces... ¡no es fácil vivir con una futura psicóloga!

Nuestro piso está cerca del Parque del Retiro y del Museo del Prado.[1] Cuando no quiero estudiar más, doy un paseo por el Retiro. Ese parque enorme tiene muchos árboles y un hermoso lago. Es tan agradable caminar allí cuando hace sol. Cerca de nosotras hay también una discoteca muy buena. Los sábados por la noche voy a bailar a esa discoteca con mi novio, mi hermana y nuestros amigos. Y visito el Prado casi todos los domingos. Las obras de mis artistas favoritos nunca me aburren. Después de ir al museo, paseo por la Gran Vía[2] y me tomo un cortao en algún café de buen ambiente.

Mi hermana dice que vivimos en un lugar ideal porque todo está cerca y siempre hay algo que hacer. A mí también me gusta donde vivimos, claro. Pero para mí este lugar tiene un pequeño problema. Es que... ¡es difícil estudiar con tantas distracciones!

Comprensión

¿A quién se refiere cada descripción, a Pilar (**P**), a Gloria (**G**) o a las dos (**LD**)?

1. _____ Estudia psicología.

2. _____ Vive en un apartamento con su hermana.

3. _____ Le gusta analizar a la gente.

4. _____ Estudia diseño y artes gráficas.

5. _____ Vive cerca del Parque del Retiro y del Museo del Prado.

---

[1] *The Museo del Prado houses approximately 3,000 paintings. The best of these represent artists from the 1500's, 1600's, and early 1800's. Paintings by El Greco, Diego Velázquez, and Francisco de Goya are the pride of the collection.*

[2] Gran... avenida en el centro de Madrid

6. _____ Dice que viven en un lugar ideal.

7. _____ Le gusta caminar cuando hace sol.

8. _____ Es la hermana menor.

9. _____ Va a bailar a una discoteca los sábados por la noche.

Ahora… ¡usted!

1. ¿Es difícil para usted estudiar a veces? ¿Por qué? ¿Qué distracciones interrumpen sus estudios?

_____

_____

2. ¿Le gusta el arte? ¿Va a los museos? ¿Cuáles son sus obras o artistas favoritos?

_____

_____

Un paso más… ¡a escribir!

Escriba una composición de dos o tres párrafos describiéndose a sí mismo/a como lo hace Pilar. Puede usar las siguientes preguntas como guía.

1. ¿Cómo es su personalidad?
2. ¿Qué le gusta hacer en su tiempo libre?
3. ¿Dónde vive? ¿Con quién?
4. ¿Hay lugares interesantes cerca de donde usted vive? ¿Cuáles? ¿Va usted mucho a esos lugares?

Las clases y las carreras

Actividades escritas

✳ Las actividades de la clase de español

Lea Gramática 5.1.

A. Lea las oraciones y llene los espacios en blanco con los pronombres apropiados: **me, te, le, nos** o **les.**

MODELO: Somos amigos: tú _**me**_ dices las respuestas de la tarea de matemáticas y yo _**te**_ digo las (respuestas) de la tarea de español, ¿vale?

1. Luis y yo tenemos una buena amiga en el banco. Ella ——— explica cuando tenemos problemas. Nosotros siempre ——— decimos «Gracias».

2. Para el Día de San Valentín, Esteban ——— escribió una tarjeta romántica a Nayeli, una nueva estudiante. Nayeli ——— escribió una carta larga a Esteban.

3. La profesora Martínez ——— pregunta a mí y a Mónica si queremos ir a Guanajuato con ella. Nosotros ——— contestamos: —Sí, sí, ¡por supuesto!

4. La profesora ———— hace la misma pregunta a Carmen y a Nora. Ellas también aceptan la invitación. ———— dicen: —¡Sí! ¡Gracias!

5. Esteban dice: —Hola, Luis. ¿———— lees la carta de mi nueva amiga, Nayeli, por favor?

Luis: —Sí, Esteban. Con mucho gusto ———— leo la carta si tú ———— dices qué tienes en esa caja.

B. Escoja el verbo apropiado para completar cada oración: **aprender, comprender, decir, empezar, enseñar, escribir, escuchar, explicar, hablar, hacer, hacer preguntas, preparar, recoger, terminar.** No olvide usar la forma correcta de cada verbo. Puede usar los verbos más de una vez.

1. En la clase la profesora _*habla*_ y los estudiantes _*escuchan*_.

2. Cuando yo no ———————— algo, el profesor me ————————.

3. Es necesario ———————— el **Capítulo 4** hoy porque mañana vamos a ———————— el **Capítulo 5.**

4. En la clase de español (yo) ———————— a la profesora con cuidado y _*comprendo*_ casi todo lo que ella ————————.

5. Todas las tardes ———————— mi tarea.

6. En clase, cuando los estudiantes no ———————— la gramática o el vocabulario, ellos le ———————— a la profesora.

7. El profesor ———————— la clase todas las noches.

8. El profesor ———————— la tarea de los estudiantes antes de empezar las actividades del día.

9. Cuando la profesora ———————— el vocabulario nuevo en la pizarra, nosotros ———————— las palabras en nuestros cuadernos.

10. Nosotros ———————— mucho porque el profesor enseña muy bien.

C. Lea el siguiente párrafo de Teresa. Luego escriba un párrafo de ocho o diez oraciones, en una hoja de papel aparte, sobre lo que usted hace durante su clase de español.

Mi clase de español empieza a las nueve en punto. Unos minutos antes yo saludo a mis compañeros. Luego escucho las explicaciones de la profesora. Ella dice: «Clase, hoy vamos a leer. Señorita Foster, lea por favor.» Oigo mi nombre, entonces abro el libro y leo en voz alta. Después la profesora dice: «Contesten las preguntas.» Yo saco mi cuaderno y mi lápiz y escribo las respuestas. Algunas veces termino antes y hago la tarea de matemáticas. Finalmente, cuando es hora de salir, le doy la tarea a la profesora, les digo adiós a mis amigos y salgo.

✳ Las habilidades

Lea Gramática 5.2.

D. Escriba oraciones sobre actividades que usted no sabe hacer pero que otras personas sí saben hacer. Piense en actividades como **patinar en el hielo, nadar, cocinar, navegar por el Internet,** etcétera.

MODELOS: *Yo no sé reparar carros pero mi novio sí sabe.*

Yo no sé hablar francés pero mi amiga Nicole sí sabe.

1. _____
2. _____
3. _____
4. _____
5. _____
6. _____

E. Piense en cinco personas famosas y escriba una oración sobre cada una describiendo la actividad que sabe hacer muy bien.

MODELO: *La argentina Gabriela Sabatini sabe jugar al tenis muy bien.*

1. _____
2. _____
3. _____
4. _____
5. _____

F. ¿Puede(n) o no puede(n)? Escriba sí o no y por qué.

MODELO: ¿Puede usted ver la televisión y estudiar español a la vez[1]? →
Sí, porque soy muy inteligente.

1. ¿Puede usted comer y hablar a la vez?

_____

2. ¿Puede un perro hablar inglés? ¿Y puede comprender inglés?

_____

3. ¿Puede usted escribir bien con la mano izquierda? [(No) Soy zurdo/a. = *I am (not) left-handed.*]

_____

4. ¿Pueden nadar los peces? ¿los pájaros?

_____

5. ¿Pueden los estudiantes dormir y aprender a la vez?

_____

_____
[1]a... *at the same time*

✳ Las carreras y las actividades del trabajo

Lea Gramática 5.3–5.4.

G. ¿Qué quieren estos niños? Mire el dibujo de la juguetería y rellene los espacios en blanco con la forma correcta del adjetivo demostrativo.

1. MARISA: Yo quiero _____ dinosaurio rosado, y también _____ oso grande que está cerca de la muñeca del vestido rojo y blanco.

2. ERNESTITO: Yo quiero _____ bate y _____ pelota. Me gusta mucho jugar al béisbol.

3. CLARISA: ¿Y no quieres _____ carro verde? ¡Es muy bonito!

   ERNESTITO: Ah, sí, es muy bonito, pero prefiero _____ coche de bomberos que está aquí a mi derecha.

4. CLARISA: Pues yo quiero _____ muñeca grande de pelo rubio y lacio.

   ERNESTITO: ¿Y no te gusta _____ gato blanco?

   CLARISA: Ay, sí, _____ gato es hermoso.

5. MARISA: Si tú quieres el gato, yo quiero _____ perro color café que está allí.

6. ERNESTITO: ¡Qué lindos son todos los juguetes! Pero… yo creo que mamá va a estar más contenta si pedimos libros. Miren _____ libros debajo del carro verde.

   MARISA: Son interesantes pero son para niños. Mira, Clarisa, _____ dos libros de cuentos, al lado izquierdo del perro.

   CLARISA: No, yo quiero _____ libros que están al lado izquierdo del oso.

H. Usted está en una fiesta y está identificando a varias personas que su amigo/a no conoce. Describa las actividades profesionales de esas personas.

MODELO: Esas señoras que están allí son *enfermeras* y trabajan en el hospital San Martín.

1. Este señor que está aquí es _____. Examina a sus pacientes en su consultorio.

2. Estas señoras que están aquí son _____ bilingües y enseñan en una escuela en Buenos Aires.

3. Este señor que está aquí enfrente es _____. Trabaja en un taller de reparaciones que está al lado del parque.

4. Esta joven que está aquí detrás corta el pelo en la peluquería El Esplendor. Es

   ————————————————.

5. Esos señores que están allí son ————————————————. Están investigando la construcción de

   un puente como el Golden Gate de San Francisco.

6. Esa señorita que está allí trabaja de ———————————————— en el Banco Nacional de México.

7. Esa joven alta que está allí es ————————————————. Ayuda a sus clientes a administrar (*to*

   manage) el dinero.

8. Aquellas señoritas que están allá cerca de la puerta cantan en el Club de Catalina. Son

   ————————————————.

9. Aquel señor que está allá es ————————————————. Atiende mesas en el restaurante El Patio

   Andaluz.

10. Aquellos señores de allá son ————————————————. Investigan a las familias que maltratan a

    sus hijos.

I. En uno o dos párrafos, describa su trabajo o el trabajo que le gustaría tener. ¿Cuáles son sus actividades diarias? ¿Qué obligaciones tiene? ¿Le gusta su trabajo? ¿Por qué? Explique. ¿Cuáles son los aspectos positivos de su trabajo? ¿y los aspectos negativos? Escriba su(s) párrafo(s) en una hoja de papel aparte.

✳ Las actividades futuras

Lea Gramática 5.5.

J. Termine esta nota con sus planes para su próximo cumpleaños. Use actividades como **desayunar, almorzar, ir al cine, salir a bailar, tener una fiesta, pasear por la playa,** etcétera. Luego puede darle la nota a su novio/a, a su esposo/a, a su mejor amigo/a o a sus padres.

Querido/a ————————————————:

El (fecha) ———————————————— es el día de mi cumpleaños.

Por la mañana tengo ganas de ————————————————

——.

También me gustaría ————————————————

——.

A mediodía pienso ————————————————

——.

Por la tarde quiero ————————————————

——.

Por la noche quisiera ————————————————

——.

————————————————————————————

(*su firma*)

K. Piense en su futuro. ¿Qué va a hacer? ¿Qué le gustaría hacer después de graduarse/jubilarse[1]? ¿Tiene ganas de descansar unos meses o piensa buscar empleo inmediatamente? ¿Quisiera viajar? ¿Adónde? ¿Qué otras cosas piensa hacer? Escriba una composición de dos o tres párrafos en una hoja de papel aparte.

L. Narre las actividades de estas personas usando los verbos que aparecen después del título. Use también **primero, después, luego, más tarde, finalmente.** Al terminar, describa qué le gustaría hacer a cada persona.

> MODELO: El coche de Alberto es viejo. (**hablar, irse, llevar, pagar, reparar, revisar**)

Alberto lleva su carro al taller de mecánica. Primero, Alberto habla con el mecánico. Luego, el mecánico revisa el carro y habla con Alberto sobre los problemas y cuánto cuesta el servicio. Después, el mecánico repara el carro. Más tarde, Alberto le paga a la cajera pero,... ¡le gustaría irse sin pagar!

1. La profesora Martínez regresa del trabajo. (**acostarse, beber, cenar, llegar, preparar, tener sueño**)

_____

_____

_____

---

[1]*retire*

2. La el terapeuta atiende al paciente. (**ayudar, dar masaje, examina:**
jugar/divertirse, traer)

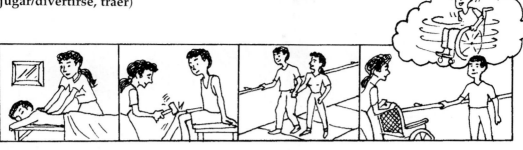

_____

_____

_____

3. Esteban trabaja en un restaurante. (**atender, invitarla, limpiar,**
recoger, servir)

_____

_____

_____

4. La doctora Hernández está muy cansada. (**dormir, examinar, hablar,**
leer, llegar, operar)

_____

_____

_____

5. Un buen abogado trabaja mucho. (**defender, entrar, hablar/consultar con, jugar, pagar**)

_____

_____

_____

Resumen cultural

Complete con la información cultural del **Capítulo 5.**

1. Nombre los tres muralistas mexicanos más importantes: _____,

   _____ y _____.

2. ¿Cuáles son los temas principales del arte de Diego Rivera?

   _____

   _____

3. ¿De qué se trata el proyecto de Viviana Benz y Álvaro del Canto en Chile?

   _____

4. Nombre seis países hispanos en los cuales la tasa del alfabetismo supera el 90% de la población:

   _____

5. ¿Qué producto agrícola exportan Costa Rica, Ecuador, Guatemala, Honduras y Nicaragua entre

   otros países de América Latina? _____

6. ¿Qué producto agrícola exportan Cuba y la República Dominicana? _____

7. ¿Cómo se llama el país africano de habla hispana? _____

8. Nombre cuatro palabras del inglés que se usan en el español: _____

   _____

9. Nombre cuatro palabras del español que se usan en el inglés: _____

   _____

10. Nombre tres palabras usadas en inglés que son originalmente de idiomas indígenas:

    _____

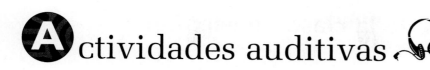ctividades auditivas

✳ Para empezar

A. Andrés está aburrido

Hoy es domingo y Susana Yamasaki conversa con Andrés, su
hijo menor.

¿Cuál de las siguientes actividades quiere hacer (**Q**) Andrés y cuáles no quiere hacer (**N**)?

1. _____ leer su libro favorito   4. _____ ir al cine

2. _____ jugar con sus amiguitos   5. _____ ir al parque

3. _____ andar en patineta

B. ¡Feliz cumpleaños!

Hoy es el cumpleaños de Graciela y hay una fiesta en su
casa. Ahora Graciela conversa con su hermano Diego.

Durante la fiesta de cumpleaños, ¿qué descubren Diego y Rebeca que tienen en común? Ponga un círculo
en las respuestas correctas.

a. Están en la cocina.   d. Quieren bailar.

b. Les gusta la comida de la fiesta.   e. Tienen una hermana.

c. Hoy es su cumpleaños.

✳ Las actividades de la clase de español

C. Dos clases muy diferentes

VOCABULARIO ÚTIL

la traducción   *translation*

Ángela Lucero es una amiga hispana de Carmen Bradley que le ayuda con su clase de español. Ángela también toma una clase de idiomas, pero de francés. Ahora conversan en la cafetería de la universidad.

❖ ❖ ❖

¿Con quién asocia usted estas afirmaciones, con Carmen (**C**) o con Ángela (**A**)?

1. ——— Es una chica entusiasta, y le gusta mucho su clase de idiomas.

2. ——— Cree que su clase de idiomas es aburrida.

3. ——— En su clase aprende verbos y más verbos.

4. ——— En su clase de idiomas la profesora nunca habla inglés.

5. ——— Le gusta escuchar a su profesora.

6. ——— En su clase de idiomas la gramática y las traducciones son muy importantes.

7. ——— En su clase de idiomas hacen entrevistas, cantan y ven videos.

✳ Las habilidades

D. Un trabajo para Mónica

VOCABULARIO ÚTIL

conseguir   *to get*
el club nocturno   *night club*
los programas de computadoras   *computer programs*

Mónica Clark quiere ganar un poco de dinero trabajando después de las clases. Ahora está charlando con Luis Ventura en la cafetería de la universidad.

❖ ❖ ❖

Forme oraciones combinando una frase de la columna A con una frase de la columna B.

Mónica no va a buscar empleo en…

A

1. _____ un restaurante
2. _____ un banco   porque
3. _____ un club nocturno

B

a. no sabe cantar bien.
b. cree que es un trabajo muy doméstico.
c. sólo sabe cocinar para grupos pequeños.
d. necesita horas flexibles.

E. El modesto

VOCABULARIO ÚTIL

impresionarla   *to impress her*
las que hago yo   *the ones that I make*
¡No me diga!   *You don't say!; You're kidding!*
la modestia   *modesty*
ordinaria   *ordinary*

Adriana Bolini conversa con Víctor Ginarte, un nuevo compañero del trabajo. Víctor quiere salir con Adriana y trata de impresionarla.

Indique a quién describen estas oraciones, a Víctor (**V**), a Adriana (**A**) o a ninguno de los dos (**N**).

1. _____ Es un cocinero excelente y sabe hacer pizzas.
2. _____ Es una persona ordinaria.
3. _____ Sabe tocar la guitarra y cantar.
4. _____ Trabaja en una pizzería.
5. _____ Sabe pilotear un avión.
6. _____ Al fin, decide no salir a comer pizza con su compañero del trabajo.

✳ Las carreras y las actividades del trabajo

F. Grandes planes

VOCABULARIO ÚTIL

¡Qué gusto oírte!   *How nice to hear from you!*
recuerda   *remember*
los angelitos   *little angels*
exhausta   *exhausted*
la administración de negocios   *business administration*
mientras tanto   *meanwhile*
me despido   *I'll say goodbye*

Hoy es sábado y Lola Batini conversa por teléfono con Celia, su amiga que vive en Chicago, Illinois.

¿A quién representan estos dibujos, a Lola (**L**), a Celia (**C**) o a las dos (**LD**)?

1. _____

2. _____

3. _____

4. _____

G. La carrera de mis sueños

VOCABULARIO ÚTIL

las leyes   *laws*
Tú te ríes   *You laugh*
complacer   *to please*
seguir la carrera   *to pursue the career*

diseño   *design*
tienes razón   *you're right*
¡Lo sabía!   *I knew it!*

Ricardo Sícora, el joven venezolano, está estudiando derecho en España. Ahora conversa con Pilar Álvarez en un café de la Plaza Mayor de Madrid.

❖ ❖ ❖

Lea todas las respuestas y luego escoja la más lógica.

1. A Ricardo le gusta Madrid…

   a. pero nunca quiere estudiar.

   b. y tiene tiempo para estar con los amigos.

   c. y nunca tiene tiempo para estudiar.

   d. pero no tiene tiempo para ver la ciudad.

2. Ricardo estudia derecho porque…

   a. le gusta mucho esa carrera.

   b. es la carrera de sus sueños.

   c. su padre quiere tener un abogado en la familia.

   d. tiene un tío que es abogado y gana mucho dinero.

3. Pilar dice que su papá…

   a. es muy tradicional.

   b. no está contento con la carrera de Pilar.

   c. es diferente al papá de Ricardo.

   d. gana mucho dinero.

4. Pilar estudia diseño y arte comercial…

   a. pero no le gusta mucho.

   b. porque sus padres quieren.

   c. y está muy contenta con su carrera.

   d. pero prefiere ser abogada.

5. Pilar no habla en serio cuando dice que Ricardo…

   a. quiere ser policía en el futuro.

   b. sueña con ser actor de cine.

   c. debe estudiar diseño y arte comercial.

   d. quiere ser profesor.

✳ Las actividades futuras

H. Los futuros doctores

VOCABULARIO ÚTIL

el regalo *gift, present*
la talla *size*
¡Igual que yo! *Like me!; The same as I!*
especializarme *to specialize*

Carla Espinosa trabaja de dependienta en una tienda de ropa en San Juan, Puerto Rico. En estos momentos está conversando con un joven cliente.

¿Cierto (**C**) o falso (**F**)?

1. _____ El cliente busca un regalo para su hermana.

2. _____ El cliente conoce a Carla porque los dos son estudiantes en la Universidad de Río Piedras.

3. _____ Él estudia literatura y ella estudia medicina.

4. _____ Carla piensa especializarse en España.

5. _____ El cliente quiere entrar en una buena escuela de medicina.

6. _____ El cliente decide comprarle un pijama a su mamá.

I. ¡Vamos a correr!

VOCABULARIO ÚTIL

las donas   *doughnuts*

Son las ocho de la mañana de un sábado de primavera.
Nora Morales llama a Luis Ventura por teléfono.

¿Cierto (**C**) o falso (**F**)?

1. _____ Cuando Nora llama, Luis está durmiendo.

2. _____ Luis no tiene ganas de correr hoy.

3. _____ Nora insiste en que Luis necesita hacer un poco de ejercicio.

4. _____ Luis quiere leer el periódico antes de correr.

5. _____ Nora quiere correr la próxima semana.

6. _____ Van a tomar un café y comer donas antes de correr.

✳ ¡A repasar!

J. ¡Qué imaginación!

VOCABULARIO ÚTIL

los fantasmas   *ghosts*
el escritor   *writer*
curar   *to cure*
el genio   *genius*

Esta noche Pedro Ruiz y su esposa Andrea están de visita en casa de sus parientes, Ernesto y Estela Saucedo. Después de la cena, los niños —Amanda, Guillermo, Ernestito, Marisa y Clarisa— conversan en el patio.

❖ ❖ ❖

¿Cuáles son o van a ser las carreras de las siguientes personas?

1. _____ Ernestito
2. _____ el tío Pedro
3. _____ Guillermo
4. _____ Clarisa
5. _____ Amanda

a. cantante de rock
b. no sabe
c. escritor(a)
d. mecánico
e. veterinario/a
f. doctor(a)

ronunciación y ortografía

✳ Ejercicios de pronunciación

I. PRONUNCIACIÓN: p, t, c, AND qu

The following consonants are pronounced very tensely: **p, t, qu** before **e** and **i,** and **c** before **a, o,** and **u.** In English these consonants are often pronounced in a more relaxed fashion and with a small explosion of air; no such explosion of air occurs in Spanish. Note also that the Spanish **t** is pronounced with the tip of the tongue touching the back of the upper teeth, whereas the English *t* is pronounced with the tongue further back, on the alveolar ridge.

A. Listen to the following words in English and Spanish.

ENGLISH	SPANISH		ENGLISH	SPANISH		ENGLISH	SPANISH
patio	patio		taco	taco		casino	casino
papa	papá		tomato	tomate		Kay	que

B. Listen and then pronounce the following words tensely, avoiding any escape of extra air.

pelo, piernas, piso, pizarra, planta, pluma, puerta, pequeño, Perú, perro, padre, poco, precio, país

taxi, tiza, traje, tiempo, teatro, televisión, trabajo, tocar, tomar, tenis

cabeza, castaño, corto, café, camisa, corbata, cuaderno

qué, quién, quiero, quince

C. Concentrate on the correct pronunciation of **p, t,** and **c/qu** as you listen and pronounce the following sentences.

1. El pelo de Luis es muy corto.
2. La camisa de Raúl es de color café.
3. Carmen tiene un traje de tenis nuevo.
4. ¿Quién tiene una corbata nueva?
5. Nora tiene un carro pequeño.

II. PRONUNCIACIÓN: LINKING

Words in spoken Spanish are normally not separated, but rather are linked together in phrases called breath groups.

A. Listen to the breath groups in the following sentence.

Voy a comer / y después / quiero estudiar / pero tal vez / si tengo tiempo / paso por tu casa.

Words within a phrase or breath group are not separated but pronounced as if they were a single word.

B. Notice especially the following possibilities for linking words. (C = consonant and V = vowel.)

C + V   más_o menos, dos_o tres, tienes_el libro

V + V   él o_ella, voy_a_ir, van a_estudiar, su_amigo, todo_el día

C. Notice also that if the last sound of a word is identical to the first sound of the next word, the sounds are pronounced as one.

C + C   los_señores, el_libro, hablan_naturalmente

V + V   Estoy mirando a_Alicia, ¡Estudie_en México!, ¿Qué va_a_hacer?

D. Listen and then pronounce the following sentences. Be sure to link words together smoothly.

1. No me gusta hacer nada aquí.
2. Los niños no tienen nada en las manos.
3. El libro está aquí.
4. Linda va a hablar con Norma.
5. Mi hijo dice que son nuevos los zapatos.

✳ Ejercicios de ortografía

I. THE LETTERS c AND q

The letter **c** followed by **a, o,** or **u,** and the letters **qu** followed by **e** and **i** are both pronounced with the sound of the letter *k*. Only foreign words in Spanish are written with the letter **k.**

Listen and write the words or phrases you hear. Be careful to use the letters **c** and **qu** correctly.

1. _____   6. _____
2. _____   7. _____
3. _____   8. _____
4. _____   9. _____
5. _____   10. _____

II. WORD STRESS

A word that ends in a vowel and is stressed on the last syllable must carry a written accent on the last syllable. For example: **mamá.**

A. Listen and then write the words you hear stressed on the last syllable.

1. _____   4. _____

2. _____   5. _____

3. _____

A word that ends in the letters **n** or **s** and is stressed on the last syllable must have a written accent on the last syllable. For example: **detrás.** This includes all words ending in **-sión** and **-ción.**

B. Listen and write the words you hear stressed on the last syllable.

1. _____   6. _____

2. _____   7. _____

3. _____   8. _____

4. _____   9. _____

5. _____   10. _____

Words that end in an **-n** or **-s** in the singular and that are stressed on the final syllable, like **francés** or **comunicación,** do not need a written accent mark on forms with an additional syllable. This includes feminine forms, such as **francesa,** and plural forms, such as **franceses** and **comunicaciones.**

C. Listen and write the following pairs of words.

1. _____ → _____

2. _____ → _____

3. _____ → _____

4. _____ → _____

5. _____ → _____

ideoteca

la bibliotecaria   *librarian*
solicitas   *you (inf. sing.) apply for*
cubierta de aceite   *covered in grease*
la vendedora   *saleswoman*
Fíjate   *look at this*
conveniente   *convenient*
la cuenta corriente   *checking account*
la cuenta de ahorros   *savings account*
cajero automático   *ATM automated teller*

tarjeta de crédito   *credit card*
el préstamo   *loan*
el aspirante   *applicant*
la cita   *appointment*
el archivo   *file (cabinet)*
escribir a máquina   *to type (word process)*
el entrenamiento   *training*
la sucursal   *branch (of a business)*

Sinopsis

Lupe busca un empleo de horas flexibles; ella y Diego leen los avisos clasificados. Días después Lupe se viste para una cita con la directora de personal de un banco. En el banco la directora le explica a Lupe las responsabilidades de recepcionista del banco y Lupe le cuenta su experiencia de recepcionista en su trabajo anterior.

Primero lea estas preguntas y luego vea el video para contestarlas.

A.   ¿Cierto (**C**) o falso (**F**)?

1. ——— Lupe busca trabajo de peluquera.

2. ——— Lupe necesita un trabajo de horas flexibles.

3. ——— Lupe cambia de trabajo porque no puede trabajar la jornada completa.

4. ——— El trabajo anterior de Lupe era de recepcionista para un médico.

5. ——— La directora de personal es la señora Carrasco.

6. ——— Si Lupe acepta la oferta del banco, va a trabajar siempre en el mismo banco.

7. ——— Generalmente, Lupe va a trabajar los lunes, miércoles y viernes por la tarde.

8. ——— Lupe nunca va a tener que trabajar los sábados.

B.   Ponga las oraciones en orden lógico.

——— Lupe acepta el puesto en el banco.

——— Lupe sale para la entrevista y Diego le da un beso.

——— Lupe le cuenta a la directora sus responsabilidades en su trabajo anterior.

——— Lupe le pregunta a la directora si va a tener que trabajar los sábados.

——— Lupe busca empleo en los avisos clasificados.

C.   Use las palabras de la lista para nombrar las siguientes cosas.

aprender rápido	hacer citas con los clientes	peluquera
bibliotecaria	llevar las cuentas	recepcionista
cajera	mecánico	ser amable y paciente
contestar el teléfono	organizar los archivos	usar una computadora
escribir a máquina	pagar los gastos básicos	vendedora

1.   Los puestos que Diego encuentra en el periódico:

———————————————   ———————————————

———————————————   ———————————————

2. Los puestos que Lupe considera:

_____   _____

_____

3. Las responsabilidades del trabajo anterior (*previous*) de Lupe:

_____   _____

_____   _____

_____

4. Los requisitos (*requirements*) del puesto en el banco:

_____   _____

_____   _____

ecturas

 ## Los amigos hispanos: Una carta de Nacho

VOCABULARIO ÚTIL

repaso   *I review*
el camión   *bus (Mex.)*
soñar despierto   *daydream*
se lo agradezco   *I'm grateful to you for it*
los gastos   *expenses*
el gran premio   *big reward*
los extraña   *misses you*

Ignacio Padilla es un estudiante mexicano a quien sus amigos llaman «Nacho». Ignacio estudia arquitectura en la UNAM[1] y vive en la Ciudad de México. Aquí Nacho les escribe una carta a sus padres, quienes viven en la ciudad de Irapuato.[2]

Queridos padres:

¿Cómo están? ¿Cómo va todo en Irapuato? Por acá todo bien. Estoy muy ocupado con mis clases y mi trabajo. La verdad, me gusta estar ocupado, aprendiendo cosas útiles para mi carrera de arquitecto.

Mamá, me preguntas por mi vida y mis rutinas en el D.F.[3] Pues... de lunes a viernes me levanto a las seis. Entonces me ducho, me visto, desayuno y repaso mi tarea brevemente. Luego voy a la parada del camión, donde me espera Silvia, mi novia. Silvia estudia en la UNAM como yo. ¡La quiero mucho! Sé que ustedes también la quieren y eso me alegra.

_____

[1]Universidad Nacional Autónoma de México (*National Autonomous University of Mexico*), la universidad más grande del país
[2]Irapuato está en el estado (*state*) de Guanajuato, región central de México.
[3]Distrito Federal, la capital mexicana; comparable con Washington, D.C. (Distrito de Columbia)

Bueno, llego a la Ciudad Universitaria[1] a las ocho y media cada mañana. Mi primera clase empieza a las nueve y la última termina a las doce. Todas son difíciles. A veces, durante alguna explicación en clase, me pongo a soñar despierto. Me imagino a mí mismo diseñando edificios altos y modernos, viviendo con mi esposa y mis hijos en una casa construida por mí...

Después de mis clases trabajo de chofer de taxi. Ustedes me ayudan con el costo de mis estudios y se lo agradezco mucho. Pero necesito ganar algo más de dinero para mis gastos. ¡Por eso soy chofer! Pero los fines de semana no trabajo. Trato de descansar, aunque siempre tengo que estudiar. Los sábados por la noche voy a bailar o voy al cine con Silvia. Salir con ella es mi gran premio.

Bueno, mis queridos padres, pienso ir a verlos muy pronto y vamos a conversar más sobre mi vida en el D.F. Por ahora reciban el abrazo de su hijo que los quiere y los extraña.

Nacho

Comprensión

¿Qué hace Ignacio «Nacho» Padilla...

1. —— a las seis de la mañana de lunes a viernes?
2. —— a las ocho y media de la mañana?
3. —— a las nueve de la mañana?
4. —— a mediodía?
5. —— en las tardes, después de sus clases?
6. —— a veces, durante alguna clase?
7. —— los fines de semana?

a. Sale de su última clase.
b. Va a bailar o va al cine.
c. Trabaja de chofer.
d. Va a su primera clase.
e. Llega a la Ciudad Universitaria.
f. Se levanta.
g. Sueña despierto.
h. Visita a sus padres.

Ahora... ¡usted!

1. Mire el dibujo de Ignacio que está al comienzo de esta lectura. ¿Qué está haciendo él? ¿En qué piensa? ¿Por qué tiene estos pensamientos?

   _____

   _____

2. Cuando usted está estudiando, ¿sueña despierto/a como lo hace Nacho? ¿Con qué o con quién sueña?

   _____

   _____

Un paso más... ¡a escribir!

¿Es su rutina similar a la de Nacho o es muy diferente? Lea otra vez el segundo párrafo de la lectura y luego escríbalo con sus datos personales.

Yo estudio ——— en ———. Me levanto diariamente a las ———, me ———, me ———, ——— y ———.

Luego voy a...

---

[1]Ciudad... *the UNAM campus*

LECTURA   Los amigos hispanos: Silvia Bustamante

VOCABULARIO ÚTIL

ayudar   *to help*
cuando nos casemos   *when we get married*
peligroso   *dangerous*
no me dejaban   *they didn't let me*
se ganó la confianza   *he earned the trust*
todo un caballero   *quite a gentleman*

Ésta es la breve historia de una estudiante mexicana. Ella nos cuenta aquí de sus estudios, su novio y su familia.

¿Qué tal, amigos? Me llamo Silvia Bustamante y soy de Morelia, pero ahora vivo en la Ciudad de México con mis tíos. Éste es mi segundo año de estudios en la UNAM. Quiero ser doctora porque me gusta la medicina. También me gusta ayudar a la gente.

Tengo novio. Se llama Nacho Padilla y estudia en la universidad, como yo. Él quiere ser arquitecto. Nacho dice que un día, cuando nos casemos, va a construir una casa en las Lomas de Chapultepec[1] para nuestra familia. Es un plan muy bonito. Pero yo siempre le digo que no va a construir, él solo, la casa de nuestros sueños. ¡Vamos a contruirla *los dos* juntos!

Nacho y yo vamos en camión a la universidad todos los días. Durante el viaje nos gusta charlar y observar a la gente; muchas veces tenemos que repasar nuestros apuntes para las clases. No es fácil hacerlo, ¿saben? Es que... siempre hay tantos temas interesantes de qué conversar.

Me gusta vivir en el D.F. con mis tíos, aunque la verdad es que son muy estrictos. ¡Son más estrictos aún que mis padres! Ellos dicen que tengo 21 años solamente y que la capital es un lugar peligroso para una mujer joven. Antes no me dejaban salir sola con Nacho, pero pronto él se ganó la confianza de toda la familia. Ahora mis tíos están convencidos de que Nacho es todo un caballero. Y ésa es la verdad.

Comprensión

Combine las frases para formar oraciones completas.

1. _____ Silvia vive ahora con...

2. _____ A Silvia le gusta vivir en el Distrito Federal,...

3. _____ Nacho dice que...

4. _____ Los tíos de Silvia piensan que...

5. _____ En el camión, Nacho y Silvia...

a. aunque sus tíos son estrictos.
b. Nacho es un muchacho decente y amable.
c. algún día Silvia y él van a vivir en las Lomas de Chapultepec.
d. sus tíos en la capital del país.
e. conversan y se preparan para sus clases.
f. hacen dibujos de su futura casa.

Ahora... ¡usted!

1. ¿Son estrictos sus padres? ¿Qué opinan ellos de sus actividades y de sus amigos?

_____

_____

---

[1]Lomas... un barrio muy elegante en la Ciudad de México

2. ¿Qué tipo de padre/madre es o va a ser usted? ¿Es o va a ser muy estricto/a?

_____

3. ¿Es peligrosa la zona donde usted vive? ¿Puede salir solo/a de noche? ¿Le gustaría vivir en otro lugar? ¿Por qué? Explique.

_____

_____

_____

Un paso más... ¡a escribir!

Imagínese una conversación entre Silvia y Nacho mientras viajan en autobús a la universidad. Le sugerimos este tema: ¡hoy tienen examen! Luego escriba un diálogo de una página o más entre los novios.

MODELO: NACHO: *Silvia, estoy un poco preocupado porque...*
SILVIA: *Sí, yo también, Nacho. Pero...*
NACHO: *...*

C A P Í T U L O

6

a residencia

 ctividades escritas ✏️

✳ El vecindario y la casa

Lea Gramática 6.1–6.2.

A. Haga comparaciones.

MODELO:

Alberto   Esteban   Luis

(es: más alto que; el más alto de) → *Alberto es más alto que Esteban.*
Esteban es más alto que Luis.
Alberto es el más alto de los tres.

el sofá   el sillón   la mesita

1. (es: más grande o más pequeño/a que; el/la más grande o más pequeño/a de)

   _____

   _____

   _____

el abuelo　**el hombre**　**el niño**

2. (es: mayor o menor que; el mayor o menor de)

_____

_____

_____

el carro　**la casa**　**la bicicleta**

3. (es: más caro/a o más barato/a que; el/la más caro/a o más barato/a de)

_____

_____

_____

Amanda $1,000　**Graciela** $1,000　**Ernestito** $50

4. (tiene: tanto dinero como; no… tanto dinero como)

_____

_____

_____

la casa de los Ruiz　**la casa de los Saucedo**　**la casa de los Silva**

5. (tiene: tantas ventanas como; no… tantas ventanas como)

_____

_____

_____

6. (es: tan moderno como; no… tan moderno como)

_____

_____

_____

B. ¿Mejor o peor? Explique qué es mejor o peor y por qué.

MODELO: ¿Tener un baño o tener varios? →
Es peor tener varios baños porque es difícil limpiar los baños.

1. ¿Vivir en el desierto o vivir en el centro de una ciudad grande?

_____

_____

2. ¿Tener una casa pequeña o tener una casa grande?

_____

_____

3. ¿Vivir solo/a o vivir con la familia?

_____

_____

4. ¿Poner alfombra o poner piso de madera[1]?

_____

_____

5. Comprar una casa con patio grande o comprar un condominio sin patio?

_____

_____

C. En dos o tres párrafos, describa un día típico en su casa y en su vecindario con su familia. ¿Qué hace usted con sus padres? ¿con sus hermanos? ¿con sus hijos? ¿con sus amigos? ¿Qué hacen juntos los fines de semana? Escriba los párrafos en una hoja de papel aparte.

D. Escoja uno de estos temas y escriba uno o dos párrafos en una hoja de papel aparte.

1. Describa su casa o apartamento. Diga cómo son el exterior y el interior. Describa las cosas que usted tiene: los muebles, los aparatos, los cuadros.
2. Describa su vecindario en detalle. Comente sobre todo lo que hay en su vecindario: las casas, las tiendas, los restaurantes, las escuelas.

_____

[1]piso… *hardwood floor*

✳ Las actividades en casa

Lea Gramática 5.4.

E. Escriba cinco oraciones sobre quién en su familia tiene la obligación o el deber de hacer estos quehaceres domésticos.

MODELO: mi hijo / tener que / lavar el carro → *Mi hijo tiene que lavar el carro.*

yo
mi madre/padre
mi(s) hermano(s)
mi(s) hermana(s)
mis abuelos
mi(s) hijo(s)/hija(s)
mi novio/a
mi esposo/a
nadie

tener que
deber
necesitar

limpiar la casa
cocinar/preparar la cena
pasar la aspiradora
tender las camas
sacar la basura
ayudar a mamá
¿ ?

1. _____
2. _____
3. _____
4. _____
5. _____

F. Escoja seis de los quehaceres a continuación y diga con qué frecuencia hay que hacerlos. Use **hay que** y **es necesario** para indicar obligación; use estas expresiones para indicar la frecuencia: **todos los días, cada noche, cada semana, todos los fines de semana, diariamente, a veces, nunca, muchas veces, a menudo, frecuentemente.**

Quehaceres: bañar al perro, barrer el patio, cocinar, hacer las compras, regar las plantas, desempolvar

MODELO: lavar el carro → *Hay que lavar el carro cada semana.*

1. _____
2. _____
3. _____
4. _____
5. _____
6. _____

G. Escriba en una hoja de papel aparte uno o dos párrafos sobre sus obligaciones en casa. ¿Qué tiene que hacer todos los días por la mañana? ¿Tiene que preparar el desayuno? ¿Tiene que lavar los platos? ¿Tiene que tender las camas? ¿Debe pasar la aspiradora? ¿Debe sacudir los muebles? ¿Necesita preparar el almuerzo? Y por la tarde, ¿qué debe hacer? ¿Necesita preparar la cena? ¿Debe sacar la basura de la cocina? ¿Es necesario regar las plantas? ¿Tiene que lavar la ropa? ¿Tiene que plancharla? ¿Tiene algunas otras obligaciones? ¿Cuáles son?

✳ **Las actividades con los amigos**

Lea Gramática 6.3.

H. ¿Qué hizo la familia Saucedo ayer? Mire los dibujos y diga qué hizo cada persona.

MODELO: *Ernestito jugó con su perro, Lobo.*

1. Ernestito _____

2. Lobo _____

3. Amanda _____

4. Ernesto _____

5. Estela _____

6. Guillermo _____

I. Diga si usted hizo estas actividades o no el día de su último cumpleaños.

MODELO: ¿Bailó? → *Sí, bailé mucho en una fiesta en mi casa.*

1. ¿Se levantó temprano? _____

2. ¿Desayunó con su familia o con sus amigos? _____

3. ¿Charló por teléfono con su mejor amigo/a? _____

4. ¿Asistió a clases o se quedó en casa? _____

5. ¿Limpió su casa? _____

6. ¿Recibió muchos regalos? _____

7. ¿Cenó en un restaurante con su novio/a (esposo/a)? _____

8. ¿Bailó en una discoteca con sus amigos? _____

✳ Las presentaciones

Lea Gramática 6.4–6.5.

J. Escoja entre **saber** y **conocer**. Recuerde: asocie **conocer** con «personalmente» y **saber** con «intelectualmente». Llene cada espacio en blanco con la forma correcta del verbo.

1. —¿_____ dividir sin calculadora, Esteban?

   —No, Carmen, yo no _____. ¡Es muy difícil!

2. —Profesora, ¿_____ usted el Zoológico de San Diego?

   —No, no lo _____. ¿Lo _____ ustedes?

3. —Raúl, ¿_____ si hay un buen restaurante mexicano cerca de la

   universidad?

   —Sí, hay uno excelente. Lo _____ muy bien porque como allí con frecuencia.

4. —Carmen, ¿es grande la casa de Lan?

   —No _____. No _____ su casa.

5. —Nora, ¿_____ dónde puedo comprar una guitarra buena?

   —Sí, Esteban, sí _____. Pero no _____ cuánto cuestan.

6. —Mónica, ¿_____ a la familia de la profesora Martínez?

   —No, solamente _____ a uno de sus primos.

7. —Profesora Martínez, ¿_____ usted cocinar?

   —No, Esteban, yo no _____ cocinar pero _____

   preparar sándwiches muy buenos.

8. —¿_____ ustedes Madrid?

   —No, no conocemos esa ciudad pero _____ que es la capital de España.

K. Llene los espacios en blanco usando estos pronombres de complemento directo: **lo/la, los/las.**

1. —Lan, ¿conoces a Esteban Brown?

   —Sí, _____ conozco bien. Somos amigos y compañeros de clase.

2. —Mónica, ¿vas a ver a tus amigos esta noche?

   —Sí, mamá, _____ voy a ver en el cine a las 7:00 de la noche.

3. —Pablo, ¿dónde están tus hermanos? No _____ veo.

   —Están aquí en el jardín, al lado del arbusto. No _____ ves porque no hay luz.

4. —¿Dónde están Luis y Nora? No _____ veo.

   —Profesora, no _____ ve porque no están aquí. Están enfermos hoy.

5. —Lan, ¿vas a invitar a Carmen y a Mónica a la fiesta?

   —Sí, claro que _____ voy a invitar. Son mis amigas.

L. Escriba un pequeño diálogo presentándole un nuevo amigo / una nueva amiga a su abuelo/a.

YO: _____

MI ABUELO: _____

_____

MI AMIGO/A: _____

_____

Resumen cultural

Complete con la informacíon cultural del **Capítulo 6.**

1. ¿Qué inspira al artista italiano-peruano Dino Ghirardo? _____

2. Muchas veces las casas y los apartamentos en las ciudades hispanas son pequeños. Por lo tanto muchos hispanos van al/a la _____ para pasear y conversar.

3. En la típica ciudad hispana hay muchas zonas mixtas. Describa una zona mixta.

   _____

4. ¿Qué ciudad costarricense se llama «La Ciudad de los Mangos»? ¿Por qué se la llama así?

   _____

5. ¿Cuándo tienen lugar las fiestas de Las Posadas en México? _____

6. ¿Qué hacen los niños del barrio para celebrar las Posadas? _____

   _____

7. Nombre tres ciudades que conservan su zona colonial como atracción turística.

   _____, _____ y _____

Actividades auditivas 🎧

✳ **Para empezar**

A. Experimentos fantásticos

Ramón Gómez está de visita en casa de la familia
Saucedo para ver a su novia, Amanda. Pero
Amanda no está lista, así que Ramón conversa con
Ernestito.

❖ ❖ ❖

¿En qué clase —biología (**B**) o educación física (**E**)— hace Ramón las siguientes actividades?

1. ——— Hace ejercicio.

2. ——— Hace experimentos fantásticos.

3. ——— Practica deportes.

4. ——— Corre.

5. ——— Usa un laboratorio.

B. El ingeniero y el profesor

Pablo Cavic y Raúl Saucedo están en la cafetería de la
universidad, conversando sobre sus futuras carreras.

❖ ❖ ❖

¿Quién diría lo siguiente, Pablo (**P**) o Raúl (**R**)?

1. ——— Tengo que estudiar física.

2. ——— Mis clases son difíciles.

3. ——— Me gusta mucho el idioma español.

4. ——— Necesito tener paciencia para poder enseñar bien.

5. ——— Me gusta ayudar a la gente.

✳ El vecindario y la casa

C. ¡Qué buen gusto!

VOCABULARIO ÚTIL

se mudan   *they are moving*
el estilo de moda   *contemporary style*
seguramente   *most likely*

Las amigas Rosita Silva y Lola Batini están mirando por la ventana de la casa de Rosita. Están observando al señor y a la señora Rivas, que se mudan hoy a un apartamento del vecindario.

Escoja la mejor respuesta.

1. ——— lleva unos pantalones rojos.

   a. Doña Rosita   c. La señora Rivas

   b. El doctor Rivas   d. Doña Lola

2. ——— tiene las piernas largas y lleva unos pantalones cortos.

   a. Doña Rosita   c. La señora Rivas

   b. El doctor Rivas   d. Doña Lola

3. Los muebles de ——— son de color morado y azul.

   a. la sala   c. el dormitorio

   b. la cocina   d. el comedor

4. Para ——— los Rivas tienen muebles muy bonitos y modernos, según doña Lola.

   a. el baño   c. el dormitorio

   b. la cocina   d. el comedor

5. Las dos amigas creen que los Rivas ——— porque su televisor es enorme.

   a. no saben dónde está el televisor   c. ven mucho la televisión

   b. no tienen refrigerador   d. tienen muchos muebles modernos

D. Condominios El Paraíso

VOCABULARIO ÚTIL

pagar   *to pay*
cómodos   *comfortable*
privado   *private*
la alberca   *swimming pool (Mex.)*
¡Disfrute!   *Enjoy!*
el hogar   *home*

Y ahora KSUN, Radio Sol, le presenta un mensaje de Condominios El Paraíso, que están en Mazatlán, México.

Complete los espacios en blanco.

¿Están cansados de pagar el _____¹ cada mes? Tenemos la solución perfecta.

Nuestros _____² son grandes y cómodos, con tres _____,³

dos baños y una gran _____⁴ con balcón privado. Tienen una

_____⁵ moderna y comedor separado. Venga a vernos. Estamos en la avenida

Mirador del Sur, número _____,⁶ aquí en Mazatlán. Recuerde, Condominios El

Paraíso.

✳ Las actividades en casa

E. Limpieza a Domicilio Espinosa

VOCABULARIO ÚTIL

la Limpieza a Domicilio   *Housecleaning*
sacudimos   *we dust*
el tiempo libre   *free time*

Ahora KSUN, Radio Sol, presenta un mensaje comercial de
sus amigos en Limpieza a Domicilio Espinosa.

❖   ❖   ❖

Complete el párrafo con la información necesaria.

Limpieza a Domicilio Espinosa: ¡el mejor servicio! _____¹ toda su casa por un

precio muy bajo. Pasamos la aspiradora y _____² de la sala y los dormitorios.

_____³ la cocina, el comedor y el patio, y _____⁴ por

solamente _____⁵ dólares. Disfrute de su tiempo libre mientras nosotros hacemos sus

_____.⁶

F. A la abuela le gusta el fútbol

VOCABULARIO ÚTIL

la telenovela   *soap opera*
el campeonato   *championship*
¿Podría?   *Could I?*
emocionante   *exciting*
mete más goles   *scores more goals*

Raúl Saucedo está visitando a su abuela, doña María Eulalia, en
Guanajuato, México. Ahora conversan después de la cena.

❖   ❖   ❖

¿Quién diría esto, la abuela (**A**) o Raúl (**R**)?

1. _____ ¡Ahhh, sólo aquí puedo comer una comida tan deliciosa!

2. _____ Debe estar cansada después de preparar esta cena. Yo voy a lavar los platos.

3. _____ No voy a ver una telenovela. Prefiero ver el partido de fútbol.

4. _____ Las abuelas de mis amigos no son como usted.

5. _____ Prefiero el equipo América.

✳ Las actividades con los amigos

G. Un verano divertido

VOCABULARIO ÚTIL

me divertí   *I had fun*
hiciste   *you did*
chistosa   *funny*
la aficionada   *fan*
¡Increíble!   *Unbelievable!; Incredible!*

Raúl Saucedo está en la cafetería de la Universidad de Texas en San Antonio. Conversa con su amigo Esteban Brown sobre sus actividades del verano.

❖   ❖   ❖

¿Qué actividades hizo Raúl con su abuela durante el verano? Indique si es cierto (**C**) o falso (**F**) lo que expresan los dibujos.

1. _____

2. _____

3. _____

4. _____

5. _____

6. _____

✳ Las presentaciones

H. El nuevo compañero

VOCABULARIO ÚTIL

el bailador   *dancer*
a tus órdenes   *at your service*
con permiso   *excuse me*

Alfredo Gil es un joven uruguayo que estudia
arquitectura en la Universidad Autónoma de México.
Ahora está en una fiesta en casa de Nacho Padilla,
quien también estudia arquitectura.

¿A quiénes corresponden estas descripciones? **¡OJO!** Puede haber más de una respuesta y algunas se
usan más de una vez.

1. ——— Estudia arquitectura.

2. ——— Canta y toca la guitarra.

3. ——— Baila muy bien.

4. ——— Es la novia de Nacho.

5. ——— Le presentó sus amigos a Alfredo.

6. ——— Es un nuevo compañero de Uruguay.

7. ——— Le gustaría escuchar las canciones de Maribel.

8. ——— Tiene una fiesta en su casa.

a. Jorge Ávalos
b. Alfredo Gil
c. Carlos Hernández
d. Maribel
e. Silvia Bustamante
f. Nacho Padilla

✳ ¡A repasar!

I. ¡Eso es obvio!

VOCABULARIO ÚTIL

despacio   *slow; slowly*
perfectamente   *perfectly*
obvio   *obvious*
encantadores   *charming*

Raúl Saucedo está almorzando en la cafetería de la
universidad. Luis Ventura llega a su mesa con una
amiga que Raúl no conoce.

Complete los espacios en blanco.

1. Raúl habla despacio porque no sabe que Cynthia ————————————————————.

2. Cynthia aprendió español ————————————————————.

3. Cynthia estudia en _____ pero en el verano va a _____.

4. Este semestre Cynthia vive con _____.

5. Raúl invita a Cynthia y a Luis a _____.

6. Luis quiere llevar a Cynthia a conocer _____.

Pronunciación y ortografía

✳ **Ejercicios de pronunciación**

I. PRONUNCIACIÓN: **g** AND **gu**

The letter **g** is usually soft in Spanish, that is, the back of the tongue is near the roof of the mouth, but never completely closes it off, as it does in the pronunciation of English *g*. Remember that the **u** in the combinations **gui** and **gue** is never pronounced.

A. Listen and repeat the following words, concentrating on a soft pronunciation of the letter **g.**

> diga, estómago, abrigo, traigo, amiga, portugués, elegante, lugar, jugar, pregunta, llegar, hamburguesa, regular

When the letter **g** is preceded by the letter **n,** it may be pronounced hard as in the English letter *g* in the word *go.*

B. Listen and repeat the following words with **ng,** concentrating on a hard pronunciation of the letter **g.**

> tengo, pongo, vengo, domingo

C. Listen and then repeat the following sentences, concentrating on the correct pronunciation of the letter **g.**

1. Tengo un estómago muy delicado.
2. El domingo vamos a un lugar muy elegante para comer.
3. Yo me pongo el abrigo cuando hace frío.
4. Mañana traigo mi libro de portugués.
5. A Gustavo le gusta jugar al tenis.
6. Si vas a tocar la guitarra el domingo, no vengo.

II. PRONUNCIACIÓN: **s**

The letter **s** between vowels is always pronounced with the hissing sound of *s,* never with the buzzing sound of English *z.* Place your finger on your Adam's apple and pronounce *s* and *z* in English. You will feel the difference!

Listen and pronounce the following words. Be sure to avoid the *z* sound.

> José, Susana, vaso, mesa, Rosa, Luisa, camisa, piso, esposa

✳ Ejercicios de ortografía

I. THE COMBINATIONS gue AND gui

Remember that the letter **g** is pronounced like **j** before the letters **e** and **i**, as in **gente** and **página**. In order for the letter **g** to retain a hard pronunciation before these vowels, the letter **u** is inserted, as in **portuguesa** and **guitarra**.

Listen and write the following words with **gue** and **gui**.

1. _____   3. _____

2. _____   4. _____

II. SEPARATING DIPHTHONGS

If the ending of a word rhymes with **María** or **frío**, an accent mark must be written on the **i**.

Listen and write the following words with an accent mark on the **i**.

1. _____   5. _____

2. _____   6. _____

3. _____   7. _____

4. _____   8. _____

ideoteca

VOCABULARIO ÚTIL

me visto   *I dress; get dressed*
cariñosa   *loving*
ruido   *noise*
Te lo prometo   *I promise you*
me va a gustar   *I am going to like it*
¿De parte de quién?   *Who is calling, please?*
Permítame tantito   *Just a minute*
las vitaminas   *vitamins*

Sinopsis

Diego vive con su tía Matilde, pero hoy va a ver el apartamento que va a compartir con otros estudiantes. Su amigo Antonio le enseña la recámara. Mientras Diego habla con Antonio, la tía Matilde llama por teléfono y quiere hablar con Diego.

Primero lea estas preguntas y luego vea el video para contestarlas.

A. ¿Cierto (**C**) o falso (**F**)?

1. _____ A Diego le gusta vivir con la tía Matilde.

2. _____ La tía Matilde le trae a Diego una camisa, una corbata y pantalones.

3. _____ Hoy Diego va a visitar a su profesor.

4. _____ La tía Matilde canta ópera en la mañana.

5. _____ Antonio almuerza en la cafetería los lunes y los miércoles.

6. _____ Por lo general Diego se acuesta a las 9:00 de la noche.

7. _____ La recámara nueva de Diego tiene armario.

8. _____ La tía Matilde llama para saber si Diego necesita camisas nuevas.

B. Conteste las preguntas.

1. ¿Quién se levanta a las 5:00? _____

2. ¿Quién se levanta a las 6:30? _____

3. ¿Quién se levanta a las 7:00? _____

4. ¿Quién se levanta a las 7:30? _____

5. ¿Qué muebles tiene Diego en su nueva recámara?

    _____   _____

    _____   _____

C. Escriba el nombre de la persona (la tía Matilde [**M**], Diego [**D**], Antonio [**A**]) que puede hacer estos comentarios.

1. _____ Mañana me despierto en mi nuevo apartamento.

2. _____ Me gusta cantar en el baño.

3. _____ No te levantamos a las cinco.

4. _____ Debes ponerte esta camisa.

5. _____ No puedo hacer ruido después de las 9:00.

6. _____ ¿Te gusta tu recámara?

LECTURA Habla la gata Manchitas

VOCABULARIO ÚTIL

las pulgas *fleas*
los amos *masters*
los seres humanos *human beings*
¡Busca ratones! *Go look for mice!*
ladran *they bark*
las sobras *leftovers*
la lengüita *little tongue*

Algunas personas dicen que los animales piensan y que tienen ideas. Pues, en casa de la familia Saucedo vive una gata muy especial. Se llama Manchitas y es un animal muy observador, con opiniones propias. Imagínese que, por un momento fantástico, Manchitas puede hablar. Éstas son sus observaciones...

Estas pulgas, ¡estas pulgas! Aquí estoy en el sofá, muy aburrida. Es que mis amos casi nunca me prestan atención. Sólo los niños de esta familia, Ernestito y Guillermo, juegan conmigo. Y no siempre me gusta jugar con ellos. A veces me tratan mal, como un juguete. ¡Ay!

Mis amos, Ernesto y Estela, no saben que soy muy observadora. Ellos probablemente piensan que a mí sólo me gusta comer y dormir. ¡Ay! Los seres humanos no comprenden a los animales, y mucho menos a nosotros, los felinos.

Todos los días mis amos hacen las mismas cosas. Estela, mi ama, se levanta temprano y va a la cocina para tomar esa bebida negra y caliente que ellos toman todas las mañanas, el «café». Después, mi ama llama a mi amo, pero el señor siempre quiere dormir un poco más. Entonces ella abre las cortinas y en el dormitorio entra mucha luz. «¡Qué horror!», grita mi amo. «¡Es mucha luz! ¡No puedo abrir los ojos, Estela!»

Luego mi ama toca a la puerta de su hija Amanda y la muchacha sale de su cuarto. Amanda siempre saluda a su mamá; le dice «¡Buenos días!» La joven de esta familia no tiene problemas en despertarse. ¡Pero Ernestito y Guillermo sí tienen problemas! Estela va a su dormitorio y los despierta. Ellos también quieren dormir más. «¡Vamos, a la escuela!», dice mi ama. Y los dos niños se levantan poco a poco.

Ernesto se baña, se viste, lee el periódico, toma la bebida negra y dice algunas cosas complicadas que yo no comprendo. Mi ama y la señora Berta (que hace trabajos domésticos y también vive en esta casa) preparan el desayuno de la familia. Todos desayunan juntos casi siempre. (Mmmm. Los seres humanos comen mucho mejor que nosotros los gatos.) Después, Ernesto y sus hijos salen y mi ama se queda en casa.

Estela entonces me lleva afuera, diciendo: «¡Anda, vete, Manchitas! ¡Busca ratones!» Hace frío por la mañana y no me gusta estar afuera; por eso siempre busco un poquito de sol o salto a la ventana. Desde la ventana puedo mirar a mi ama, que está adentro. Ella se baña, se viste, se maquilla, tiende la cama... ¡todos los días lo mismo! Y luego Berta sacude los muebles y pasa la aspiradora. ¡Miau! ¡No me gusta ese aparato!

Mi ama sale con Berta por la tarde. Creo que van al mercado, porque luego regresan con comida. Y yo me quedo en el patio, muy solita. Para divertirme me subo a la cerca del jardín. En el jardín vive Lobo, el perro de Ernestito. Y en la casa de al lado hay un perro que se llama Sultán. Los dos perros saltan y saltan para llegar adonde estoy yo. ¡Ja! No pueden subir; están muy gordos. ¡Y cómo ladran! A Ernestito le gusta Sultán; dice que quiere traerlo a vivir con nosotros. Pero ya tiene perro. ¿Dos perros en esta casa? ¡Miau!

Por las noches mis amos comen y me dan las sobras. Después de comer, van a visitar a los vecinos o a caminar por el barrio. Los niños miran el objeto de luz, que ellos llaman la «televisión». ¡Cómo les gusta mirar a otros seres humanos en ese objeto!

Por fin, todos se acuestan. Y yo, pues, me doy un buen baño con mi lengüita, y me duermo también en el sofá. Y aquí estoy ahora. ¡Miau! ¡Cuánto detesto estas pulgas!

Comprensión

¿A quién se refiere cada oración? Diga si se refiere (**a**) al amo, (**b**) a la ama, (**c**) a Amanda, (**d**) a Ernestito, (**e**) a Guillermo, (**f**) a Berta, (**g**) a Manchitas o (**h**) a toda la familia. **¡OJO!** A veces hay más de una respuesta.

1. _____ Es muy observadora.

2. _____ Le gusta el perro del vecino.

3. _____ Se levanta temprano.

4. _____ Detesta las pulgas.

5. _____ Pasa la aspiradora.

6. _____ Juega con Manchitas.

7. _____ Le es fácil despertarse.

8. _____ Toma la bebida negra.

9. _____ Mira la televisión.

10. _____ Saluda a su mamá todos los días.

11. _____ Visita a los vecinos.

12. _____ Siempre quiere dormir un poco más.

Ahora... ¡usted!

1. ¿Le gustan los animales? Explique por qué.

   _____

   _____

2. ¿Tiene usted un animal doméstico (una mascota)? ¿Cómo es? ¿Qué le gusta comer? ¿Tiene una personalidad especial? ¿Hace cosas cómicas a veces? ¡Descríbalo! Si no tiene un animal doméstico, ¿por qué no? ¿Le gustaría tener uno? Describa lo que para usted es el animal doméstico ideal.

   _____

   _____

   _____

   _____

   _____

   _____

   _____

3. ¿Le gusta jugar o pasar mucho tiempo con su mascota?

_____

_____

Un paso más... ¡a escribir!

Imagínese que su animal doméstico puede hablar. (Si no tiene mascota, invente una.) ¿Cuál es la opinión del animal sobre su condición doméstica? Hágale las siguientes preguntas, y luego escriba un párrafo con sus respuestas.

1. ¿Estás contento/a en tu casa? ¿Por qué?
2. ¿Te gusta la comida? ¿Qué comes con frecuencia? ¿Y qué prefieres comer?
3. ¿Te molestan las pulgas? ¿Qué otras cosas te molestan?
4. ¿Cómo son tus amos?

EL MUNDO HISPANO... LA GENTE

Lety Guerrero Romero tiene 29 años y es de México, D.F.

Describa la ciudad o pueblo donde usted se crió.

Nací y me crié en la Ciudad de México, D.F., a la cual quiero mucho. En la actualidad es una ciudad demasiado poblada. Como visitante, basta[1] estar poco tiempo para no olvidarla. Pero cuando se vive dentro, hay que conocer sus mañas;[2] no es fácil, pero una vez que se logra[3] dominarla y conocerla, es muy difícil dejarla. México es como una ciudad encantada.[4]

[1]*it's enough*   [2]*secretos*   [3]*una... once you manage*   [4]*charmed*

Comprensión

Combine las frases para formar oraciones completas.

1. _____ Lety nació y se crió en...

2. _____ Lety opina que es importante...

3. _____ Ahora en la ciudad donde Lety nació hay...

4. _____ Para Lety, México es...

a. mucha gente.
b. la Ciudad de México, D.F.
c. conocer y dominar su ciudad.
d. una ciudad encantada.
e. no conoce bien su ciudad.
f. los Estados Unidos.

Hablando del pasado

Actividades escritas

✳ Mis experiencias

Lea Gramática 7.1–7.2.

A.   Imagínese que un compañero / una compañera de su clase de español le pregunta si usted va a hacer las siguientes cosas. Dígale que usted ya las hizo **ayer** (**anteayer, anoche, la semana pasada,** etcétera).

> MODELO: ¿Vas a hacer tu tarea de español esta noche? → *No, ya hice mi tarea ayer.*

1.   ¿Vas a estudiar esta noche?

   _____

2.   ¿Vas a ver una película mañana en la noche?

   _____

3.   ¿Vas a visitar a tus padres este fin de semana?

   _____

4.   ¿Vas a hacer ejercicio conmigo ahora? (conmigo → contigo)

   _____

5.   ¿Vas a ir de compras el sábado?

   _____

B.   Complete el párrafo usando el pretérito de los verbos que aparecen entre paréntesis.

Ayer _____¹ (ser) un día difícil. _____ _____² (Yo: levantarse) muy

tarde porque no _____³ (oír) el despertador. No _____ _____⁴

(ducharse); _____ _____⁵ (vestirse) rápido y _____⁶ (salir)

para el trabajo… Pero primero _____⁷ (ir) a la gasolinera y _____⁸

_____9 (poner) gasolina. Luego _____9 (manejar) muy rápido y casi

_____10 (llegar) a tiempo a mi trabajo… Bueno, _____11

(llegar) un poco tarde, pero solamente cinco minutos. El jefe ____ _____12

(ponerse) furioso y me _____13 (dar) más trabajo que nunca. _____14

(Yo: trabajar) todo el día; no _____15 (almorzar) ni _____16

(descansar) en todo el día. _____17 (Salir) del trabajo a las 6:00 de la tarde…

_____ _____18 (Tener que) correr para llegar a la universidad, a la

clase de las 7:00 de la noche. Pues… _____19 (asistir) a clase pero no

_____20 (oír) nada de lo que _____21 (decir) el profesor.

¡_____22 (Dormir) durante las tres horas de la clase! Y ahora el problema es que

el miércoles tengo un examen… ¡Ay! ¿Qué voy a hacer?

✳ Las experiencias con los demás

Lea Gramática 7.3–7.4 y repase 7.1–7.2.

C. Complete el primer párrafo con lo que usted hizo ayer y el segundo con lo que hizo su amigo/a.

Ayer

Yo

_____1 al tenis.
(jugar)

Después ____ _____.2
(ducharse)

Más tarde, ____ _____3
(ponerse)

ropa limpia para ir al cine y _____4
(ir)

al cine con mi novio/a. ____

_____5 mucho y
(divertirse)

____ _____6 muy tarde.
(acostarse)

Mi amigo/a

Él/Ella _____7 al básquetbol.
(jugar)

No ____ _____,8 pero sí.
(ducharse)

____ _____9 ropa limpia.
(ponerse)

Por la tarde _____10 a cenar
(salir)

con su novio/a. Él/Ella también ____

_____11 mucho pero ____
(divertirse)

_____12 temprano.
(acostarse)

D. Diga qué actividades hicieron las siguientes personas el fin de semana pasado; incluya por lo menos dos actividades para cada persona o grupo: mi hermano/a, mi mejor amigo/a, mis padres/hijos, mis amigos y yo, mi padre y yo, mi profesor(a) de español, el presidente de los Estados Unidos, mi esposo/a (novio/a) y yo.

MODELOS: Mi hijo y yo → *Trabajamos en el jardín y después exploramos el Internet.*

Mi papá → *Mi papá jugó al golf con un amigo y por la noche fue al cine con mi mamá.*

1. _____
2. _____
3. _____
4. _____
5. _____
6. _____
7. _____
8. _____

E. Supongamos que usted y su esposo/a tuvieron que viajar fuera de la ciudad. Su hijo de dieciséis años se quedó solo en casa. Son las diez de la noche y usted está preocupado/a. Lo llama por teléfono y le hace muchas preguntas. Hágale seis o siete preguntas a su hijo para saber qué hizo todo el día; si asistió a la escuela, si hizo su tarea, etcétera. Use verbos como **almorzar, asistir, estudiar, hacer, ir a trabajar, practicar, tender la cama** y **sacar la basura.**

MODELO: *¿Llegaste a tiempo a la escuela?*

F. Mire los dibujos y escriba una narración de un párrafo sobre lo que hicieron Esteban y Raúl durante sus últimas vacaciones, las vacaciones de Semana Santa.

✳ Hablando del pasado

Lea Gramática 7.5.

G. ¿Cuánto tiempo hace que usted…

1. se graduó en la escuela secundaria?

   _____

2. conoció a su profesor(a) de español?

   _____

3. limpió su casa/cuarto?

   _____

4. fue al cine con su novio/a?

   _____

5. se divirtió mucho con sus amigos?

   _____

H. Piense en sus compañeros de clase. ¿Qué actividades hicieron ellos?

   MODELO: hace diez días (que) → *Elena fue a visitar a sus padres hace diez días.* o
   Hace diez días que Elena fue a visitar a sus padres.

1. hace dos días (que)/

   _____

2. hace tres años (que)/

   _____

3. hace diez años (que)/

   _____

4. hace treinta segundos (que)/

   _____

5. hace una semana (que)/

   _____

I. Complete los párrafos con la forma correcta de los verbos entre paréntesis.

1. Colón _____ (llegar) a América en 1492, hace más de 500 años. El primer

   lugar que _____ (ver) _____ (ser) Guanahaní, una hermosa isla. Allí él y sus

   compañeros _____ (encontrar) a muchos indígenas pacíficos y amables pero

   muy tímidos.

2. Hace más o menos doscientos veinte años que los Estados Unidos _____

   (declarar) su independencia de Inglaterra. El primer presidente de este país _____ (ser) George Washington. El país _____ (empezar) con trece colonias y ahora

tiene cincuenta estados. En 1861, hace aproximadamente ciento cuarenta años,

_____ (empezar) la Guerra Civil entre el Norte y el Sur. Esta guerra

destructiva _____ (terminar) en 1865.

3. México _____ (declarar) su independencia de España hace más o menos

ciento noventa y dos años, en 1810. En 1822, cuando _____ (terminar) la

guerra de independencia, Agustín de Iturbide se proclamó emperador, con el nombre de

Agustín I. _____ (ser) emperador solamente de 1822 a 1823. Durante los años de la

Guerra Civil de los Estados Unidos, México _____ (tener) otro emperador, el

emperador Maximiliano de Austria. Maximiliano _____ (ser) emperador de México de

1864 a 1867. En 1867 _____ (regresar) el presidente Benito Juárez del exilio.

J. Piense en el fin de semana pasado. Escriba lo que usted hizo y el lugar donde hizo esas actividades.
Escriba uno o dos párrafos en una hoja de papel aparte.

MODELO: *Visité a mi hermano/a y jugué con mis sobrinos en el parque. Luego…*

Resumen cultural

Complete con la información cultural del **Capítulo 7.**

1. ¿Dónde estudió el artista Guillermo Alio? _____

2. ¿Qué son los Pirineos? _____

   ¿En qué parte de España están? _____

3. ¿De qué ciudad peruana sale el tren para las ruinas de Machu Picchu? _____

4. ¿Qué es el Camino Inca? _____

   _____

5. ¿Cómo se llaman los indígenas de Paraguay? _____

   Y, ¿cuál es el grupo de indígenas más grande de los Andes? _____

6. ¿Cómo se llama la represa (*dam*) más grande del mundo? ¿En qué país está?

   _____

7. ¿Cuál es otra palabra que usamos para nombrar el idioma español? _____

8. ¿Qué expresión se puede usar para decir que es mejor viajar solo que con un compañero

   desagradable? _____

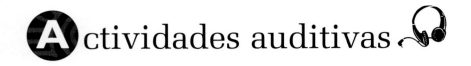

✳ Para empezar

A. La Compañía Reparatodo

Y ahora un anuncio comercial en KSUN, Radio Sol.

¿Sí o no? La Compañía Reparatodo…

1. _____ repara los aparatos eléctricos.

2. _____ hace las reparaciones en su casa.

3. _____ trae comida a su casa.

4. _____ saca la basura después de hacer las reparaciones.

5. _____ limpia el baño de su casa.

6. _____ barre el piso y pasa la aspiradora.

7. _____ repara estufas y hornos de microondas.

B. El vecindario de Guillermo

Ahora Guillermo Saucedo, el hijo de Ernesto y Estela, lee una composición en su clase de lenguaje y escritura.

¿Qué cosas de su vecindario le gustan a Guillermo (**G**) y cuáles no le gustan (**NG**)?

1. _____ el cine

2. _____ el mercado

3. _____ jugar al fútbol

4. _____ ver películas cómicas con la familia

5. _____ ir de compras con su mamá

6. _____ el centro de videojuegos

7. _____ jugar «El mundo atómico»

✳ Mis experiencias

C. ¡Otra fiesta!

VOCABULARIO ÚTIL

la libertad   *freedom*
extraño   *I miss*
los chistes   *jokes*
abrazos   *hugs*

Raúl Saucedo está en la Ciudad de México para pasar las vacaciones de Semana Santa con su familia. En este momento llama por teléfono a su abuela para saludarla.

Complete correctamente las oraciones según el diálogo. Éstos son los verbos que necesita: **bailó, dijo** (use dos veces), **fue, llamó, pasó, salió** y **volvió.**

1. La abuela ———————— a una fiesta anoche y ———————————— mucho.

2. Raúl ———————————— varias veces a su abuela ayer.

3. La abuela ———————————— de su casa a las 7:00 de la noche y

   ———————————— a las 5:00 de la mañana.

4. Después de la fiesta, la abuela ———————————— media hora charlando con don

   Enrique.

5. Raúl ————————————: —Abuela, ¡cuánto extraño sus chistes!

6. La abuela ————————————: —Entonces, tienes que venir a verme.

D. ¡Qué fin de semana!

VOCABULARIO ÚTIL

arruinó   *she ruined*
¡Pobre de ti!   *You poor thing!*
tal vez esté celoso   *maybe he's jealous*

Es un domingo en la noche. Amanda está hablando por teléfono con su amiga Graciela.

Escoja la mejor respuesta. **¡CUIDADO!** A veces hay más de una respuesta correcta.

1. Amanda está enojada con Guillermo porque…

   a. usó su bicicleta.

   b. gastó su dinero.

   c. usó todo su champú.

   d. llegó tarde de la escuela.

2. Otros problemas de Amanda son que…

   a. no pudo lavarse el pelo.

   b. el gato le arruinó el vestido.

   c. su novio no llegó.

   d. no recibió flores de su novio.

3. Diego…

   a. le escribió una carta a Amanda.

   b. a veces llama a Amanda.

   c. lavó el coche de Amanda.

   d. invitó a Amanda a comer en un restaurante.

4. Probablemente Ramón…

   a. es gordo.

   b. está celoso.

   c. es tímido.

   d. no tiene ganas de ir al cine.

✳ Las experiencias con los demás

E. Estela necesita un médico

VOCABULARIO ÚTIL

el desastre *disaster*
el día libre *day off*
tampoco *neither*
pelear *to fight*
tumbaron *they knocked down*

Estela Saucedo fue a Oaxaca para visitar a una amiga enferma.
Pasó tres días con su amiga y regresó a su casa hoy, domingo,
por la mañana. Poco después de llegar, Estela entró en la cocina
con su esposo y sus niños…

¿Cuál es la escena verdadera?

1. _____ El jueves en la noche.

2. _____ El viernes por la mañana.

3. _____ El viernes en la tarde.

4. ____ También el viernes en la tarde.

5. ____ El domingo en la mañana.

✳ Hablando del pasado

F. **Noticias del mundo hispano**

VOCABULARIO ÚTIL

las noticias	*news*	los muertos	*casualties*
la Feria Hispana del Libro	*Hispanic Book Fair*	la campaña	*campaign*
el huracán	*hurricane*	el gobierno	*government*
los heridos	*wounded (people)*	el narcotráfico	*drug dealing*

Y ahora en KSUN, Radio Sol, un segmento especial de noticias del mundo.

❖ ❖ ❖

¿Dónde ocurrieron los siguientes eventos, en Miami (**M**), San Juan (**S**) o en Bogotá (**B**)?

1. ____ Hubo un huracán y hubo heridos.

2. ____ Varios escritores participaron en la Feria Hispana del Libro.

3. ⎯⎯ Muchas casas y edificios fueron destruidos.

4. ⎯⎯ Comenzó una campaña del gobierno para combatir el tráfico de drogas.

5. ⎯⎯ Hubo muchos otros eventos culturales.

G. La familia de Armando

VOCABULARIO ÚTIL

eran   *they were*
allegada   *close, near*

Países mencionados

Japón   *Japan*
Perú   *Peru*

Armando González es el hijo mayor de Susana Yamasaki; tiene trece años. Armando necesita escribir una composición sobre su familia, que es de origen japonés, y decide entrevistar a su mamá.

❖   ❖   ❖

Complete la información que falta en la composición de Armando.

Mi familia

*Mi mamá nació el _____.[1] Nació
hace _____[2] así que tiene _____[3] años. Mis
abuelos llegaron de Japón hace más o menos _____.[4]
Regresaron a Japón una vez a _____,[5] hace nueve años.
Les gusta mucho Japón pero aquí _____.[6] Mi
mamá nunca ha visitado Japón pero algún día
_____[7] y yo quiero ir con ella.*

✳ ¡A repasar!

H. El toque perfecto

VOCABULARIO ÚTIL

el toque   *touch*
te perdiste   *you missed*
¡No me cuentes!   *Don't tell me about it!*
Lo pasamos muy bien   *We had a very
   good time*
el arroz con pollo   *chicken and rice (typical
   Caribbean dish)*
la arena   *sand*

Hoy, lunes, Carla Espinosa y Rogelio Varela conversan
en la universidad después de una clase.

¿Cierto (**C**) o falso (**F**)? Si la oración es falsa, haga la corrección necesaria.

1. _____ Rogelio se divirtió en la playa el sábado.

2. _____ Carla llamó a Rogelio pero nadie contestó el teléfono.

3. _____ En la playa Carla y sus amigos tomaron el sol, cantaron, nadaron mucho y jugaron al fútbol.

4. _____ Arturo sabe cocinar porque aprendió de su madre.

5. _____ Rogelio durmió una larga siesta en la biblioteca.

ronunciación y ortografía

✳ Ejercicios de pronunciación

I. PRONUNCIACIÓN: **z, ce, ci**

Most Spanish speakers pronounce the letter **z** and the letter **c** before **e** and **i** exactly as they pronounce the letter **s**.

A.   Listen and pronounce the following words. Avoid any use of the sound of the English *z*.

cabe<u>z</u>a, bra<u>z</u>os, lu<u>z</u>, a<u>z</u>ul, <u>z</u>apatos, ti<u>z</u>a, die<u>z</u>, tre<u>c</u>e, edifi<u>c</u>io, independen<u>c</u>ia, re<u>c</u>ep<u>c</u>ionista

In some areas of Spain, the letter **z** and the letter **c** before **e** and **i** are distinguished from the letter **s** by pronouncing **z** and **c** with a sound similar to the English sound for the letters *th* in *thin* and *thick*.

B.   Listen to a speaker from Spain pronounce these words.

cabe<u>z</u>a, bra<u>z</u>os, lu<u>z</u>, a<u>z</u>ul, <u>z</u>apatos, ti<u>z</u>a, die<u>z</u>, tre<u>c</u>e, edifi<u>c</u>io, independen<u>c</u>ia, re<u>c</u>ep<u>c</u>ionista

II. PRONUNCIACIÓN: **l**

In Spanish the letter **l** is pronounced almost the same as the English *l* in *leaf*, but it is not at all similar to the American English *l* at the end of *call*.

A.   Listen and pronounce the following words. Concentrate on the correct pronunciation of the letter **l**.

co<u>l</u>or, fútbo<u>l</u>, tradiciona<u>l</u>, españo<u>l</u>, <u>l</u>entes, abri<u>l</u>, hospita<u>l</u>, fáci<u>l</u>, aque<u>l</u>, pape<u>l</u>es

B.   Listen and pronounce the following sentences. Pay special attention to the correct pronunciation of the letter **l**.

1. ¿Vas a ir al hospital a ver a Miguel?
2. Mi automóvil está al lado de aquel edificio.
3. En abril no hace mal tiempo aquí.
4. ¿Cuál es tu clase favorita, la de español?
5. ¿Quieres comprar papel azul o blanco?
6. Este edificio es muy moderno; aquél es más tradicional.

✳ Ejercicios de ortografía

I. THE LETTERS s AND z; THE COMBINATIONS ce AND ci

The letters **s, z,** and the letter **c** before the letters **e** and **i** are pronounced identically by most speakers of Spanish. When writing, it is necessary to know which of these letters to use.

A. Practice writing the words you hear with the letter **s.**

1. _____
2. _____
3. _____
4. _____
5. _____

B. Practice writing the words you hear with the letter **z.**

1. _____
2. _____
3. _____
4. _____
5. _____

C. Practice writing the words you hear with the letter **c.**

1. _____
2. _____
3. _____
4. _____
5. _____

II. STRESS ON PRETERITE VERB FORMS

Two of the regular preterite verb forms (the **yo** form and the **usted, él/ella** form) carry a written accent mark on the last letter. The accent mark is needed because these forms end in a stressed vowel.

A. Listen to the following preterite verbs and write each correctly with an accent mark.

1. _____   6. _____
2. _____   7. _____
3. _____   8. _____
4. _____   9. _____
5. _____   10. _____

None of the forms of preterite verbs with irregular stems are stressed on the last syllable and consequently they are not written with an accent mark.

B. Listen and write the following preterite verbs.

1. _____   5. _____

2. _____   6. _____

3. _____   7. _____

4. _____

III. ORTHOGRAPHIC CHANGES IN THE PRETERITE

Some verbs have a spelling change in certain preterite forms.

In verbs that end in **-car, c** changes to **qu** in the preterite forms that end in **-e** in order to maintain the **k** sound of the infinitive. Common verbs in which this change occurs are **sacar** (*to take out*), **buscar** (*to look for*), **tocar** (*to touch; to play an instrument*), **comunicar** (*to communicate*), **explicar** (*to explain*), and **secar** (*to dry*). Compare these verb forms:

yo saqué	yo busqué	yo toqué	yo sequé
él sacó	él buscó	él tocó	él secó

In verbs that end in **-gar, g** changes to **gu** in the preterite forms that end in **-e** in order to maintain the **g** sound of the infinitive. Common verbs in which this change occurs are **entregar** (*to hand in*), **jugar** (*to play*), **llegar** (*to arrive*), **navegar** (*to sail*), **obligar** (*to oblige*), **pagar** (*to pay*), **apagar** (*to turn off*), and **regar** (*to water* [*plants*]). Compare these verb forms:

yo pagué	yo jugué	yo llegué	yo obligué
él pagó	él jugó	él llegó	él obligó

In verbs that end in **-zar, z** changes to **c** before **e**. Common verbs in which this change occurs are **abrazar** (*to embrace*), **almorzar** (*to have lunch*), **comenzar** (*to begin*), **cruzar** (*to cross*), **empezar** (*to begin*), **rechazar** (*to reject*), and **rezar** (*to pray*). Compare these forms:

yo crucé	yo almorcé	yo empecé	yo comencé
él cruzó	él almorzó	él empezó	él comenzó

Note that in the verb **hacer**, the **c** changes to **z** before **o** in order to maintain the same sound as in the infinitive.

yo hice   él hizo

In verbs that end in **-uir** (but not **-guir**), **i** changes to **y** whenever it is unstressed and between vowels. Common verbs in which this change occurs are **concluir** (*to conclude*), **construir** (*to construct*), **destruir** (*to destroy*), **distribuir** (*to distribute*), **huir** (*to flee*), and **incluir** (*to include*). Compare these verb forms:

yo	construí	concluí	distribuí
él	construyó	concluyó	distribuyó
ellos	construyeron	concluyeron	distribuyeron

Note the same change in the verbs **caer**, **creer**, and **leer**.

yo	caí	creí	leí
él	cayó	creyó	leyó
ellos	cayeron	creyeron	leyeron

A. Listen to the sentences and write them correctly. Pay close attention to the spelling of preterite verbs and to the correct use of accent marks.

1. _____
2. _____
3. _____
4. _____
5. _____
6. _____
7. _____
8. _____
9. _____
10. _____

B. Now listen to a mixture of preterite verbs and write them correctly using a written accent when needed.

1. _____   9. _____
2. _____   10. _____
3. _____   11. _____
4. _____   12. _____
5. _____   13. _____
6. _____   14. _____
7. _____   15. _____
8. _____

 **ideoteca** 📼

VOCABULARIO ÚTIL

listo/a   *ready*
el desastre   *disaster*
me enojé   *I go angry*
¿Te peleaste con... ?   *Did you have a fight with . . . ?*
¿Rompiste con él?   *Did you break up with him?*
¿de qué te ríes?   *what are you laughing about?*
la historia   *story*
se puso rojo   *he turned red*
cumplir años   *to have a birthday*
la sorpresa   *surprise*
paloma de porcelana   *a china dove*
¡Qué vergüenza!   *How embarrassing!*

Sinopsis

Paloma y José Miguel hablan del fin de semana pasado. Paloma le cuenta a José Miguel una experiencia desagradable que tuvo. Ella quería salir con su novio, Gustavo, pero él le dijo que tenía que estudiar. Más tarde ese mismo día, Paloma vio a Gustavo con otra chica.

Primero lea estas preguntas y luego vea el video para contestarlas.

A. ¿Cierto (**C**) o falso (**F**)?

1. ——— Paloma tiene examen mañana.

2. ——— José Miguel salió con sus amigos el fin de semana pasado.

3. ——— Paloma salió a hacer las compras el sábado.

4. ——— Gustavo llamó a Paloma para invitarla a estudiar.

5. ——— Margarita es la prima de Paloma.

6. ——— Paloma se enojó con Gustavo porque salió con Margarita.

7. ——— Gustavo y Margarita le compraron un disco compacto a Paloma.

8. ——— José Miguel y Paloma comen en el restaurante porque hoy es el cumpleaños de ella.

B. Ponga el día desastroso de Paloma en orden del 1 al 8.

——— Gustavo abrió la puerta cuando ella tocó.

——— Paloma vio a Gustavo con Margarita.

——— Paloma tocó a la puerta de Gustavo.

——— Gustavo y Margarita caminaron a casa de Gustavo.

——— Paloma llamó a Gustavo.

——— Gustavo y Margarita le explicaron la situación a Paloma.

——— Paloma decidió ir al cine sola.

——— Gustavo y Margarita entraron en una tienda.

C. Complete cada oración con la frase lógica.

vio a Gustavo	se enojó	se puso rojo
durmió y estudió	salir de un restaurante	entrar en una tienda
fue un desastre	regresar a casa	fue más interesante que el suyo
un reloj de oro	ir al cine	una paloma de porcelana
estudió en la biblioteca	salió con otra chica	

1. José Miguel no hizo mucho durante el fin de semana; ———————————.

2. Por la tarde Paloma decidió ———————————.

3. Después de ver la película, Paloma ——————————— con una chica.

4. Paloma siguió a Gustavo y a Margarita y los vio ———————————.

5. Paloma se enojó porque creía que Gustavo ———————————.

6. Paloma tocó a la puerta de Gustavo. Cuando él abrió ———————————.

7. Gustavo y Margarita le compraron a Paloma ———————————.

ecturas

 **LECTURA** ## Los amigos hispanos: Una fiesta sorpresa (Parte I)

VOCABULARIO ÚTIL

modestia aparte *modesty aside*
encontrarnos *to meet*
escondidos *hiding*
chévere *cool, fun (coll. Caribbean)*
estaba/estaban *was/were*
envuelto *wrapped*
ahí mismo *right there and then*
agradecido *grateful*

Carla Espinosa, una estudiante puertorriqueña, cuenta aquí una experiencia muy divertida que tuvo anoche con varios de sus amigos.

Anoche hubo una fiesta estupenda en casa de mi amigo Rogelio Varela. Las fiestas que tenemos mis amigos y yo son siempre muy buenas —modestia aparte—, con mucha música y baile. Pero ésta tuvo un tema especial: el cumpleaños de Rogelio. ¡Estoy segura que Rogelio nunca va a olvidar la sorpresa que le dimos!

Las cosas ocurrieron más o menos de la siguiente manera...

Llamé a Rogelio por la mañana para invitarlo al cine. Decidimos encontrarnos por la noche en su casa, a las siete. El plan era salir yo con él para darles a nuestros amigos la oportunidad de entrar al apartamento de Rogelio, y así esperarlo escondidos. Pero ese plan cambió un poco. Resultó mucho más chévere.

Llegué a la casa de Rogelio temprano y él no estaba listo.

—¡Espérame unos quince minutos! —me dijo, y se metió a la ducha.

Yo entonces llamé por teléfono a nuestros amigos, los «cómplices». Todos estaban en casa de mi novio Arturo, en el mismo barrio donde vive Rogelio. Llegaron rápidamente y fuimos al baño. Tocamos varias veces a la puerta. Segundos después salió Rogelio envuelto con una toalla. Y ahí mismo le gritamos: ¡SORPRESA!

Pobre Rogelio. Nunca vi a nadie tan sorprendido en mi vida. Estaba rojo como un tomate. No dijo ni una palabra. Cerró la puerta del baño y un rato más tarde apareció vestido y listo para divertirse. ¡Y cómo nos divertimos!

Cuando nos despedimos, mucho más tarde, Rogelio me dijo que estaba muy agradecido por la fiesta. Riéndome, le describí su cara cuando salió del baño y nos vio a todos frente a él... ¡Sorpresa, cara de tomate!

Comprensión

Marque el orden correcto con números del 1 al 8.

—— Carla llegó temprano a casa de Rogelio.

—— Carla llamó a Rogelio para invitarlo al cine.

—— Rogelio entró al baño.

—— Los «cómplices» llegaron.

—— Carla llamó a todos los amigos.

—— Rogelio salió del baño.

—— Todos se divirtieron en la fiesta sorpresa.

—— Rogelio dijo: «Espérame unos quince minutos.»

Ahora... ¡usted!

1. ¿Le gustan las fiestas? ¿Qué le gusta hacer normalmente en las fiestas? ¿Qué debe tener una fiesta ideal para usted? ¿música? ¿baile? ¿conversación?

   _____

   _____

2. Describa la mejor fiesta de su vida. ¿Cuándo fue? ¿Dónde? ¿Por qué fue tan buena?

   _____

   _____

Un paso más... ¡a escribir!

Imagínese que usted organizó una fiesta sorpresa para un amigo / una amiga. Escriba una composición de dos o tres párrafos describiendo todo lo que hizo. ¿Para quién fue la fiesta? ¿Cómo reaccionó esa persona? ¿Quiénes participaron? ¡Haga una narración detallada!

LECTURA Los amigos hispanos: Una fiesta sorpresa (Parte II)

VOCABULARIO ÚTIL

¡Te acordaste!	*You remembered!*
la tanda	*show*
aumentaron	*got stronger*
Yo no podía creerlo	*I couldn't believe it*
sujetando	*holding*
se me acercó	*he approached me*
¿cómo te atreves?	*how dare you?*
¡Inolvidable!	*Unforgettable!*

Cada historia tiene varias perspectivas. Ahora Rogelio presenta su versión de la fiesta sorpresa. Vamos a ver cuál es su opinión...

Mi amiga Carla me llamó ayer por la mañana muy temprano. Era sábado y, la verdad, me molestó un poco la llamada. Me gusta dormir hasta tarde los fines de semana.

—Carla, hoy es sábado. ¿Por qué me despiertas tan temprano? —le dije.

—¡Porque hoy es tu cumpleaños, chico! —respondió ella.

—Qué buena amiga eres —reaccioné—. ¡Te acordaste, Carla!

—Por supuesto que sí —dijo ella, riéndose—. Hoy es una fecha muy importante.

Carla me habló entonces de una nueva película española, y me invitó a verla con ella. Confieso que me sorprendió la invitación, pues mi amiga tiene novio...

—Sí, Carla, me gustaría ir al cine contigo —le dije—. Pero... ¿y tu novio Arturo? ¿Él es muy tradicional, ¿no?

—¿Mi novio? Ah, sí —comentó Carla—. Bueno, él sabe que tú y yo somos buenos amigos. Además, yo quiero ver esta película y Arturo no quiere ir conmigo; a él sólo le gustan las películas de Hollywood con mucha acción y efectos especiales.

Decidimos encontrarnos esa noche a las siete en mi apartamento. El plan era ir a la tanda de las ocho y luego cenar algo y tomarnos un café. Carla llegó a las seis y yo no estaba listo. Le serví un refresco y le puse el nuevo compacto de Marc Anthony,[1] su cantante favorito.

—Tengo que ducharme y vestirme —le dije.

—Sí, hombre —reaccionó ella—. ¡Debes ponerte tan elegante como yo!

—Estás en tu casa, Carla —comenté finalmente. Ella se sentó a escuchar música.

Me metí a la ducha. Después de unos minutos alguien tocó a la puerta del baño con golpes fuertes que aumentaron gradualmente. Salí de la bañera y me cubrí con una toalla...

—¿Qué pasa, Carla? ¿Por qué tanto ruido? —le pregunté, pero no contestó. Y los golpes continuaron. Por fin abrí la puerta…

—¡SORPRESA! —gritaron mis amigos—. ¡Feliz cumpleaños, Rogelio!

Todos estaban allí con regalos y alegría. Algunos me abrazaron, otros me dieron la mano. Yo no podía creerlo. Quedé tan sorprendido, sujetando fuertemente la toalla y sin poder decir una palabra. Entonces se me acercó Arturo con una cara muy seria.

—Oye, tú —me dijo—. Así que vas a ir al cine con Carla, ¿eh? Pero, ¡¿cómo te atreves a salir con mi novia?!

—Yo, pues, no, Arturo, la verdad es que... —contesté, nervioso. Y en ese momento escuché la risa de todos mis amigos, especialmente la de Carla y Arturo. Él me dio un fuerte abrazo.

Qué tremenda sorpresa, pensé. ¡Inolvidable!

Comprensión

¿Qué pasó el día de la fiesta, según Rogelio? **¡CUIDADO!** Más de una respuesta puede ser correcta.

1. Carla llamó a Rogelio para…

    a. invitarlo a cenar.

    b. felicitarlo por su cumpleaños.

    c. invitarlo al cine.

    d. conversar sobre sus clases.

2. Carla y Rogelio decidieron encontrarse…

    a. en casa de Carla, a las siete.

    b. en el cine, a las seis.

    c. en casa de Rogelio, a las siete.

    d. a las siete en el cine.

3. Cuando Carla llegó, Rogelio…

    a. salió con ella.

    b. le sirvió un refresco.

    c. llamó a sus amigos.

    d. se duchó.

4. Rogelio puso el último disco de…

    a. una cantante española.

    b. un grupo puertorriqueño de salsa.

    c. un cantante de canciones bailables.

    d. un músico de rock.

_____

[1] Cantante y compositor de Nueva York que se hizo famoso en los años noventa. Muchas de sus canciones son bailables, al estilo «salsa».

5. Rogelio salió de la ducha y después…

   a. escuchó la conversación de sus amigos.

   b. escuchó golpes en la puerta.

   c. encontró a todos sus amigos.

   d. todos sus amigos lo felicitaron.

Ahora… ¡usted!

¿Le dio alguien a usted una fiesta sorpresa alguna vez? ¿Cómo reaccionó? ¿Recibió regalos? ¿Qué hicieron en la fiesta? ¡Describa la experiencia!

_____

_____

Un paso más… ¡a escribir!

Usted tiene la responsabilidad de planear una fiesta sorpresa para su profesor(a). ¿Qué cosas necesita comprar para la fiesta? ¿Qué regalo sería perfecto para esta persona? ¿Qué tipo de música va a poner? Describa su plan en detalle en una composición de tres o cuatro párrafos.

CAPÍTULO

La comida

8

ctividades escritas ✏️

✳ Las comidas, las bebidas y la nutrición

Lea Gramática 8.1–8.2.

A. Hoy la profesora Martínez va a dar una fiesta en su clase de español. Mónica y Esteban están viendo si ya tienen todo lo que necesitan. Complete las oraciones lógicamente con los pronombres **lo, la, los** o **las.**

MÓNICA: ¡Va a ser una fiesta muy divertida!

ESTEBAN: Sí, y vamos a comer muchas cosas buenas. Mira qué *pastel de chocolate* más rico.

MÓNICA: Sí, ¿quién __*lo*__[1] trajo?

ESTEBAN: Creo que ____[2] trajo Luis. Mi amigo Raúl trajo *las enchiladas*.

MÓNICA: Sí, están deliciosas. Ya ____[3] probé.

ESTEBAN: ¡Ay, Mónica! Oye, ¿dónde están *los refrescos*?

MÓNICA: No sé; tú ____[4] trajiste. ¿No recuerdas dónde ____[5] pusiste?

ESTEBAN: Yo no ____[6] traje. A mí no me gustan los refrescos.

MÓNICA: ¿Cómo? ¡¡¡¿No hay refrescos porque a ti no te gustan los refrescos?!!! A todos nos gusta beber algo con la comida.

ESTEBAN: No traje refrescos pero sí traje *horchata*.[a]

MÓNICA: ¡Bromista![b] ¿Dónde ____[7] pusiste?

ESTEBAN: ____[8] puse aquí al lado del flan.

MÓNICA: Mmmm, *flan*. ¡Me gusta mucho! ¿____[9] preparaste tú?

_____
[a] *refreshing drink made out of rice and water with lemon, sugar, and cinnamon*   [b] *joker*

ESTEBAN: No, yo no _____[10] preparé. El flan tampoco me gusta; además no sé cocinar. Oye, Mónica, ¿tú qué trajiste?

MÓNICA: ¿Yo? Pues *los tacos.* ¿No _____[11] viste?

ESTEBAN: Sí, _____[12] puse al lado de la sandía.

MÓNICA: Ah, pues entonces ya está todo listo.

AMBOS: ¡¡¡¡¡¡MÚSICA!!!!!! ¡¡¡¡¡¡FIESTAAAA!!!!!!

B. Piense en lo que le gustaba comer en su niñez y lo que le gusta comer ahora. Escoja las frases apropiadas para expresar sus gustos.

- Me encantaba(n)[1] y todavía[2] me gusta(n) mucho.
- Me encantaba(n) pero ya no[3] me gusta(n).
- No me gustaba(n) pero ahora sí me gusta(n).
- No me gustaba(n) y todavía no me gusta(n).

1. los dulces y los chocolates: _____

2. la langosta: _____

3. la avena: _____

4. el jugo de toronja: _____

5. el apio: _____

6. el queso: _____

7. los albaricoques: _____

8. ¿ ? _____

C. Complete el cuadro con las comidas (carnes, mariscos, legumbres, etcétera) que le gustan y con las que detesta (no le gustan).

ME ENCANTAN Y LAS COMO CON FRECUENCIA.	ME GUSTAN PERO LAS COMO POCO.
1. _____	1. _____
2. _____	2. _____
3. _____	3. _____
4. _____	4. _____
LAS DETESTO PERO LAS COMO PORQUE SON SALUDABLES.	LAS DETESTO Y NUNCA LAS COMO.
1. _____	1. _____
2. _____	2. _____
3. _____	3. _____
4. _____	4. _____

---

[1]Me... *I used to love them*   [2]*still*   [3]ya... *no longer*

✳ La compra y la preparación de la comida

Lea Gramática 8.3–8.4.

D. Escriba las comidas que corresponden a cada sección y marque el precio por libra (lb.), por paquete (pqte.) o por cada una (c/u). Si puede, vaya al supermercado para verificar los precios de cada una.

COMIDAS NUTRITIVAS QUE COMPRO CON FRECUENCIA.	PRECIOS:
_____	$ _____ por _____
_____	$ _____ por _____
_____	$ _____ por _____
_____	$ _____ por _____
COMIDAS NUTRITIVAS QUE NUNCA COMPRO.	PRECIOS:
_____	$ _____ por _____
_____	$ _____ por _____
_____	$ _____ por _____
_____	$ _____ por _____
COMIDAS SIN VALOR NUTRITIVO QUE COMPRO CON FRECUENCIA.	PRECIOS:
_____	$ _____ por _____
_____	$ _____ por _____
_____	$ _____ por _____
_____	$ _____ por _____

E. Conteste las preguntas con información personal. Si es posible, use palabras como **algo/nada, alguien/nadie, alguno/ninguno, siempre/nunca, también/tampoco.**

1. ¿Va usted al supermercado siempre por la noche? ¿Por qué?

   _____

2. ¿Compra mucha carne? ¿Por qué?

   _____

3. ¿Usa cupones? ¿Por qué?

   _____

4. ¿Le gusta preparar postres? ¿Los prepara con frecuencia?

   _____

5. ¿Alguien en su casa come hígado con frecuencia? ¿Y usted?

_____

6. ¿A alguien en su casa le gusta comer comida japonesa?

_____

7. ¿Almacena[a] algo (de comida) en su garaje?

_____

F. Use la forma **se** impersonal para explicar cómo se preparan tres de las siguientes comidas: el pastel de chocolate, la sopa de legumbres, las papas fritas, una ensalada de frutas, un perro caliente, un sándwich de jamón y queso.

MODELO: la hamburguesa →
La carne molida se fríe con sal y pimienta. Se le pone mostaza y mayonesa al pan, y luego se pone la carne entre las dos rebanadas de pan. Después se agrega salsa de tomate, cebolla y lechuga.

1. _____: _____

_____

_____

_____

2. _____: _____

_____

_____

_____

3. _____: _____

_____

_____

_____

✳ Los restaurantes

Lea Gramática 8.5.

G. Pilar y Ricardo están en un restaurante mexicano en Madrid. Complete el diálogo usando las formas correctas de **pedir** o **servir.**

RICARDO: Pilar, ¿vas a _____[1] paella?
(pedir)

PILAR: No, aquí no _____[2] comida española, solamente _____[3]
(servir: ellos)   (servir: ellos)
comida mexicana.

_____

[a]*Do you store . . .*

RICARDO: Hmmm… ¿Qué te parece si _____4 cervezas para los dos mientras
(pedir)

decidimos?

PILAR: No, no podemos _____5 cervezas porque vamos a manejar…
(pedir)

RICARDO: Sí, es verdad. Entonces voy a _____6 dos limonadas.
(pedir)

PILAR: No, tampoco _____7 limonada aquí.
(servir)

RICARDO: A ver… Entonces, ¿por qué no _____8 dos horchatas?
(pedir)

PILAR: Buena idea. Yo siempre _____9 café pero ¡hace tanto calor hoy!
(pedir)

RICARDO: Mesero, dos horchatas, por favor.

PILAR: Bueno, ahora a ver el menú. Mira, tienen enchiladas. La semana pasada las pedí y me

gustaron mucho. Pero no sé… También _____10 unos tacos deliciosos
(servir)

aquí.

RICARDO: Pilar, ¿qué te parece si ahora yo _____11 las enchiladas y tú
(pedir)

_____12 los tacos?
(pedir)

PILAR: ¡Estupendo! Yo _____13 tacos y te doy uno. Tú
(pedir)

_____14 enchiladas y me das una.
(pedir)

RICARDO: Mmmm. ¿Los meseros _____15 pronto aquí? ¡Tengo hambre! ¡Mesero!
(servir)

PILAR: Espera, ¿qué vas a _____16 de postre?
(pedir)

H. Supongamos que usted está en estas situaciones. Reaccione de manera apropiada.

1. Tiene un examen dentro de veinte minutos pero tiene mucha hambre. Entra en la cafetería de la
universidad. ¿Qué pide?

   _____

   _____

   _____

   _____

   _____

2. Hoy es el cumpleaños de su hermano/a mayor. Para celebrar su cumpleaños, usted lo/la invita a un restaurante muy elegante. Ahora usted va a pedir para los/las dos.

_____

_____

_____

_____

_____

3. Su familia va a tener una fiesta de Navidad (Año Nuevo, Día de Acción de Gracias, 4 de julio, ¿ ?). Usted va a preparar la comida (varios platillos). ¿Qué va a preparar? ¿Por qué?

_____

_____

_____

_____

_____

I. Escriba un diálogo de diez a quince líneas entre usted, su amigo/a y un mesero / una mesera en un restaurante. Aquí tiene algunas palabras útiles que puede usar: **pedir, desear, recomendar, querer, tráigame (tráiganos), para empezar, para beber, de postre, la cuenta, la propina.**

MESERO/A: Buenas noches. ¿…

USTED: Buenas noches. Queremos una mesa para…

AMIGO/A: …

Resumen cultural

Conteste las preguntas y complete las oraciones con la información cultural del **Capítulo 8.**

1. ¿De qué nacionalidad es el artista Antonio Vinciguerra? _____

   ¿Qué estudió él en la universidad? _____

2. ¿Cómo se dice sándwich en México? _____ Y, ¿en

   España? _____

3. Nombre otras dos palabras para legumbres.

   _____ y _____

4. Nombre cinco palabras para comida que provienen del náhuatl. _____

   _____

5. El poeta Francisco X. Alarcón dice que las plantas de tomates son como _____

   _____ en primavera. ¿Por qué dice eso? _____

   _____

¿Le gusta a usted esa comparación? ¿Por qué? ————————————————————

——

6. ¿En qué país es típica la parrillada? Describa una parrillada. ———————————

——

7. ¿Qué es el cebiche? ¿De dónde proviene? ————————————————————

——

8. Describa el platillo ajiaco bogotano de Colombia. ————————————————

——

9. ¿Qué quiere decir la oración: **¡Estoy como agua para chocolate!**? ——————

——

10. ¿Qué son las tapas? ¿Cómo se dice tapas en México? ————————————

——

Actividades auditivas

✳ **Para empezar**

A. El secreto

Silvia Bustamante conversa con Alfredo Gil, su amigo uruguayo, en la librería de la universidad.

❖ ❖ ❖

¿Con quién asocia usted la siguiente información, con Silvia (**S**), con Alfredo (**A**) o con Angélica (**AN**)?

1. ——— No estuvo en casa ayer.

2. ——— Fue al cine con algunos amigos.

3. ——— Tiene un secreto.

4. —— Salió con una amiga de Silvia.

5. —— No habló de Alfredo con su amiga.

6. —— Se sorprendió cuando oyó que Angélica es amiga de Alfredo.

B. El periódico *La Voz*

En este segmento comercial de KSUN, el escritor Pedro Ruiz habla del periódico mexicano *La Voz*.

❖ ❖ ❖

¿Por qué recomienda Pedro Ruiz *La Voz*? Complete las oraciones.

Hace más de cincuenta años que *La Voz* comenzó a publicar los artículos más completos sobre

_____.[1] Durante todos esos años, *La Voz* les trajo a sus lectores las últimas noticias

_____.[2] *La Voz* también les ofrece a sus lectores interesantes artículos sobre

_____.[3]

Si a usted le gusta leer y quiere _____[4] bien informado, lea *La Voz*.

✳ Las comidas, las bebidas y la nutrición

C. Anuncio comercial: Queso Sinaloa

VOCABULARIO ÚTIL

pura   *pure*
los manantiales   *springs (of water)*
el sabor   *taste, flavor*

Lugar mencionado

Sinaloa   *state on the west coast of Mexico*

Escuchemos un anuncio comercial en su estación favorita, KSUN, Radio Sol de California.

❖ ❖ ❖

¿Con qué asocia usted esta información, con el estado de Sinaloa en México (**S**) o con el Queso Sinaloa (**Q**)?

1. _____ Tiene el océano más azul y el agua de sus manantiales es muy pura.

2. _____ Es muy rico con frutas o con su postre favorito.

3. _____ Es delicioso y nutritivo.

4. _____ Siempre hay brisa.

5. _____ Se vende en los mercados hispanos.

D. **¡Qué buena manera de celebrar!**

VOCABULARIO ÚTIL

llena *full*
¡Para reventar! *About to burst!*
las tortas *type of Mexican sandwich*
me escondo *I hide*

Restaurante mencionado

La Torta Ahogada

Hoy, lunes, Graciela Herrero conversa con su novio, Rafael Quesada, en el colegio.

¿Cierto (**C**) o falso (**F**)? Si la oración es falsa, escriba una correcta.

1. _____ Graciela no quiere ir a comer con Rafael porque está muy llena.

_____

2. _____ Ayer fue el cumpleaños de la mamá de Graciela.

_____

3. _____ Para el desayuno comieron pan, cereal, frijoles, tortillas y otros platillos más.

_____

4. _____ En el restaurante La Torta Ahogada, Graciela pidió dos tortas de pollo.

_____

5. _____ La familia de Graciela no comió nada para la cena porque comieron mucho durante el almuerzo en el restaurante.

_____

6. _____ Rafael quiere celebrar el próximo cumpleaños del padre de Graciela.

_____

✳ La compra y la preparación de la comida

E. Los supermercados Calimax

VOCABULARIO ÚTIL

el surtido   *assortment, selection*
la calidad   *quality*
las superofertas   *super specials*
la sección   *section*
la canasta   *basket*

Y ahora, aquí en KSUN, un mensaje importante de los
supermercados Calimax.

❖   ❖   ❖

Escuche el anuncio y escriba los precios al lado izquierdo de cada superoferta de Calimax. ¡CUIDADO!
No todas las cosas de su lista están en superoferta.

___ *leche*   ___ *1 lb. manzanas*

— *queso*   ___ *1 lb. naranjas*

___ *1 lb. carne molida*   ___ *1 lb. uvas*

___ *1 lb. chuletas de puerco*   ___ *fresas (una canasta)*

___ *1 lb. bistec*   ___ *ajo (una cabeza)*

___ *1 lb. camarones*   ___ *azúcar (bolsa de 5 lbs.)*

___ *1 lb. langosta*   ___ *1 lb. almejas*

F. ¡Es fácil cocinar!

VOCABULARIO ÚTIL

el libro de recetas   *cookbook*
¡qué bien huele!   *how good it smells!*

Ernestito está de visita en casa de sus primas Clarisa y Marisa.
Las niñas tienen hambre y quieren preparar algo de comer.

❖   ❖   ❖

Conteste brevemente las preguntas.

1. ¿Qué quieren preparar las niñas y por qué? _____

   _____

2. ¿Quién lee el libro de recetas? _____

   _____

3. ¿Por qué no preparan enchiladas o chiles rellenos? _____

   _____

4. ¿Qué ingredientes necesitan para preparar quesadillas? _____

   _____

5. ¿Cómo se prepara una quesadilla?

   Se pone _____.

   Se pone _____.

   Se dobla _____.

   Se tapa y _____.

✳ Los restaurantes

G. La broma de la abuela

VOCABULARIO ÚTIL

la broma   *joke*
¡Dame un abrazo!   *Give me a hug!*
¿De qué se ríe?   *What are you laughing about?*
tomarme el pelo   *to tease me, pull my leg*

Raúl llega a Guanajuato para pasar las vacaciones de Navidad con su abuela.

> ¡Bienvenido a la casa de tu abuela!

❖ ❖ ❖

Estas afirmaciones son incorrectas. Corríjalas.

1. La abuela está contenta porque su hijo y sus nietos llegaron a pasar la Navidad con ella.

   _____

   _____

2. A Raúl no le gusta la comida que prepara su abuela; prefiere comer en un restaurante.

   _____

   _____

3. La abuela dice que después de estudiar tanto, Raúl debe divertirse y hacer ejercicio.

_____

_____

4. La abuela dice que preparar los platos favoritos de Raúl es difícil y toma mucho tiempo.

_____

_____

5. Raúl y su abuela van a cenar en un restaurante.

_____

H. ¡No quiero lavar platos!

VOCABULARIO ÚTIL

Dos Equis   *brand of Mexican beer*
en seguida   *right away*
he comido   *I've eaten*

Silvia Bustamante y su novio, Ignacio Padilla, están
cenando en un restaurante en la Ciudad de México.

Escoja la respuesta más lógica según el diálogo.

1. Antes de pedir la comida en el restaurante, Nacho y Silvia…

   a. leen el menú y piden las bebidas.

   b. dejan una propina.

   c. salen pero vuelven en seguida.

   d. comen muy bien.

2. Silvia y Nacho piden… para los dos.

   a. coctel de camarones y langosta

   b. langosta y ensalada

   c. coctel, langosta y sopa

   d. sopa y langosta

3. Según Nacho y Silvia…

   a. la comida del restaurante no es muy buena.

   b. la comida cuesta mucho.

   c. la comida estuvo deliciosa.

   d. el mesero nunca les trajo la cuenta.

4. Nacho está preocupado porque…

   a. la comida estuvo deliciosa.

   b. ve que no tiene suficiente dinero para pagar.

   c. Silvia le dice que ella no quiere pagar.

   d. Silvia le dice que él es muy bromista.

5. Al final sabemos que Silvia y Nacho…

   a. tuvieron que lavar muchos platos.

   b. llevaban bastante dinero para la propina.

   c. salieron del restaurante sin pagar.

   d. pagaron con la tarjeta de crédito de Silvia.

✳ ¡A repasar!

I.   El restaurante francés

VOCABULARIO ÚTIL

la salsa blanca   *white sauce*
el bife   *steak (Arg.)*
el chef   *chef*

Víctor Ginarte invitó a Adriana Bolini a cenar en un restaurante francés que está en una zona elegante de Buenos Aires.

¿Quién dijo estas oraciones, Adriana (**A**), Víctor (**V**) o uno de los empleados (**E**) del restaurante?

1. _____ Este lugar es muy elegante.

2. _____ Es uno de los mejores restaurantes de la ciudad.

3. _____ ¿Desean tomar algo antes de pedir la cena?

4. _____ Tengo un problema con este bistec.

5. _____ Servimos el mejor bistec de toda la ciudad.

6. _____ Mi bife está exquisito. A mí me gusta mucho.

7. _____ No me trajeron cuchillo.

Ⓟronunciación y ortografía

✳ Ejercicios de pronunciación

I. PRONUNCIACIÓN: **d**

The pronunciation of the letter **d** in Spanish is very similar to the soft pronunciation of the letters *th* in English *father*.

A.   Listen and repeat the following words with a soft **d**.

cua**d**erno, casa**d**o, na**d**a, parti**d**o, estu**d**iar, na**d**ar, salu**d**ar, me**d**io**d**ía, pasa**d**o, apelli**d**o, merca**d**o, ocupa**d**a

In Spanish if the **d** is preceded by **n** or **l**, it is pronounced as a hard **d**, as in English.

B. Listen and then pronounce the following words with a hard **d.**

grande, atender, segundo, merendar, independencia, andar, mandato, falda, sueldos

If the letter **d** comes at the end of a word, it is pronounced very softly or not at all.

C. Listen and then pronounce the following words with a soft final **d.**

usted, pared, verdad, especialidad, universidad, ciudad

D. Listen and then pronounce the following sentences. Be sure to concentrate on the correct pronunciation of the letter **d.**

1. ¿Es usted casado?
2. Hoy es el Día de la Independencia.
3. Se vende apartamento grande. ¡Vecindad bonita!
4. Hay dos baños en el segundo piso, ¿verdad?
5. Dora, ¿dónde está el cuaderno de David?
6. ¿Es la residencia del señor Durán?
7. El condominio está cerca del mercado.
8. No me gusta nadar a mediodía.
9. ¿Podemos estudiar en la sala?
10. Se alquila apartamento moderno, alquiler módico.

II. PRONUNCIACIÓN: CONSONANTS WITH r

When **r** is preceded by a consonant or followed by a consonant, it is pronounced as a single tap.

A. Listen and then pronounce the following words, in which **r** is preceded by a consonant.

b + r	abra, brazos, hombros, abrigo, septiembre
d + r	padre, ladra, cuadro, madre, drama
g + r	negro, gracias, agregar, grande, grupo
p + r	pregunta, presidente, primavera, programa, prima
t + r	tres, pupitre, metro, trabaja, tren
c + r	cree, escribe, describa, crema, criada
f + r	francés, frase, frío, frecuentemente, fresco

B. Listen and then pronounce the following words, in which **r** is followed by a consonant.

r + *cons.* barba, piernas, corto, verde, persona, tarde, árbol, catorce, hermano, perdón, martes, invierno, arte

If the **r** is preceded by an **n** or **l,** it is usually trilled.

C. Listen and then pronounce the following words with a trilled **r.**

n + r Enrique
l + r alrededor

❋ Ejercicios de ortografía

ACCENT REVIEW (PART 1)

You have learned that the following words must carry a written accent mark:

- interrogatives. Examples: **¿qué?, ¿cuándo?**
- words in which stress falls three or more syllables from the end. Example: **plátano**
- words that end in a consonant other than **n** or **s** and are stressed on the next-to-the-last syllable. Example: **difícil**
- words that end in a stressed vowel and those whose last syllable is stressed and ends in **n** or **s**. Examples: **aquí, dirección**
- first- and third-person preterite verb forms. Examples: **tomé, comió, sirvió, pedí**

Listen and then write the following sentences. Check each word to see if it requires a written accent.

1. _____
2. _____
3. _____
4. _____
5. _____
6. _____
7. _____
8. _____
9. _____
10. _____
11. _____
12. _____
13. _____
14. _____

Videoteca

VOCABULARIO ÚTIL

Acabo de...   *I have just . . .*
me parece   *it seems to me*
aniversario de bodas   *wedding anniversary*
¡estupendo!   *wonderful!*
con gas   *with carbonation*
gambas   camarones
permítanos invitarles...   *let us treat you to . . .*

Sinopsis

Lola dice que necesitan hacer la compra, que no hay comida en la casa. Manolo la recuerda que hoy es un día especial y que ya ha hecho reserva en un restaurante. Salen y disfrutan de su cena juntos.

Primero lea estas preguntas y luego vea el video para contestarlas.

A. Marque las cosas que necesitan comprar para la casa (**C**) y las cosas que comen en el restaurante (**R**).

1. ____ agua mineral	6. ____ frutas	11. ____ queso
2. ____ atún	7. ____ gambas	12. ____ sopa
3. ____ verduras (legumbres)	8. ____ huevos	13. ____ bistec
4. ____ carne	9. ____ leche	14. ____ vino
5. ____ patatas (papas)	10. ____ ensalada	15. ____ arroz

B. Ponga las oraciones en orden lógico.

____ El camarero les recomendó dos platillos: las gambas y el salmón.

____ Lola pidió agua mineral.

____ Lola dijo que necesitaba hacer la compra.

____ El camarero les invitó a una copa.

____ Manolo le dijo a Lola que no era necesario hacer la compra.

____ Manolo pidió una botella de vino tinto.

____ Manolo invitó a Lola a cenar en un restaurante.

____ Pidieron los platillos.

C. Complete con la información correcta.

1. Manolo le da una _____ a Lola porque es su _____.

2. Manolo hizo reservación para las _____ (hora) en un restaurante del

   _____ Castellano.

3. El camarero recomendó las _____ al limón con _____ y el

   _____.

4. Manolo comió _____ al estilo _____ y Lola

   pidió _____.

5. Manolo también pidió _____ mixta con un poco de _____ .

6. Los dos pidieron sopa de _____ y bebieron vino _____ de la Rioja.

ecturas

 **Los platillos andinos**

VOCABULARIO ÚTIL

la cordillera   *mountain range*
netamente   *distinctly*
los puestos   *food stands*
molido   *ground up*
el relleno   *filling, stuffing*
cubierto   *covered, wrapped*
la mazorca   *cob of corn*
rociadas   *sprinkled*

Descubra aquí el ingrediente básico de la comida andina, además de varios platillos deliciosos de los países en la región de los Andes. ¡Le recomendamos estas especialidades!

La región andina de la América del Sur tiene una rica tradición indígena. Hablamos de los países que se encuentran en la cordillera de los Andes: Venezuela, Colombia, Ecuador, Perú, Bolivia y Chile. La cultura de los incas predomina en gran parte de ese territorio, especialmente en Perú, Ecuador y Bolivia. El 55 por ciento de la población boliviana, por ejemplo, es de origen indígena y habla quechua, el idioma de los incas.

Se entiende, entonces, el origen netamente indígena de muchos platillos andinos. Considere **el maíz,** que se ha cultivado en la región de los Andes por 4.000 años. El maíz —**choclo,** en quechua— es un ingrediente básico de varias comidas típicas de esta región. Los colombianos y los venezolanos lo comen en forma de **arepa,** una masa de maíz tostada o frita y rellena de queso. Y el alimento rápido que más se come en la zona andina es **el choclo tostado,** que se vende en puestos por todas partes.

En Perú, Bolivia y Chile es muy popular **la cacerola de choclo,** rica mezcla de pollo con maíz molido. Uno encuentra **el tamal** con diferentes nombres en varios países. Lo llaman **humitas** en Ecuador y Chile, **hallacas** en Venezuela y Colombia. El tamal es una masa de maíz que puede ser dulce o salada; también puede llevar un relleno de carne, pero siempre se cocina cubierto con hojas de mazorca o de plátano.

Hay especialidades en cada país. En Ecuador son sus deliciosas **sopas,** como **el locro.** El locro es una sopa espesa hecha con papas, pescado fresco y queso. El alimento principal en Perú es **la papa,** ¡que allí tiene doscientas variedades! La papa es otra legumbre que los indígenas andinos han cultivado por miles de años.[1] Se prepara de muchas maneras; una de las más populares es en las ricas **papas a la huancaína** (de la ciudad andina de Huancayo). Este platillo lleva papas hervidas y rociadas con una salsa cremosa de queso. Pero el plato peruano más conocido en todo el mundo es sin duda **el cebiche:** pescado crudo que se cocina en jugo de limón, al cual se le pone también tomate, cilantro, ajo y cebolla.

Mencionemos por último una de las especialidades chilenas, que es **el caldillo de congrio.** Este platillo se hace con pescado fresco, papas, tomate y hierbas. El pescado, a propósito, se come mucho en Chile. Y ese país produce vinos excelentes conocidos en todo el mundo. Hay otros platillos de la cocina andina que deberíamos mencionar. Pero... ¿no prefiere descubrirlos usted? ¡Viaje a la región andina y disfrute de sus descubrimientos!

Comprensión

Indique los ingredientes que se usan en cada platillo.

> MODELO: el tamal →
> *El tamal se hace con masa de maíz, a veces con un relleno de carne, y siempre con hojas de mazorca o plátano.*

Ingredientes: **ajo, cebolla, cilantro, hierbas, jugo de limón, maíz molido/tostado, papas, papas hervidas y rociadas, pescado crudo, pescado fresco, pollo, queso, tomate**

1. el locro

   _____

2. el caldillo de congrio

   _____

3. las papas a la huancaína

   _____

4. la cacerola de choclo

   _____

5. el cebiche

   _____

6. la arepa

   _____

---

[1] *The potato is one of the few plants that grow in cold and arid regions and at high altitudes. This vegetable is native to the Andean region, specifically the area surrounding Lake Titicaca. The Incas used to grow 1,000 varieties of potato, and there are 200 types in contemporary Peru. Although Europeans resisted incorporating this vegetable into their daily diet at first, today the potato is one of the three basic foods consumed worldwide.*

Ahora… ¡usted!

1. ¿Le gusta a usted el maíz? ¿En qué forma prefiere comerlo? ¿Hay otras legumbres o frutas que le gustan? ¿Cuáles no le agradan? ¿por qué no?

   _____

   _____

2. De todos los platillos mencionados en esta **Nota cultural**, ¿cuáles ha probado usted? ¿Cuáles le gustaría probar? ¿por qué?

   _____

   _____

Un paso más… ¡a escribir!

Escoja tres de los platillos que se mencionan en esta **Nota cultural** y compárelos con un platillo que usted conoce, por ejemplo, la pizza, el sushi, los espaguetis, alguna sopa. Luego explique por qué le gusta o no le gusta ese platillo.

PLATILLO ANDINO	PLATILLO QUE YO CONOZCO	ME GUSTA / NO ME GUSTA PORQUE…
_____	_____	_____
_____	_____	_____
_____	_____	_____

NOTA CULTURAL

Una receta de México: polvorones

VOCABULARIO ÚTIL

los polvorones   *tea cakes*
las yemas   *yolks*
la pizca   *pinch*
la cucharadita   *teaspoon*
el bicarbonato   *baking powder*
la mezcla cremosa   *cream*
cernida   *sifted*
las bolitas   *small balls*
se aplanan / aplanadas   *flatten/flattened*
la lámina de hornear   *baking sheet*
sin engrasar   *ungreased*
se revuelcan   *roll*
pulverizada   *powdered*
la nuez moscada   *nutmeg*
la cucharada   *tablespoon*

Aquí tiene una receta mexicana para hacer los ricos polvorones, que se comen con café, con té, solos o como postre. Prepárelos y… ¡disfrútelos!

POLVORONES

Ingredientes:

2 tazas de harina
3/4 de taza de manteca vegetal
3/4 de taza de azúcar
2 yemas de huevo
una pizca de sal
1/4 de cucharadita de bicarbonato

Para preparar los polvorones, se hace una mezcla cremosa con la manteca y el azúcar; se agregan las dos yemas de huevo y se revuelven bien. Después, se agrega la harina cernida con el bicarbonato y la sal. Se bate la mezcla hasta formar una pasta suave y seca. Luego se hacen cincuenta o sesenta bolitas y se aplanan con dos dedos. Idealmente, ¡todas deben ser del mismo tamaño!

Ahora, se ponen las bolitas aplanadas —¡los futuros polvorones!— en una lámina de hornear sin engrasar. Se hornean a 350° F por ocho o diez minutos o hasta que los polvorones estén dorados. Se sacan y se ponen en un plato grande. Luego se enfrían y se revuelcan en azúcar pulverizada con nuez moscada. Mmm... ¡y ya están listos!

Ahora... ¡usted!

1. ¿Hay algún postre hispano que a usted le gusta mucho? ¿Cree usted que es difícil de cocinar? ¿Cuándo y dónde lo probó por primera vez? ¿Come este platillo con frecuencia?

_____

_____

_____

_____

2. ¿Cuál es su postre favorito? ¿Por qué le gusta tanto?

_____

_____

Un paso más… ¡a escribir!

A. Describa los ingredientes de uno de sus platillos favoritos, y luego explique cómo se prepara.

_____

_____

_____

_____

_____

B. Imagínese que usted va a participar en el concurso «Recetas del futuro». Invente un postre y diga los pasos que hay que seguir para prepararlo. Puede agregar otros ingredientes a la lista que incluimos aquí. ¡Suerte!

Medidas: 1/4 (un cuarto), 1/2 (medio/a), 3/4 (tres cuartos), 1, 2 taza(s), cucharada(s), cucharadita(s), una pizca

Ingredientes: aceite, azúcar, bicarbonato, harina, huevos, sal…

CAPÍTULO

9

Los recuerdos

Actividades escritas

❋ La familia y los parientes

Lea Gramática 9.1–9.2.

A. ¿A quién se parece... ? Vea el árbol genealógico de la familia Saucedo. ¿A quién se parecen las siguientes personas?

> MODELO: Amanda *se parece un poco a su mamá, Estela.*

1. Paula _____ .

2. Clarisa _____ .

3. Ernestito _____ .

4. Ernesto _____ .

5. Raúl _____ .

La familia Saucedo

Ahora explique quién se parece a quién en su familia e indique en qué se parecen.

MODELO: Mi primo se parece a *su papá (mi tío)*; los dos tienen los ojos azules.

1. Mi mamá se parece a _____.
2. Mi papá _____.
3. Mi hermano/a _____.
4. Yo me parezco a _____.
5. Mi hermano/a y yo _____.
6. Mi esposo/a (novio/a) _____.

B. Explique si usted se lleva bien con estas personas y por qué.

MODELO: su prima → *(Yo) No me llevo bien con mi prima porque ella es muy egoísta.*

1. su hermano/a _____
2. su madre (padre) _____
3. sus suegros _____
4. sus cuñados _____
5. su novio/a (esposo/a) _____

C. Hay una reunión familiar en casa de los Saucedo. Dora y sus dos hijas, Paula y Andrea, están preparando la cena. Paula hace muchas preguntas. Haga el papel de Dora y complete sus respuestas con los pronombres **mí, ti, él, ella, nosotros/as, ellos/as, ustedes.**

MODELO: PAULA: Mamá, ¿son para tu nuera los camarones rancheros?[1]
DORA: Sí, son para *ella*. A Estela le gustan mucho.

1. PAULA: ¿Son para mi cuñado los tacos?

   DORA: No, no son para _____, son para _____, Paula, porque son tus favoritos.

2. PAULA: ¿Son para Clarisa y Marisa las enchiladas?

   DORA: Sí, son para tus sobrinas porque a _____ les gustan mucho.

3. PAULA: ¿Son para mí los espárragos?

   DORA: No, no son para _____, son para tus sobrinos, Ernestito y Guillermo.

4. PAULA: ¿Es para los suegros de Andrea la paella?

   DORA: Sí, es para _____, pero también para _____, porque a ti y a mí nos

   encanta la comida española.

5. PAULA: ¿Para quién es el helado de fresa?

   DORA: Es para _____ y para Andrea porque a ustedes no les gusta el pastel de chocolate.

6. PAULA: ¿Es para mi papá la horchata?[2]

   DORA: No, no es para _____, es para _____ porque yo no bebo refrescos.

_____
[1] Un platillo que se prepara en México con camarones, tomate, cebolla y chiles.
[2] Bebida refrescante de color blanco, hecha con arroz molido u otro ingrediente disuelto en agua con azúcar. Es muy popular en España y en muchos países de la América Latina.

✳ La niñez

Lea Gramática 9.3.

D. Explique si usted hacía estas actividades cuando era niño/a (cuando tenía entre cinco y once años).

MODELO: comer muchos dulces →
No comía muchos dulces porque tenía miedo de ir al dentista.

1. jugar al escondite _____

_____

2. saltar la cuerda _____

_____

3. jugar a las muñecas _____

_____

4. leer cuentos _____

_____

5. subirse a los árboles _____

_____

6. nadar _____

_____

7. jugar con Legos _____

_____

8. comer helados _____

_____

9. andar en bicicleta _____

_____

E. Lea la siguiente descripción que escribe Raúl sobre un día típico de su niñez.

Cuando yo tenía ocho años vivía en Guanajuato. Asistía a la escuela primaria Miguel Hidalgo. Me levantaba a las siete, me lavaba la cara y las manos y desayunaba en el comedor con mi papá. Él salía para el trabajo a las ocho menos cuarto. Después de desayunar yo me lavaba los dientes y buscaba mis libros y mis cuadernos. Salía para la escuela a eso de las ocho y cuarto. Siempre caminaba a la escuela, algunas veces solo, otras veces con los hijos de los vecinos. Me gustaba caminar con ellos porque siempre charlábamos, jugábamos y corríamos por la calle. En la mañana pasaba tres horas en la escuela, desde las nueve hasta las doce. Luego volvía a casa para almorzar. Almorzaba con mis padres y mis dos hermanas. Después regresaba a la escuela otra vez. En la tarde tenía clases desde las tres hasta las cinco y media. Después de las clases jugaba un rato con mis compañeros en el patio de recreo de la escuela y luego regresaba a casa. En casa ayudaba un poco a mi mamá: barría el patio, sacaba la basura, regaba las plantas. Luego hacía la tarea. A las ocho de la noche cenaba y luego me bañaba y me acostaba.

Ahora, describa en dos o tres párrafos un día típico de su propia niñez (cuando usted tenía ocho o nueve años).

✳ La juventud

Lea Gramática 9.4–9.5.

F. ¿Qué hacía usted cuando tenía entre 15 y 19 años? Complete las siguientes oraciones.

MODELO: Durante las clases yo… → *dormía.*

1. Antes de ir a la escuela yo siempre… _____.

2. Durante la hora del almuerzo en la escuela mis compañeros y yo… _____.

3. En la tarde, después de las clases, generalmente mis amigos y yo… _____.

4. En las fiestas yo… _____.

5. Los sábados por la noche yo… _____.

6. Los domingos por la mañana yo… _____.

7. Los viernes en la noche mis amigos y yo… _____.

8. Durante las vacaciones del verano mi familia y yo… _____.

G. Lea la siguiente descripción de una escuela secundaria.

Mi escuela secundaria estaba muy lejos de mi casa. Era una escuela pequeña y muy vieja. Estudiábamos lengua nacional (español), ciencias naturales (química, biología y física), matemáticas (álgebra), historia y lenguas extranjeras (latín, inglés y francés). En otras palabras, mi escuela tenía un programa muy tradicional. Yo estudiaba mucho. Pasaba mucho tiempo en la biblioteca antes de las clases y durante la hora del almuerzo. También me gustaban mucho los deportes. Después de las clases siempre jugaba varios partidos de básquetbol o de voleibol. En las tardes hacía la tarea en casa. Me gustaba hacer la tarea pero me gustaba más hablar por teléfono con mis amigos. ¡Pasaba muchas horas hablando! Ahora casi no me gusta hablar por teléfono.

Ahora describa su escuela secundaria en uno o dos párrafos. ¿Cómo era? ¿Qué hacía usted allí? ¿Qué es lo que más le gustaba? ¿Qué es lo que menos le gustaba? Mencione algunas cosas que usted hacía en la escuela secundaria y que ahora ya no hace.

H. Complete cada oración con el verbo indicado. Use el imperfecto en uno de los espacios en blanco y el pretérito en el otro.

1. saber

—Anoche yo _____ que te casas mañana.

—¿No lo _____ antes?

2. conocer

—El mes pasado _____ a mi hermanastro por primera vez.

—¿No lo _____ antes?

3. poder

—¡Ay! Por fin _____ correr cinco kilómetros sin descansar.

—¿Cómo? Nunca me dijiste que no _____ correr una distancia larga sin

descansar.

4. querer

—Estela, lo siento, mi esposo no _____ venir a la fiesta.

—Pero si anoche hablé con él y me dijo que _____ venir, que tenía

muchas ganas de vernos a todos.

5. tener

—¿Estás enferma? Me dijo tu hermana que _____ dolor de cabeza.

—Hoy estoy bien pero anoche _____ dolor de cabeza y de estómago

por casi tres horas.

I. A Guillermo no le gusta hacer los quehaceres domésticos. Su padre tiene que recordarle a cada rato lo que debe hacer. Guillermo siempre le contesta: «Iba a… pero… » Haga el papel de Guillermo y reaccione a los comentarios de Ernesto, su papá. Aquí tiene usted algunas posibles excusas: **Amanda ya lo paseó, el vecino tenía la máquina de cortar, estaba lloviendo, mamá me llamó para ayudarle con otra cosa, no había agua.**

MODELO: ERNESTO: Guillermo, ¿por qué no barriste el patio? →
GUILLERMO: *Papá, lo iba a barrer pero sonó el teléfono.*

1. ERNESTO: Guillermo, ¿ya sacaste la basura?

GUILLERMO: _____

2. ERNESTO: Hijo, ¿cortaste el césped ayer?

GUILLERMO: _____

3. ERNESTO: Guillermo, hijo, otra vez se te olvidó pasear al perro.

GUILLERMO: _____

4. ERNESTO: ¡Ay, hijo! ¿Por qué no recogiste el periódico?

GUILLERMO: _____

5. ERNESTO: ¡Hijo, nunca me ayudas! Otra vez se te olvidó regar el jardín.

GUILLERMO: _____

Resumen cultural

Complete con la información cultural del **Capítulo 9.**

1. ¿Qué tema trata el artista boliviano Walter Solón? _____

   _____

2. ¿Como se expresa *Like father, like son* en español? _____

   _____

3. ¿Cómo se titula el disco compacto de Carlos Santana que recibió el premio Grammy del Disco

   del año? _____

4. ¿Cómo se llama la fundación que crearon Carlos Santana y su esposa? _____

   _____

5. ¿Cuál es el propósito de esa fundación? _____

   _____

6. ¿Quién escribe la revista *Chicos de la calle*? _____

7. ¿Cuál es el objetivo principal de *Chicos de la calle*? _____

   _____

8. En general, ¿cómo son las relaciones entre los jóvenes y las personas mayores en la cultura

   hispana? _____

   _____

Actividades auditivas

✳ Para empezar

A. El Restaurante Tres Estrellas

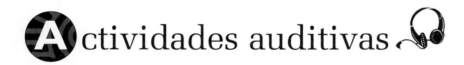

VOCABULARIO ÚTIL

disfrutar   *to enjoy*
el conjunto   *(musical) band*
saborea   *you savor*
inolvidable   *unforgettable*

Desde Acapulco, un mensaje del Restaurante Tres
Estrellas, el restaurante que todos preferimos.

Escuche el anuncio de la radio y cambie la información en el anuncio del periódico si es diferente. (¡**OJO!** Toda la información en letra cursiva es incorrecta.)

El Restaurante Tres Estrellas los invita a distrutar de su comida deliciosa y variada aquí en el centro de Acapulco. Nuestro restaurante les ofrece la hospitalidad de siempre y una vista de *sus hermosos jardines.*[1] *Todos los días de la semana*[2] disfruten de los éxitos musicales del momento con *Roberto García*[3] y su conjunto. Abierto todas las noches desde *las 7:00 hasta las 5:00*[4] de la mañana. Para hacer reservaciones llame al *3-15-21-12.*[5] Recuerde, ¡a comer y a disfrutar en Tres Estrellas!

1. _____

2. _____

3. _____

4. _____

5. _____

B. Algo diferente

Andrea Saucedo y su esposo, Pedro Ruiz, van a salir a cenar con sus hijas Marisa y Clarisa. Ahora están decidiendo qué tipo de comida prefieren comer.

¿Qué comidas o tipos de comida consideran Andrea y Pedro antes de tomar su decisión sobre dónde comer?

a. _____ mexicana   e. _____ italiana   i. _____ hamburguesas

b. _____ francesa   f. _____ huevos fritos   j. _____ arroz y frijoles

c. _____ española   g. _____ enchiladas   k. _____ tortas

d. _____ china   h. _____ pizza y espaguetis

✳ La familia y los parientes

C. Una familia como todas

VOCABULARIO ÚTIL

me crié   *I was brought up*
el hijo único   *only child*
los hermanastros   *stepbrothers/stepsisters*
los medios hermanos   *half brothers*
estoy de acuerdo   *I agree*

Carla Espinosa y Rogelio Varela, estudiantes de la Universidad de Puerto Rico, están en un café hablando de la familia de Rogelio.

Conteste estas preguntas.

1. El padre de Rogelio se casó con la madre de Rogelio porque…
   a. estaba divorciado.
   b. era viudo.
   c. no tenía hijos y quería tener familia.

2. Eduardo y Pablo son los… de Rogelio
   a. primos
   b. hermanastros
   c. medios hermanos

3. Eduardo y Pablo vivieron en casa con Rogelio y sus padres hasta que…
   a. se casaron.
   b. salieron para Europa.
   c. empezaron a estudiar en la universidad.

4. Rogelio dice que quiere por lo menos tres hijos porque…
   a. sus padres quieren muchos nietos.
   b. le gusta la idea de una familia grande.
   c. es más fácil tener muchos hijos.

Complete el árbol genealógico de Rogelio según la conversación.

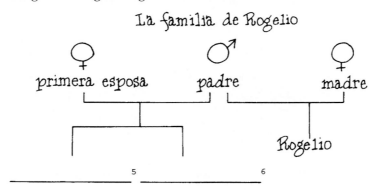

La familia de Rogelio

primera esposa   padre   madre

Rogelio

5   6

D. El actor famoso

VOCABULARIO ÚTIL

las escenas de amor   *love scenes*
el capitán   *captain*
la prepa (la preparatoria)   *prep school, high school*

Hoy en KSUN, Radio Sol, Mayín Durán entrevista a Marcelo Chávez, el famoso actor mexicano.

Complete las oraciones con la información correcta.

1. Marcelo Chávez es el famoso actor de la televisión _____.

2. Las escenas de amor de Marcelo no le causan conflictos con su esposa, Lidia, porque ella

   comprende que ése es su _____.

3. Marcelo tiene cinco _____: tres _____ y dos _____.

4. A Marcelo le gusta pasar tiempo con _____.

5. El hijo mayor, Felipe, no quiere ser actor como su padre porque prefiere _____.

✳ La niñez

E. Divertilandia

VOCABULARIO ÚTIL

las historietas   *comic books*
los héroes   *heroes*
el paraíso   *paradise*
los personajes   *characters*
mágico   *magic*

Y ahora en KSUN, Radio Sol, unos mensajes de
nuestros amigos en Divertilandia.

❖   ❖   ❖

Llene los espacios en blanco correctamente, según el anuncio de Divertilandia.

Amigos, ¿recuerdan las historietas que tanto les _____¹ cuando _____² niños?

¿Les gustaría disfrutar otra vez de todos esos cuentos que ustedes _____³ tantas veces?

¡Vengan a Divertilandia! En este paraíso de la imaginación les esperan Pinocho, Robin Hood,

Blancanieves, Alicia, la Cenicienta, La Bella y la bestia… Y todos aquellos personajes fantásticos que

les _____⁴ pasar horas de alegría en su niñez…

F. Ernesto, el travieso

VOCABULARIO ÚTIL

travieso   *mischievous*
el angelito   *little angel*
las travesuras   *pranks*
pegaba rabos   *I used to stick tails*
las tachuelas   *tacks*

Ernesto está leyendo el periódico y Estela un libro en la sala
de su casa. Guillermo, Ernestito y su perro Lobo
entran corriendo…

❖   ❖   ❖

¿Qué cosas hacía Ernesto cuando era niño? En la próxima página, llene los espacios en blanco con la
actividad que corresponde. **¡CUIDADO!** Es posible usar algunos verbos más de una vez.

andaba	hacía	nadaba
era	leía	pegaba
hablaba	llamaba	ponía

1. Ernesto _____ en bicicleta todas las mañanas con sus hermanos y por la noche _____ historietas.

2. Ernesto _____ travieso. A sus maestros les _____ rabos en la ropa.

3. También les _____ tachuelas en la silla a sus maestros. ¡Ernesto _____ muy malo!

4. Cuando se aburría, _____ por teléfono a las tiendas de la vecindad y les _____ muchas preguntas tontas.

5. Por la tarde, Ernesto _____ en la alberca del gimnasio con sus hermanos.

✳ La juventud

G. ¡Qué tiempos aquéllos!

VOCABULARIO ÚTIL

¡Qué tiempos aquéllos!   *Those were the days!*
¡Qué banquetes!   *What feasts!*

Lugar mencionado

Cumaná   *town on the Caribbean coast*

Ricardo Sícora, el joven venezolano que ahora estudia derecho en España, le habla a su amiga Pilar de los veranos que pasaba en Venezuela.

Escoja la(s) respuesta(s) más lógica(s).

1. Cumaná…
   a. es la capital de Venezuela.
   b. está en Caracas.
   c. es un pueblo de la costa.
   d. tiene playas.

2. En Cumaná, durante el verano, Ricardo…
   a. tomaba el sol.
   b. escuchaba música.
   c. nunca se divertía.
   d. nadaba y buceaba.

3. Por las tardes Ricardo…
   a. iba a casa de un amigo.
   b. no tenía tiempo para dormir la siesta.
   c. charlaba y escuchaba discos con sus amigos.
   d. almorzaba mientras escuchaba discos viejos.

4. Los fines de semana en Cumaná eran muy especiales porque…

    a. hacían lo mismo todos los sábados y domingos.

    b. solamente iban a la playa por la mañana.

    c. tenían grandes fiestas.

    d. a veces acampaban en las montañas.

H. Cuando don Eduardo era joven

VOCABULARIO ÚTIL

te alegras de estar vivo   *you're happy to be alive*

Es una hermosa mañana de domingo en la Ciudad de México. Don Eduardo está en el parque conversando con Andrea Saucedo y sus hijas, Marisa y Clarisa.

¿Cierto (**C**) o falso (**F**)? Si la oración es falsa, haga la corrección necesaria.

1. _____ Clarisa es una niña curiosa.

    _____

2. _____ Don Eduardo piensa que es malo ser viejo.

    _____

3. _____ Cuando era niño, a don Eduardo le gustaba sentarse en el parque.

    _____

4. _____ Cuando era joven, don Eduardo tenía el pelo negro y era alto, delgado y guapo.

    _____

5. _____ Don Eduardo y sus hermanos veían mucho la televisión.

    _____

✳ ¡A repasar!

I. Esteban no comprende la lección

VOCABULARIO ÚTIL

jalaba   *I used to pull*
las trenzas   *braids, pigtails*

Esteban está en la oficina de la profesora Martínez.
Quiere hablar con ella sobre la lección de ayer.

❖ ❖ ❖

¿Quién dice estas cosas, Esteban (**E**) o la profesora Martínez (**M**)?

1. _____ Hice los ejercicios, pero tengo un problema.

2. _____ Yo sí peleaba con mis amiguitos en la escuela.

3. _____ Todos los domingos iba al parque y jugaba.

4. _____ Les jalaba las trenzas a las niñas.

5. _____ Vivía en San Antonio.

6. _____ Ahora usted comprende la lección perfectamente.

Pronunciación y ortografía

✳ **Ejercicios de pronunciación**

PRONUNCIACIÓN: **b, v, d, g**

We have already seen that the letters **b, v, d,** and **g** in the combinations **ga, go,** and **gu** are normally pronounced soft, not hard as in English. In the case of **b** and **v,** the lips do not completely close; in the case of **d,** the tip of the tongue is on the back of the upper teeth but does not completely stop the air; and in the case of **g,** the back of the tongue against the roof of the mouth does not completely close off the air.

 A. Listen and then pronounce the following words and phrases with soft **b, v, d,** and **g.**

1. Mucho gusto.
2. Es divertido.
3. Mi amigo dice que no va a venir.

4. Abuela, por favor, abra la ventana.
5. Tiene ganas de nadar.

Note that if the letters **b, v, d,** and **g** begin a word within a phrase or sentence, they usually are pronounced soft.

B. Listen and then pronounce a soft **b**, **v**, **d**, and **g** in the following words.

la <u>b</u>oca, la <u>v</u>i<u>d</u>a, la <u>d</u>iscoteca, la <u>g</u>asolinera

The letters **b**, **v**, **d**, and **g** may be pronounced hard if the speaker pauses before a word that begins with one of these letters, as at the beginning of a sentence or phrase.

C. Listen and then pronounce the following sentences, all of which begin with **b**, **v**, **d**, or **g**.

1. ¡<u>V</u>amos a <u>b</u>ailar!
2. ¡<u>G</u>anamos el parti<u>d</u>o!
3. <u>V</u>oy mañana.

4. <u>B</u>ailan muy <u>b</u>ien.
5. <u>D</u>ebo estu<u>d</u>iar.

The letters **b**, **v**, **d**, and **g** are also pronounced hard if preceded by **m** or **n**.

D. Listen and then pronounce the following words and phrases with hard **b**, **v**, **d**, and **g**.

1. ¿Por qué no me in<u>v</u>itaste a an<u>d</u>ar en <u>b</u>icicleta?
2. Cam<u>b</u>ió el tiempo.
3. ¡Tengo ham<u>b</u>re!

4. ¡Es tan <u>b</u>onito tu coche!
5. Tengo un <u>g</u>ato grande.

In addition, the letter **d** is pronounced hard when preceded by the letter **l**.

E. Listen and then pronounce the following words and phrases with a hard **d**.

el <u>d</u>ía, Al<u>d</u>o, el <u>d</u>epartamento, el <u>d</u>isco

✳ **Ejercicios de ortografía**

I. THE LETTERS **b**, **v**, **d**, **g**

Listen to the words and write them correctly using **b**, **v**, **d**, or **g**.

Reminder: The letters **b** and **v** are pronounced the same in Spanish. Since it is impossible to tell by the sound of a word if it is written with **b** or **v**, you must simply learn the spelling.

1. _____
2. _____
3. _____
4. _____
5. _____
6. _____
7. _____
8. _____

9. _____
10. _____
11. _____
12. _____
13. _____
14. _____
15. _____

II. ACCENTS ON IMPERFECT VERB FORMS

Many verb forms in the imperfect tense must be written with an accent mark. This includes forms that rhyme with the word **María,** that is, all forms of **-er** and **-ir** verbs (examples: **comía, salíamos, entendían**) and forms that are stressed three syllables from the last, that is, **nosotros/as** forms of **-ar** verbs (examples: **estudiábamos, explorábamos, participábamos**).

Listen and write the following imperfect verb forms. Include an accent mark where necessary.

1. _____   6. _____

2. _____   7. _____

3. _____   8. _____

4. _____   9. _____

5. _____   10. _____

ideoteca

VOCABULARIO ÚTIL

Cuéntanos   *Tell us*
los antepasados   *ancestors*
la época   *epoch; period of time*
el campesino   *field worker*
la cosecha   *harvest, crop*
la finca   *farm*
nos mudamos   *we moved*
¿te criaste… ?   *did you grow up . . . ?*
de vez en cuando   *once in a while*
rodeado de   *surrounded by*
me crié   *I grew up*
volar un papalote   *to fly a kite*

Sinopsis

Lupe, Antonio y Diego hablan de su niñez. Antonio les cuenta de su niñez en la finca de su tío y Diego les cuenta de su vida de niño en Los Ángeles. Al final Antonio y Diego deciden que no había grandes diferencias en su niñez; los dos hacían las actividades típicas de los niños.

Primero lea estas preguntas y luego vea el video para contestarlas.

A.   ¿Cierto (**C**) o falso (**F**)?

1. _____ El padre de Diego nació en California.

2. _____ Los antepasados de Antonio tenían una fábrica.

3. _____ A los trece años Antonio se mudó a la ciudad.

4. _____ Antonio se llevaba bien con sus primos.

5. _____ De niño Diego jugaba al básquetbol y volaba papalotes.

6. _____ Diego jugaba al bebeleche con sus amigos.

B.   Marque las oraciones que describen a Diego (**D**) y las que describen a Antonio (**A**).

1. _____ Sus padres se conocieron en la universidad.

2. _____ El tío de su padre tenía una fábrica.

3. _____ Sus antepasados eran campesinos.

4. _____ De joven, vivía en el campo.

5. —— Jugaba al fútbol y al básquetbol.

6. —— Sus padres son los primeros de la familia que viven en la ciudad.

7. —— Jugaba al escondite y al gato.

8. —— Jugaba en los parques y en las calles.

C. Complete con la información correcta.

1. Los _____ de Diego llegaron a _____ cuando su

   padre tenía _____ años.

2. Los antepasados de Antonio llegaron a _____ en el siglo

   _____.

3. Diego se crió en _____, donde jugaba en la _____,

   los _____ y en los _____ de recreo.

4. Los _____ vivían con la familia de Antonio.

5. Ahoras los parientes de Diego se ven sólo en _____.

ecturas

Los amigos hispanos: Los «grandes» problemas de Ernestito

VOCABULARIO ÚTIL

obedecer   *obey*
poderoso   *powerful*
la magia   *magic*
sangrón   *a pest* (coll. *Mex.*)
nos peleamos   *we fight*
se enoja   *gets upset*
sueño despierto   *I daydream*
la nave espacial   *spaceship*

Ernestito Saucedo es un niño de ocho años y aquí habla de sus problemas, ¡que para él son muy grandes!

Ernestito no quiere obedecer a sus padres. Siempre le están dando órdenes. Por eso el niño a veces se escapa a un mundo imaginario donde no tiene que escuchar las órdenes de su mamá ni de su papá. En ese mundo Ernestito es poderoso y puede cambiar las cosas que le ocurren. Si hay algo que no le gusta, simplemente cierra los ojos y... ¡hace su magia!

Por la mañana, por ejemplo, cuando Ernestito está en su cama y quiere seguir durmiendo, no escucha a Estela, su mamá, cuando le dice...

—¡Ernestito, levántate! ¡Vas a llegar tarde a la escuela!

Si su mamá sigue hablando, Ernestito cambia sus palabras. Entonces Estela le dice:

—Ernestito, mi niño, puedes seguir durmiendo. Hoy no vas a ir a la escuela. ¿Está bien?

Ernestito también tiene el poder para hacerse invisible, especialmente cuando su papá le grita:

—Tienes que recoger tus juguetes y limpiar tu cuarto. ¡Ahora mismo, Ernestito!

«¡No voy a hacer nada!» piensa el niño. «Sólo quiero resolver mis problemas, que son grandes, muy grandes. ¿Mamá y papá no tenían problemas cuando eran niños? ¡Seguro que sí los tenían! Entonces, ¿por qué no me comprenden? ¡Nadie me comprende y no es justo!»

El niño describe así los grandes problemas que quiere resolver: «Mi hermano es un sangrón y a veces nos peleamos. ¡A mi perro Lobo le gusta comerse mis zapatos nuevos! No comprendo las matemáticas y no me gusta hacer la tarea. Bueno, y también la maestra se enoja conmigo porque dice que «sueño despierto» durante la lección. Pero, ¿qué tiene de malo soñar un poquito? ¡Necesito mis ideas fantásticas para poder estar sentado en clase tantas horas!»

Una vez, en la clase de matemáticas, cuando la maestra estaba explicando la lección y hablando y hablando, Ernestito hizo su magia. Se volvió invisible y se transportó a otro lugar. De pronto estaba jugando con su perro, subiendo a los árboles del parque, jugando al fútbol con sus amigos. Y también estaba comiendo sus comidas favoritas, y volando por el cielo en una nave espacial. Pero después de sus aventuras, el niño tuvo que volver a la escuela y a la clase, y escuchó otra vez la voz de su maestra, que le hacía preguntas difíciles.

—¡Ernestito! —gritaba la maestra.

Y a la mañana siguiente...

—¡Ernestito! —gritaba su madre, llamándolo para ir a la escuela.

Y después, por la tarde...

—¡Ernestito! —gritaba su padre, diciéndole que debía limpiar su cuarto.

«¿¡Qué quieren todos?!» reacciona siempre el niño. «¿No comprenden que me fui? ¡Me fui! ¡No estoy aquí y no pienso volver!»

Pero, al fin, el niño trata de aceptar su situación: «Sí, ya sé que no puedo hacer magia de verdad, que no puedo volar por el espacio ni escaparme ni cambiar las palabras de mamá y papá. Tengo que hacer todo lo que todos me dicen. ¡Y ése es mi problema más grande!»

Comprensión

Las siguientes oraciones son falsas. Escriba oraciones correctas.

MODELO: Ernestito está contento de obedecer a sus padres. →
Ernestito está cansado de obedecer a sus padres.

1. A veces Ernestito se escapa a un mundo real.

   _____

2. Su padre le dice: «Tienes que limpiar la casa.»

   _____

3. La maestra se alegra cuando Ernestito sueña despierto en la clase.

   _____

4. Según Ernestito, sus problemas son pequeños.

_____

5. En su imaginación, Ernestito viaja por la ciudad en un carro.

_____

6. El problema más grande de Ernestito es que no entiende las matemáticas.

_____

Ahora... ¡usted!

1. ¿Son de verdad muy grande los problemas de Ernestito? ¿Son característicos o raros para un niño de ocho años? ¿Qué otros problemas típicos tiene un niño de esa edad?

_____

_____

2. ¿Qué problemas tenía usted cuando era niño/a? ¿Trataba de encontrar soluciones para esos problemas? ¿Qué hacía? ¿Tenía fantasías? ¿Se escapaba a un mundo imaginario?

_____

_____

_____

Un paso más... ¡a escribir!

Ernestito debe escribir una lista de sus responsabilidades en casa, pero él prefiere hacer también una lista de sus actividades favoritas. Imagínese que usted es Ernestito y escriba sus dos listas.

Responsabilidades en casa

1. *Recoger mis juguetes después de jugar.* _____

2. _____

3. _____

4. _____

Actividades favoritas

5. *Jugar con mi perro Lobo.* _____

6. _____

7. _____

8. _____

Gregorio Merino Díaz tiene 32 años y es chileno.

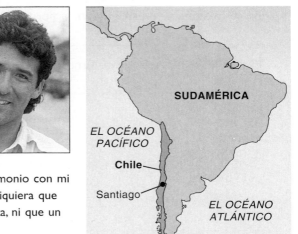

Piense en su vida de hace cinco años.
¿Era muy diferente de su vida actual?

Hace cinco años mi vida era algo distinta de la actual. De partida,[1] aún no estaba casado y trabajaba como profesor en dos colegios. Vivía con mi hermana mayor y su familia. Ya estaba de novio[2] pero recién empezaba a concebir[3] seriamente la posibilidad de matrimonio con mi esposa. De hecho,[4] en esa época no nos imaginábamos siquiera que tendríamos[5] una hijita tan linda como nuestra Francisquita, ni que un hijo pudiese[6] darnos tanta dicha.[7]

[1]*De... For starters* [2]*estaba... I had a serious relationship* [3]*pensar en* [4]*De... In fact*
[5]*we would have* [6]*could* [7]*alegría, felicidad*

Comprensión

¿Cómo era la vida de Gregorio hace cinco años? Más de una respuesta puede ser correcta.

1. Gregorio vivía…

    a. con sus tíos.

    b. con su esposa.

    c. con su hermana mayor.

2. Gregorio trabajaba…

    a. como profesor en un colegio.

    b. como profesor en dos colegios.

    c. como profesor en una universidad.

3. En ese tiempo, Gregorio…

    a. estaba casado.

    b. tenía novia.

    c. pensaba siempre en el matrimonio.

4. Antes de casarse, Gregorio y su novia…

    a. no se imaginaban que tendrían una hija.

    b. pensaban tener muchos hijos.

    c. sabían que los hijos dan mucha felicidad.

CAPÍTULO 10

Nuestro planeta

ctividades escritas

✳ La geografía y el clima

Lea Gramática 10.1–10.2.

A. ¿Qué ha hecho usted en estos sitios?

> MODELOS: en el centro de una ciudad → (Yo) *He ido de compras.*
>
> en el campo → (Yo) *He merendado con mi familia.*

1. en un bosque

   _____

2. en un lago o en un río

   _____

3. en un arrecife

   _____

4. en la nieve

   _____

5. en una bahía

   _____

6. en un desierto

   _____

Ahora piense en cuatro actividades que nunca ha hecho y diga por qué no las ha hecho.

MODELO: *Nunca he escalado una montaña porque es peligroso y tengo miedo.*

1. _____
   _____

2. _____
   _____

3. _____
   _____

4. _____
   _____

B. Usted está hablando con algunos amigos de sus viajes. Exprese su reacción al pensar en cada uno de los siguientes lugares.

MODELO: una isla en el Caribe → *¡Qué isla tan tranquila!*

1. el río Amazonas

   _____

2. una montaña de los Andes

   _____

3. una isla de Hawai

   _____

4. el desierto en el norte de México

   _____

5. una playa en Puerto Rico

   _____

6. una selva en Perú

   _____

7. la arena en una playa del Caribe

   _____

8. la vista desde una pirámide en Guatemala

   _____

C. Invente un lugar ideal… su propio paraíso en la tierra. Descríbalo en dos o tres párrafos. Hable de la geografía, el clima, los medios de transporte, etcétera. Use estas preguntas como guía: ¿Cómo se llama este lugar? ¿Es una isla? ¿Dónde está? ¿Cómo es? ¿Hay playas? ¿lagos? ¿montañas? ¿colinas? ¿valles? ¿Tiene selvas? ¿desiertos? ¿Cómo es el clima? ¿Hace buen tiempo todo el año? ¿Llueve? ¿Nieva? ¿Hay tormentas? ¿tornados? ¿huracanes? ¿Cómo son las casas? ¿Cómo es el centro? ¿Es un lugar industrializado? ¿Qué medios de transporte hay? ¿Hay contaminación? ¿Por qué? Si es posible, incluya un dibujo del lugar.

✳ Los medios de transporte

Lea Gramática 10.3–10.4.

D. ¿Para qué se usan estas partes del carro?

> MODELO: el volante → *El volante se usa para manejar el carro.*

1. los frenos

   _____

2. el parabrisas

   _____

3. el cinturón de seguridad

   _____

4. los cambios

   _____

5. el espejo retrovisor

   _____

E. Escoja dos medios de transporte por los cuales usted ha viajado y compárelos. Dé por lo menos tres ventajas y tres desventajas de cada uno. Posibilidades: el autobús, el automóvil, el avión, el barco, el tranvía, el tren.

MEDIO DE TRANSPORTE: _____	MEDIO DE TRANSPORTE: _____
VENTAJAS	VENTAJAS
1. _____	1. _____
2. _____	2. _____
3. _____	3. _____
DESVENTAJAS	DESVENTAJAS
1. _____	1. _____
2. _____	2. _____
3. _____	3. _____

F. Escoja uno de estos temas para escribir una composición de dos o tres párrafos.

1. Describa su coche ideal. ¿De qué modelo y qué color es? ¿De qué año es? ¿Es grande o pequeño? Describa el interior: los asientos, el volante, los cambios, el radio, etcétera. Describa el motor: ¿es potente? ¿Cuántos caballos de fuerza tiene? ¿Qué tipo de combustible requiere? Mencione todos los detalles importantes y, si quiere, incluya también un dibujo.

2. Describa un viaje que usted hizo en su automóvil. Use estas preguntas como guía: ¿Adónde fue? ¿Fue con amigos o fue solo/a? ¿Cómo se preparó para el viaje? ¿Qué hizo y qué vio en el viaje? ¿Salió todo bien o tuvo problemas? ¿Qué clase de problemas? ¿Tuvo alguna falla mecánica el carro? ¿Resolvió el problema usted solo/a o le ayudó alguien?

❋ La ecología y el medio ambiente

Lea Gramática 10.5.

G. Escoja cinco de los problemas de la columna a la derecha. Luego, busque en la columna de la izquierda una frase adecuada para expresar su opinión. Escriba la oración completa en los espacios en blanco.

MODELO: *Me dan miedo los camiones que transportan desperdicios nucleares.*

me da(n) rabia	la destrucción de las selvas tropicales
me da(n) miedo	la eliminación de algunas especies de animales
me encanta(n)	reciclar papel, plástico, aluminio, etcétera
me fascina(n)	el agujero en la capa de ozono
(no) me importa(n)	la contaminación de los ríos, lagos y océanos
(no) me interesa(n)	la contaminación del ambiente
(no) me molesta(n)	el consumo excesivo de petróleo
(no) me llama(n) la atención	el uso excesivo de productos plásticos no biodegradables
(no) me parece(n) serio/a(s)	los desperdicios nucleares
(no) me preocupa(n)	la contaminación del aire

1. _____

2. _____

3. _____

4. _____

5. _____

H. Al lado de cada uno de los problemas ecológicos en la siguiente lista, escriba los números de todas las soluciones útiles para resolverlo.

PROBLEMAS ECOLÓGICOS...

_____ la contaminación ambiental en las ciudades grandes

_____ las causas de las inundaciones

_____ la destrucción del hábitat de algunas especies animales

_____ la contaminación de los lagos y océanos

_____ el agujero en la capa de ozono

_____ el peligro de transportar y almacenar desperdicios nucleares

SOLUCIONES

1. no permitir ni el transporte ni el almacenaje de esos desperdicios en nuestro país.

2. Controlar las emisiones de bióxido de carbono.

3. No permitir que se continúe talando los bosques.

4. Imponerles fuertes multas a las industrias que contaminan.

5. Impulsar la creación de fuentes de energía solar y eólica (del viento).

6. Mejorar el transporte público y hacerlo accessible a todos los obreros.

7. No permitir la circulación de los autos particulares por el centro.

8. Eliminar la producción y el uso de carburos fluorados.

9. ¿ ?

I. Diga lo que usted hace —personalmente— para no empeorar los problemas del medio ambiente.

MODELO: la destrucción de las selvas tropicales →
Para salvar las selvas tropicales yo trato de reciclar el papel.

1. el agujero en la capa de ozono

_____

2. la contaminación del aire

_____

3. el uso excesivo de productos plásticos

_____

4. la contaminación de los ríos, lagos y océanos

_____

5. el consumo excesivo de petróleo

_____

6. ¿ ?

_____

J. Imagínese que usted y sus compañeros son miembros de Greenpeace. Están preocupados por el medio ambiente y quieren inventar un programa para despertar el interés de la gente de su barrio y conseguir su participación. Conteste las siguientes preguntas para explicarles sus ideas. Si quiere, puede crear un cartel para anunciar los objetivos del grupo, la fecha y el lugar de la reunión.

¿Por qué es necesario participar en un programa de protección del planeta?

¿Cuáles son, en su opinión, los cuatro problemas más serios en su zona?

¿Qué es lo que su organización desea hacer para empezar a resolver esos problemas?

¿Adónde deben llamar para obtener más información? (O, ¿qué día, a qué hora y dónde se van a reunir por primera vez?)

Resumen cultural

Complete con la información cultural del **Capítulo 10**.

1. ¿Cómo se llama el país hispano que no tiene ejército? _____

2. ¿Dónde estudió el artista Paul Leonor Chevalier? _____

3. Nombre tres animales en peligro de extinción que habitan en regiones de América Latina.

   _____

4. ¿Cómo se llama el huracán más destructivo de América Central? _____

   ¿Qué países fueron afectados por ese huracán? _____

   _____

5. ¿Qué destruyó ese huracán? _____

   _____

6. ¿Por qué es relativamente infértil la tierra del Amazonas?

   _____

   _____

   ¿Cuántas especies de animales se extinguen diariamente en el Amazonas? _____

7. ¿Por qué están encarcelados Teodoro Cabrera y Rodolfo Montiel? _____

   _____

8. ¿Dónde está el Mar de Cortés? _____

Actividades auditivas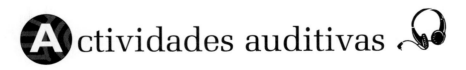

✳ **Para empezar**

A. La familia de Carla

Carla y Rogelio conversan sobre la familia de Carla.

Mi familia

Complete el árbol genealógico de la familia de Carla, según lo que le cuenta a Rogelio. Escriba el nombre apropiado de cada pariente.

La familia de Carla

Sr. Espinosa   Sra. Espinosa

Carla

1 _____   2 _____

3 _____   4 _____

B. Los recuerdos de doña María

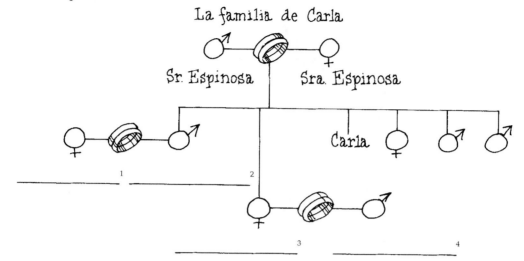

Los niños ahora son todos grandes, como Raulito.

Cuando Esteban y Raúl visitaron a doña María en Guanajuato, la abuela de Raúl le contó un poco de su vida a Esteban. Ésta es su historia.

❖ ❖ ❖

Llene los espacios en blanco con la información sobre la vida de doña María.

Doña María tiene _____[1] años. Ella tiene _____[2] hijos casados y tiene muchos

_____.[3] Su hijo Javier tiene cuatro _____,[4] que son Ernesto, las gemelas (Paula y

Andrea) y Raúl. Su otra hija, Leticia, tiene cinco hijos y vive en Guanajuato con su _____[5]

y sus _____.[6] A doña María le gusta mucho tenerlos tan cerca.

Javier y su familia visitan a doña María los días de fiesta: siempre en _____[7] y a veces

para su _____.[8] Antes, cuando Javier y sus hijos vivían en Guanajuato, la visitaban los

sábados. Ella les _____[9] una gran comida y después de comer, los adultos se sentaban a

conversar mientras los niños _____[10] afuera.

✳ La geografía y el clima

C. Un lugar perfecto

VOCABULARIO ÚTIL

me cansa   *it tires me*
tibia   *warm*
de vez en cuando   *once in a while*

Amanda Saucedo está conversando por teléfono
con su amiga Graciela.

Estas oraciones son falsas; corríjalas.

1. Hizo muy buen tiempo en la Ciudad de México hoy.

   _____

2. Mucha gente prefirió quedarse en casa hoy.

   _____

3. El paraíso que Amanda se imagina es una ciudad muy moderna que tiene todo lo necesario para
   vivir cómodamente.

   _____

4. Graciela piensa que la isla de Amanda es un lugar perfecto.

   _____

5. Amanda quiere vivir en la isla con sus padres y sus hermanos.

   _____

✳ Los medios de transporte

D. Transportes Máximo... ¡a sus órdenes!

VOCABULARIO ÚTIL

la manera   *manner*
la salida   *departure*
los asientos   *seats*
la terminal   *terminal, depot*
cómodos   *comfortable*

Lugares mencionados

Guadalajara   ciudad principal en el oeste de México
Querétaro   ciudad al norte de México, D.F.
la avenida Insurgentes   avenida principal en México, D.F.

Ahora en KSUN, Radio Sol, un anuncio de Transportes Máximo en la Ciudad de México, para quienes
desean viajar por el hermoso país mexicano.

Complete los espacios en blanco con la información que falta.

1. Viaje en Transportes Máximo, la manera más _____ y _____ de viajar.

2. Usted tiene _____ salidas diarias y _____ los _____, sábados y

    _____.

3. Salimos de la _____ en la avenida Insurgentes.

4. Llame al teléfono _____.

E. ¡Este coche habla!

VOCABULARIO ÚTIL

felicitarla   *to congratulate you*
alquilado/alquilaste   *rented / you rented*
el coche deportivo   *sports car*
¡Abróchese el cinturón!   *Put on your seat belt!*

Raúl Saucedo está en México para celebrar el cumpleaños de su abuela. Ahora la llama por teléfono.

❖   ❖   ❖

Ponga los dibujos en orden para formar un resumen lógico de lo que pasa entre Raúl y su abuela.

a. _____

b. _____

c. _____

d. _____

✳ La ecología y el medio ambiente

F.   Entrevista en KSUN: El medio ambiente

VOCABULARIO ÚTIL

han aumentado   *have increased*
la cuestión   *issue; problem*
repoblar   *to repopulate, replenish*
la flora y la fauna   *plant and animal life*
desapareciendo   *disappearing*

Escuchemos un programa especial sobre el medio ambiente en KSUN, Radio Sol.

Complete la siguiente tabla con la información correcta sobre el medio ambiente.

PREOCUPACIONES	BUENAS NOTICIAS
1. _____	3. _____
2. _____	4. _____

✳ ¡A repasar!

G.   ¡En bicicleta!

VOCABULARIO ÚTIL

pesimista   *pessimist*
no sirve de nada   *it does no good*
destruyendo   *destroying*

Es un hermoso día de primavera en la Ciudad de México. La familia Ruiz está merendando en el Parque Chapultepec.

❖   ❖   ❖

¿Con quién(es) se asocian los siguientes comentarios, con Andrea (**A**), con Pedro (**P**) o con los dos (**LD**)?

1. _____ El cielo está azul y el aire está limpio.

2. _____ Yo quisiera vivir en otro planeta.

3. _____ Es imposible vivir en el D.F. ahora porque hay mucho tráfico y esmog.

4. _____ Me preocupa el futuro de nuestras hijas.

5. _____ En casa reciclamos el papel y el plástico, no desperdiciamos el agua y tratamos de usar poca electricidad.

6. _____ ¡Este planeta es un desastre! Estamos destruyendo la capa de ozono, los ríos y los bosques.

7. _____ Lo mejor que podemos hacer por las niñas es quererlas mucho.

Pronunciación y ortografía

✳ Ejercicios de pronunciación

PRONUNCIACIÓN: **s**

The pronunciation of the letter **s** when followed by a consonant varies from country to country. In the interior highlands of Mexico, Colombia, Ecuador, Peru, and Bolivia, it is pronounced as an **s** if the following consonant is **p, t, c, qu, f, j,** or **g** (+ **e** or **i**). If, however, the following consonant is **b, v, d, g,** (+ **a, o,** or **u**), **y, l, r, m,** or **n,** then the letter **s** is pronounced much like the *z* sound in English.

A.   Listen to a Mexican speaker pronounce the following words and phrases.

      [s]   está, es poco, espero, contestar, escoba, espalda, castaño, es feo, semestre, descansar, tienes tiempo, gusto, esquiar, escribir, escuchar, esposa, estado, estómago, es joven

      [z]   es verde, béisbol, es de aquí, es más, es grande, es bueno, es nuevo, es de México, es lacio, es romántico, tus libros

In other areas, especially the coastal areas of Mexico, Colombia, Ecuador, Peru, the lowlands of Bolivia, and the countries of the Caribbean—such as Puerto Rico, Cuba, the Dominican Republic, Panama, and Venezuela—as well as Paraguay, Uruguay, and Argentina, the letter **s** is pronounced as an aspiration (much like a soft *h* of English), or even dropped altogether, especially if followed by a consonant. This very common practice is called "eating s's" (**comerse las eses**) in Spanish.

B.   Listen to some of the same words and phrases as pronounced by a Cuban speaker.

      [h]   está, es poco, espero, contestar, tienes tiempo, gusto, desde, escribir, béisbol, escuchar, esposo, es más, es grande, es joven

✳ Ejercicios de ortografía

I. MEDIAL r AND rr

Single **r** (**r**) and double **r** (**rr**) between vowels (in medial position) must be carefully distinguished in speaking and writing. Remember that **r** between vowels is pronounced as a single tap, while **rr** is a trill.

Write the words you hear with **r** and **rr**.

1. _____   6. _____

2. _____   7. _____

3. _____   8. _____

4. _____   9. _____

5. _____   10. _____

II. EXCLAMATIONS

Remember that interrogative words are written with an accent mark. These include **¿cómo?, ¿dónde?, ¿cuánto?, ¿cuál?, ¿por qué?, ¿quién?, ¿cuándo?,** and **¿qué? Qué** and **cuánto** are also written with an accent mark if they are used in exclamations. For example: **¡Qué bonita está María esta noche!**

Write the sentences you hear and place the accent marks correctly.

1. _____

2. _____

3. _____

4. _____

5. _____

6. _____

✔ideoteca 📼

VOCABULARIO ÚTIL

el cráter   *crater*
¡ten cuidado!   *be careful!*
la población   *population*
ha crecido   *has grown*
el ritmo de la vida   *the pace of life*
se ha vuelto   *has become*
Temo   *I'm afraid*
Se me ocurre algo   *It occurs to me*
arrancar   *to start a motor*
no se molesten   *don't bother yourselves*
No hay de qué   *You're very welcome*

Sinopsis

Elisa y su hijo José Miguel suben al cráter de volcán Pululahua. Mientras José Miguel camina por el cráter Elisa saca su computadora portátil y se pone a escribir un artículo sobre el medio ambiente. De repente una chica la llama desde la carretera. El carro de la chica tiene problemas mecánicos y Elisa le ayuda.

Primero lea las siguientes preguntas y luego vea el video para contestarlas.

A. ¿Cierto (**C**) o falso (**F**)?

1. _____ José Miguel no ha subido a este lugar antes.

2. _____ José Miguel prefiere explorar mientras Elisa escribe el artículo.

3. _____ Elisa escribe un artículo sobre la cocina ecuatoriana.

4. _____ El carro de la chica se descompuso en la carretera.

5. _____ Hay un pueblo muy pequeño a diez minutos de allí.

6. _____ Un pueblo más grande con taller está a unos diez kilómetros de allí.

7. _____ Elisa se preocupa por la chica y decide llevarla al pueblo más grande.

8. _____ José Miguel y Elisa necesitan comprar gasolina para el carro.

B. Marque las cuestiones ecológicos que menciona Elisa en su artículo.

1. _____ el agujero en la capa de ozono

2. _____ la contaminación de las ciudades y las afueras (*outskirts, surrounding areas*)

3. _____ los desperdicios

4. _____ la destrucción de los bosques y las selvas

5. _____ el uso excesivo de productos plásticos

6. _____ la falta de recursos naturales

7. _____ la población mundial

8. _____ el ritmo acelerado de la vida

C. Complete cada oración.

1. Elisa escribe que hoy día en Ecuador mucha gente está preocupada con las cuestiones del

_____ .

2. La contaminación de las ciudades y las afueras ha llegado a ser _____.

3. La falta de recursos naturales como _____ es una desventaja de

nuestro estilo de vida.

4. Elisa se pregunta si es posible proteger el medio ambiente y desarrollar _____

a la vez.

5. El carro de la chica hacía _____ extraño y quería llevarlo a

_____ .

6. Para llegar al pueblo más grande la chica debe doblar _____ en la

_____ para Quito.

 **ecturas**

Un terremoto en Chile

Ésta es una noticia del periódico chileno La Estrella. *Trata de un terremoto que no tuvo consecuencias trágicas, pero que sí asustó a muchas personas.*

VOCABULARIO ÚTIL

el terremoto   *earthquake*
el sismo   *earthquake*
alcanzó   *attained, reached*
telúrico   *de la tierra*
las posteriores réplicas   *aftershocks*
los heridos   *wounded people*
las grietas   *cracks*
los desmoronamientos   *crumbling, breaks*
las desgracias   *misfortunes*
los derrumbes   *landslides*

SISMO PROVOCÓ PÁNICO EN LA TERCERA REGIÓN

COPIAPÓ, CHILE. Escenas de pánico y confusión se vivieron esta mañana en Copiapó como consecuencia de un sismo que alcanzó 6 grados en la escala de Richter. Según se informó en la Dirección Regional de Emergencia de la provincia, el temblor se registró a las 5 de la mañana con 12 minutos. En Vallenar tuvo una intensidad de 5 a 6 grados, y en Chañaral de 3 a 4.

El movimiento telúrico estuvo acompañado de fuertes ruidos subterráneos, que causaron pánico entre la población. Muchas personas abandonaron sus hogares esperando posteriores réplicas que no se produjeron. No se registraron heridos ni viviendas destruidas, aunque algunas casas antiguas resultaron con grietas o pequeños desmoronamientos.

En Vallenar, hasta este mediodía, no se tenía conocimiento de desgracias personales ni derrumbes. Tampoco había informaciones en tal sentido desde pueblos del interior. «La situación es totalmente normal», se informó.

Vecinos agregaron que «más que el movimiento, fue el gran ruido el que asustó a la gente; ¡parecía una avalancha!»

Comprensión

Imagínese que usted es el gobernador / la gobernadora de Copiapó y que ahora tiene que mandar un informe sobre el terremoto al presidente de Chile.

1. Lugar exacto y hora del terremoto:

2. Grados en la escala de Richter:

3. ¿Hubo víctimas?

4. ¿Destruyó residencias?

5. ¿Destruyó edificios comerciales?

6. Describa la situación en este momento:

Ahora... ¡usted!

1. Si usted ha tenido la experiencia de un terremoto, descríbala. ¿Sabe cuántos puntos marcó en la escala de Richter? ¿Qué daños causó?

2. ¿Cuáles son los efectos de las catástrofes naturales? ¿Cuál es su impacto en la comunidad donde ocurren? ¿y su impacto en el mundo?

Un paso más... ¡a escribir!

A. Mencione las ciudades, los estados o las regiones de su país que se ven afectados por los siguientes fenómenos.

FENÓMENOS	CIUDADES O ESTADOS
terremotos	_____
huracanes	_____
tornados	_____
lluvias fuertes	_____
sequías[1]	_____
nevadas[2]	_____
inundaciones	_____

B. Escriba un breve ensayo considerando las siguientes preguntas.

1. ¿Qué fenómenos naturales afectan el área donde usted vive? ¿Cómo se prepara usted para protegerse?

2. ¿Qué pasó la última vez que un fenómeno natural se manifestó donde usted vive? Narre el incidente.

LECTURA

Cuento: El pasajero misterioso

VOCABULARIO ÚTIL

el turno de noche   *graveyard shift*
libre   *free, unoccupied*
se esforzaba   *tried, made the effort*
la tela   *cloth*
el cuate   *buddy (Mex.)*
mano   *short for* hermano; *buddy*
se arrepintió   *he changed his mind*
el callejón oscuro   *dark alley*
dar marcha atrás   *to go in reverse*
¿Se acabó... ?   *Did it run out of . . .*

¡Ándale!   *Come on! (Mex.)*
trabada   *stuck*
el vidrio   *window glass*
la herramienta   *tool*
la patada   *kick*
las facciones   *facial features*
el fantasma   *ghost*
el agradecimiento   *gratitude*
Te soné el claxon   *I honked the horn at you*
no logró   *he didn't manage*
el brindis   *toast with a drink*

————————————
[1]*droughts*   [2]*snow storms*

Reinaldo es un hombre mexicano de 35 años que trabaja de taxista y vive en la Ciudad de México. Hace algunos meses Reinaldo estaba trabajando en el turno de noche y, por una razón extraña, no podía conseguir pasajeros. Ésta es la historia de aquellos días…

«¡Caray! ¿Qué pasa?», exclamó Reinaldo, sentado frente al volante de su auto. «¿Por qué no me llama nadie? Ahí veo gente que parece estar esperando un taxi. ¡Oigan, que yo estoy libre! ¿Adónde quieren ir? Pero… ¿por qué entran en otro taxi? ¿Qué? ¿No les gusta mi carro? ¡Pero si lo tengo en perfectas condiciones! ¡Acabo de pintarlo!»

Reinaldo llevaba ya tres días sin conseguir pasajeros. Aquello no tenía explicación. Mientras más se esforzaba por trabajar, menos lo lograba. Todos sus esfuerzos eran en vano. De nada le servía tener un carro recién pintado, con buen motor y asientos de tela suave. ¿Qué estaba ocurriendo?

Pasó una semana y Reinaldo seguía sin clientes. Empezó a preocuparse; sus compañeros de trabajo notaron que se enojaba fácilmente. Por fin Gabriel, uno de sus amigos taxistas, lo invitó a tomar una cerveza. Gabriel era el compañero a quien Reinaldo más estimaba.

—¿Qué te pasa, cuate? —le preguntó Gabriel—. ¿Problemas en casa?

—No, ningún problema —respondió Reinaldo—. ¿Por qué me preguntas?

—Es que andas siempre de mal humor, mano.

—El problema… —dijo Reinaldo, y luego guardó silencio.

—¿Sí? ¿Cuál es el problema?

Reinaldo estuvo a punto de contarle a su amigo lo que le estaba pasando, pero se arrepintió al último momento. Pensó que Gabriel se reiría de él si le dijera la verdad: que nadie quería subir a su taxi.

—¡Nada! —contestó finalmente—. Estoy bien.

—Bueno, pero no te olvides de que somos amigos y que, si tienes cualquier problema, puedes contar conmigo.

—Gracias, Gabriel.

La noche siguiente, en su búsqueda de pasajeros, Reinaldo llegó a un callejón oscuro y desierto. Y allí se preguntó a sí mismo: «¿Qué pasajero pensé encontrar en esta calle? Aquí no hay nadie. ¿Por qué manejé hasta este sitio? ¡Qué oscuro está este lugar!»

Reinaldo decidió irse de aquel callejón en seguida, pero al tratar de dar marcha atrás, notó que su carro no se movía.

«¿Cómo? ¿Se acabó la gasolina? No. Tengo medio tanque todavía. Ándale, cochecito, no me dejes aquí en este lugar solitario. Vamos… ¡Ándale!»

Pero el carro no quería moverse. Reinaldo, desesperado, quiso echar a correr. Tenía miedo y no entendía por qué. ¡Él no era un hombre cobarde! Trató de abrir la puerta del coche pero estaba trabada. Ahora, aterrorizado, el taxista buscó por todas partes alguna herramienta, cualquier cosa, para romper el vidrio de la ventanilla y saltar afuera.

«¡No encuentro nada!», gritó. «Le voy a dar una patada a la ventana.» Y unos segundos antes de levantar el pie, Reinaldo vio que la puerta de atrás, al lado izquierdo, se estaba abriendo lentamente. Y luego vio, como en un sueño, una figura de hombre. Sí, ¡allí había un hombre sentado en silencio! Era delgado y llevaba un traje negro. Reinaldo le observó la cara: plana, sin facciones. El pasajero misterioso empezó a moverse hacia la puerta…

¿Quién o qué era aquel hombre? ¿Quizás un fantasma, un espíritu, algún criminal? ¿Cómo y cuándo había entrado al taxi? El taxista no tuvo tiempo para reflexionar. En cuestión de segundos, la puerta se cerró de golpe y la oscura figura desapareció.

Reinaldo, un tanto confundido, pudo por fin abandonar el callejón. Manejó sin parar hasta el centro de la ciudad. Y por el camino iba pensando: «No entiendo lo que acaba de ocurrir. ¡Y no voy a tratar de explicármelo! Tampoco voy a contárselo a nadie. ¿Quién me lo creería?»

Entonces ocurrió algo que lo llenó de alegría: Cuatro personas lo estaban llamando. —¡Taxi! ¡Taxi! — decían. Querían un taxi, el de Reinaldo. ¡Por fin tenía pasajeros!

—¡Para allá voy, amigos! —exclamó el taxista, feliz como hacía tiempo no lo estaba.

Una semana después, Reinaldo invitó a su amigo Gabriel a tomar una cerveza. Quería expresarle su agradecimiento.

—Oye, mano, gracias por preocuparte por mí —le dijo Reinaldo.

—Para eso están los amigos, hombre —reaccionó Gabriel.

—Eres un buen cuate.

—Bueno, te ves mucho mejor. ¿Qué problema tenías, Reinaldo?

—Pues… es que estuve varios días sin poder trabajar. Nadie me llamaba. Pero ahora, por fin, tengo muchos pasajeros.

—¿Qué? —preguntó Gabriel, sorprendido—. No te entiendo. ¡Pero si tú *siempre* has tenido pasajeros!

—No. Pasé por unos días difíciles; nadie quería subir a mi taxi.

—¡Qué chistoso eres, cuate! —comentó Gabriel, riéndose.

—¡De veras!

—Pues mira, yo te vi tres veces la semana pasada. Te soné el claxon. Una vez hasta te grité, «¡Reinaldo!» Pero tú estabas en otro mundo, mano. Y siempre llevabas a un pasajero…

—¡¿Qué estás diciendo?! —preguntó Reinaldo.

—Sí —le explicó Gabriel—. Siempre que te vi llevabas al mismo señor, un tipo muy serio y muy pálido, todo vestido de negro…

Reinaldo sintió un intenso frío al pensar que alguien, aquel hombre extraño, había estado sentado en su coche por tantos días. ¡Y Gabriel había podido verlo! Pero, ¿por qué no logró Reinaldo ver al pasajero hasta el último momento, cuando salió de su carro en el callejón? Hasta ese instante, ¡había sido invisible!

El taxista decidió no buscar explicaciones.

—Bueno, ¿otra cerveza? —le dijo a Gabriel.

—¡Claro! —respondió su amigo con entusiasmo.

—Hagamos un brindis.

—Está bien, Reinaldo. ¿Por qué o por quién brindamos?

—Por todos los pasajeros misteriosos que a veces viajan con nosotros.

—¡Salud!

—¡Salud!

Comprensión

Complete las frases de la columna A, que están en el orden correcto, con las frases de la columna B para hacer un resumen del cuento.

A

1. _____ Este cuento trata de un...
2. _____ Reinaldo tiene el turno de noche...
3. _____ Su personalidad...
4. _____ Reinaldo no comprendía lo que pasaba, pues...
5. _____ Una noche, buscando pasajeros...
6. _____ Allí su coche se paró...
7. _____ Trató de salir...
8. _____ Luego vio que se abría...
9. _____ Entonces el coche se movió inmediatamente...
10. _____ Cuando Reinaldo le describió el problema a su amigo,...
11. _____ El amigo le dijo que lo vio en varias ocasiones...

B

a. su coche funcionaba y estaba en buenas condiciones.
b. llegó a un callejón oscuro.
c. y varios pasajeros empezaron a llamarlo.
d. chofer de taxi.
e. Gabriel no le creyó la historia.
f. pero no consigue pasajeros.
g. empezó a cambiar.
h. y él no pudo hacerlo andar.
i. y siempre llevaba a un pasajero.
j. la puerta y salía una figura extraña.
k. y tampoco pudo.

Ahora... ¡usted!

1. ¿Ha tenido alguna vez una experiencia que no pudo entender o explicar con razones lógicas? ¡Descríbala!

_____

_____

_____

2. ¿Qué hace usted para superar (*overcome*) las crisis en sus estudios o en su trabajo? ¿Conversa con sus amigos? ¿Prefiere resolver los problemas solo/a? ¿Por qué?

_____

_____

_____

✎ Un paso más… ¡a escribir!

Reinaldo tiene que escribir un informe para su jefe para explicarle por qué no ganó ningún dinero durante una semana. Pero el taxista no quiere contarle la experiencia del «pasajero misterioso». ¿Qué puede decirle? Imagínese que usted es Reinaldo y trate de inventar por lo menos cuatro excusas.

> *Estimado jefe:*
> *No gané dinero durante una semana porque…*

1. *estuve enfermo y no pude trabajar.* _____

2. _____ .

3. _____ .

4. _____ .

5. _____ .

CAPÍTULO

11

De viaje

Actividades escritas

✳ Los planes de viaje

A. Usted necesita hacer reservaciones para un vuelo de Nueva York a Bogotá, Colombia. Escriba un diálogo de por los menos media página en que usted llama a Avianca, la aerolínea colombiana, y le pide información al/a la agente acerca del vuelo: el costo, las horas de salida y llegada, el tiempo que dura el vuelo, etcétera.

✳ En busca de sitios

Lea Gramática 11.1.

B. Usted está en la Ciudad de México. Escriba instrucciones para ir de un lugar a otro según el plano en la próxima página. Use mandatos formales como **vaya, camine, siga, doble, cruce,** etcétera.

1. Del Hotel el Presidente al Museo de Arte Moderno

   _____

   _____

   _____

2. Del Monumento a los Niños Héroes al Hotel del Ángel

   _____

   _____

   _____

3. Del Centro de Deportes Chapultepec al Monumento a la Independencia

_____

_____

_____

4. Del Centro de Deportes Chapultepec al Hotel el Romano Diana

_____

_____

_____

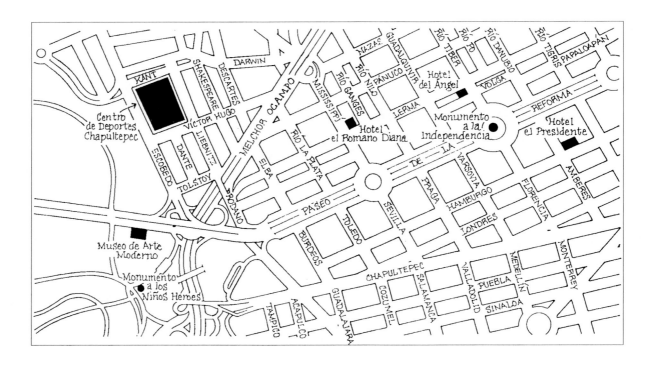

✳ De viaje por los países hispanos

Lea Gramática 11.2–11.3.

C. Imagínese que usted es guía de una excursión a España. Está a cargo de un grupo de veinte turistas. Hágales sugerencias usando **(No) Quiero que** y la forma correcta de cinco de estos verbos: **comprar, hacer, ir, poner, salir, tener, traer, venir, ver.**

MODELO: Quiero que _hagan_ con cuidado todo lo que les voy a decir.

1. _____

2. _____

3. _____

4. _____

5. _____

D. Usted está en la estación de tren de Guadalajara. Necesita una habitación en un hotel. Llama al Hotel Posada de los Sin-Dinero. El gerente, una persona muy amable y eficiente, le contesta. Lea cada respuesta para saber cuál es la pregunta adecuada. Siga el modelo.

... cuando los clientes se van de aquí, ¡salen SIN dinero!

MODELO: GERENTE: Muy buenas tardes. ¿En que puedo servirle?

USTED: *¿Hay una habitación que tenga cama matrimonial?*

GERENTE: Sí, claro. Tenemos una habitación con cama matrimonial.

USTED: _____ 1

GERENTE: Ésta tiene ventanas, mucha luz, televisión y radio.

USTED: _____ 2

GERENTE: Naturalmente. Hay un baño privado y toallas limpias todos los días.

USTED: _____ 3

GERENTE: Por supuesto que incluye el desayuno: huevos rancheros, frijoles, salsa picante, tortillas y café.

USTED: _____ 4

GERENTE: Bueno, por una habitación tan buena el precio es módico, solamente 2.550 pesos diarios.

USTED: _____ 5

GERENTE: Doscientos cincuenta y cinco dólares, señor(ita).

USTED: ¿Cómo? ¡Doscientos cincuenta y cinco dólares! ¿No se llama este hotel Posada de los Sin-Dinero?

GERENTE: Sí, señor(ita). Se llama así porque cuando los clientes se van de aquí, salen *sin* dinero.

E. Ernesto, Estela y sus hijos fueron a Acapulco de vacaciones. Hoy regresan a México. Los niños les hacen muchas preguntas a sus padres. Haga el papel de Ernesto o Estela y termine sus respuestas.

1. Mamá, ¿cuándo van a limpiar el baño?

   Lo van a limpiar cuando _____ .

2. ¿Cuándo vamos a bajar al comedor?

   Vamos a bajar cuando _____ .

3. ¿Ya vas a cerrar las maletas, papá?

   No, hija, las voy a cerrar cuando _____ .

4. Mamá, ¿vas a mandar el traje de papá a la tintorería[1] ahora?

   No, hijo, lo voy a mandar cuando _____

   _____.

5. ¿Llamamos ya al botones, papá?

   No, chicos, yo lo voy a llamar cuando _____

   _____.

✳ Los sitios turísticos

Lea Gramática 11.4–11.5.

F. ¿Qué estaban haciendo estas personas ayer a las once de la mañana?

   MODELO: Adriana y Víctor estaban en París. → Probablemente *estaban subiendo a la Torre Eiffel.*

1. Pedro y Andrea Ruiz estaban en Mazatlán.

   Probablemente _____.

2. Guillermo y Amanda Saucedo estaban solos en su casa.

   Probablemente _____.

3. Clara Martin estaba en la costa en el sur de España.

   Probablemente _____.

4. Carla y Rogelio estaban en la selva amazónica.

   Probablemente _____.

5. Ricardo Sícora estaba en el Museo del Prado.

   Probablemente _____.

G. Complete las oraciones con algo que a usted le sucedió alguna vez o con algo muy cómico.

   MODELO: Rogelio nadaba en el Amazonas cuando… →
             Rogelio nadaba en el Amazonas cuando *vio un cocodrilo.*

1. Los turistas subían al avión cuando…

   _____

2. Los turistas dormían en el barco cuando…

   _____

3. Los turistas cambiaban dinero en el banco cuando…

   _____

4. Los turistas llegaban al hotel cuando…

   _____

_____
[1] *dry cleaners*

5. Los turistas miraban los cuadros en el museo cuando…

   _____

6. Los turistas tomaban el sol en la playa cuando…

   _____

H. Conteste las preguntas para escribir un párrafo sobre **uno** de estos temas.

1. UNA CIUDAD QUE VISITÓ Y QUE LE GUSTÓ:
   ¿Cómo se llama la ciudad? ¿Cuándo fue? ¿Fue solo/a o con amigos? ¿Cómo es la ciudad? ¿Es grande? ¿Es antigua o moderna? ¿Qué atracciones turísticas hay allí? ¿Qué le gustó más de la ciudad? ¿Por qué? ¿Conoció a algunas personas simpáticas? ¿Qué hizo/hicieron en la ciudad? ¿Qué otras cosas divertidas se pueden hacer allí?

2. UN VIAJE QUE USTED HIZO Y QUE *NO* LE GUSTÓ MUCHO:
   ¿Adónde fue? ¿Con quién(es)? ¿Qué medio(s) de transporte usó/usaron? ¿Cómo era el lugar? ¿Tuvo/Tuvieron alguna experiencia desagradable en el camino? ¿O tuvo/tuvieron una experiencia desagradable en el hotel / un restaurante / un sitio turístico? ¿Qué pasó?

Resumen cultural

Complete con la información cultural del **Capítulo 11.**

1. Nombre tres ciudades mexicanas conocidas por su arquitectura colonial.

   _____

2. ¿Cuál es el origen de la palabra **mariachi** en español? _____

3. ¿Cómo se llama el grupo indígena que vive en el norte de México en la Sierra Madre Occidental?

   _____

4. ¿Qué grupo indígena construyó y habitó en Tikal, Guatemala? _____

5. ¿Cómo se llama la plaza que está en el centro de la Ciudad de México?

   _____

6. Nombre dos ciudades españolas que están en Andalucía (región del sur de España).

   _____

7. ¿Cuáles son las tres canciones más famosas de Juan Luis Guerra?

   _____

8. ¿Cuál es la meta de la fundación que creó Juan Luis Guerra?

   _____

9. ¿Dónde está situada la ciudad mexicana de Mérida? _____

   _____

 ctividades auditivas

✳ Para empezar

A. Anuncio comercial: AMTRAINS

Ahora en KSUN, Radio Sol, escuchemos un mensaje comercial de AMTRAINS, la compañía de trenes.

Llene esta hoja de información comercial.

AMTRAINS

LAS VENTAJAS DE AMTRAINS:

- los trenes van a _____
  a bajo _____ y con la mayor _____

LOS TRENES:

- tienen modernos _____
- los asientos son amplios y _____
- tienen grandes _____
- llegan _____

B. El viaje de Pilar

Pilar Álvarez está conversando con Ricardo Sícora sobre el viaje que ella hizo a Venezuela.

Según la conversación entre Pilar y Ricardo, ¿qué sabemos?

1. Pilar estuvo en _____ .

2. Ella dice que Caracas es una ciudad muy _____ que tiene muchas _____ y muchos coches.

3. Pilar también fue a la _____ Cumaná.

4. Ricardo pasaba mucho tiempo en el mismo lugar cuando era más joven y dice que el

   _____ es muy azul y la _____ muy fina.

5. Pilar piensa que Ricardo parece un _____ .

✳ Los planes de viaje

C. ¡Realizad vuestro viaje ideal!

VOCABULARIO ÚTIL

fundada   *founded, established*
el itinerario   *itinerary*
realizad   *make (something) come true*

Formas de *vosotros*

queréis	venid
escoged	realizad
habladnos	podéis
realizad	

Aquí en KSUN, Radio Sol, un breve anuncio comercial de nuestros amigos en la agencia de viajes Españatours.

¿Sí o no? Españatours…

	SÍ	NO	
1.	☐	☐	es una agencia fundada por españoles.
2.	☐	☐	sirve solamente a los españoles en California.
3.	☐	☐	tiene viajes ideales para sus clientes.
4.	☐	☐	consigue solamente los pasajes de avión.
5.	☐	☐	muestra una variedad de itinerarios y el cliente selecciona el mejor.
6.	☐	☐	sirve café en la agencia.
7.	☐	☐	hace las reservas en hoteles de cuatro o cinco estrellas.
8.	☐	☐	ayuda en la preparación del pasaporte, el visado y el menú para la comida en el avión.

D. Una segunda luna de miel

VOCABULARIO ÚTIL

la luna de miel   *honeymoon*
les conviene   *it suits you*
el folleto   *brochure*

Lugares mencionados

las Antillas   grupo de islas en el Caribe
Santo Domingo   ciudad capital de la
                República Dominicana
Puerto Príncipe   ciudad capital de Haití
San Juan   ciudad capital de Puerto Rico
Santo Tomás   isla cerca de Puerto Rico

Ramiro y Rosita Silva quieren hacer un viaje. Ahora están en la agencia de viajes donde trabaja su vecina, Paula Saucedo, y conversan con ella.

Después de visitar la agencia de viajes donde trabaja Paula, los Silva decidieron comparar la excursión que escogieron con otra, de la agencia Giramundo, que apareció anunciada en el periódico. Escriba las diferencias entre las excursiones de la agencia de Paula y la agencia Giramundo.

**AGENCIA DE VIAJES GIRAMUNDO
lo invita… ¡al Caribe!**

Puertos:	Santo Domingo, Puerto Príncipe, San Juan
Duración:	14 días
Precio:	11.500 pesos
Incluye:	• pasajes aéreos de ida y vuelta
	• hoteles de lujo
	• desayuno americano, almuerzo y cena
	• una excursión pagada en cada lugar
	• trámite[1] de visas

---

[1] *visa arrangements*

En la agencia de Paula:

1. Puertos: ——

2. Duración: ————————————————

3. Precio: ————————————

4. Incluye: ——

✳ **En busca de sitios**

E. Esteban en México

VOCABULARIO ÚTIL

ir a pie   *to go on foot, walk*
me confunde   *it confuses me*
la esquina   *corner*
el letrero de neón   *neon sign*

Lugares mencionados

Acapulco   ciudad en la costa del Pacífico de México
la avenida Juárez   avenida principal en México, D.F.
la avenida Madero   avenida principal en México, D.F.
el monumento al General Zaragoza   monumento dedicado al general mexicano Ignacio
    Zaragoza (1829–1862)
la avenida Hamburgo   avenida principal en México, D.F.

Esteban está de visita en México y quiere hacer un corto viaje a Acapulco. Pero la Ciudad de México es tan grande que Esteban se pierde fácilmente. Ahora le pide ayuda a una señora.

¿Cierto (**C**) o falso (**F**)?

1. ——— Esteban pide instrucciones para llegar al aeropuerto.

2. ——— La compañía de autobuses Tres Estrellas de Oro ofrece viajes entre la Ciudad de México y Acapulco.

3. ——— Según las instrucciones, lo primero que Esteban tiene que hacer es caminar hacia el norte por la misma calle.

4. ——— Esteban debe doblar a la izquierda en la avenida Juárez.

5. ——— La terminal tiene un enorme letrero de neón con cinco estrellas.

6. ——— La terminal queda en la esquina con la avenida Madero y la avenida Zaragoza.

✳ **De viaje por los países hispanos**

F. La maleta de Ernestito

VOCABULARIO ÚTIL

esconderlo   *to hide it*
respirar   *to breathe*
pesan/pesa   *they weigh / it weighs*
la broma   *practical joke*

La familia Saucedo se prepara para hacer un viaje de vacaciones a Nueva York.

Complete con la información necesaria.

1. La familia Saucedo va a Nueva York para _____.

2. Ernesto reservó tres habitaciones porque necesitan _____ _____.

3. Ernestito no puede llevar a Lobo en su _____ porque no puede respirar.

4. Ernesto dice que Ernestito no puede llevar su pelota de _____ y su bate de _____ porque pesan mucho.

5. Estela quiere pagar el exceso de equipaje ya porque van a perder el _____.

G. Es mejor viajar con cheques

VOCABULARIO ÚTIL

en efectivo   *in cash*

Esteban está de visita con su amigo Raúl en México. Hoy ha ido al banco a cambiar sus dólares por pesos mexicanos.

Escoja la(s) respuesta(s) más lógica(s).

1. Esteban dice que...

   a. no es peligroso viajar con dinero en efectivo.

   b. el dólar está a 9.500 pesos hoy.

   c. es mejor viajar con cheques de viajero.

   d. el aviso comercial aconseja viajar con dólares en vez de pesos.

2. La cajera...

   a. le parece a Esteban un poco impaciente.

   b. le dice a Esteban que a ella le gusta su foto.

   c. empieza a conversar con Esteban sobre su foto.

   d. está enojada porque Esteban habla mucho.

3. La cajera le cambia dos cheques de 50.00 dólares a Esteban y le da…

    a. 900 pesos en total.

    b. 7.900 pesos en total.

    c. 975 pesos en total.

    d. 97 pesos en total.

4. Al final es obvio que Esteban…

    a. quiere conversar un poco más con la cajera.

    b. quiere cambiar más dinero.

    c. quisiera invitar a la cajera a salir con él.

    d. cree que la cajera es antipática.

✳ Los sitios turísticos

H. ¡Cambia tu rutina!

VOCABULARIO ÚTIL

el cambio de guardia   *changing of the guard*
las ruinas   *ruins*
el carnaval   *Carnival (Mardi Gras)*
las mejores ofertas   *the best deals*

Lugares mencionados

Madrid   *capital of Spain*
el Museo del Prado   *Spain's most famous museum*
el restaurante Casa Botín   *popular restaurant in Madrid*
la Plaza Mayor   *main square in Madrid*
la Torre Eiffel   *Eiffel Tower*
el Palacio Real   *Royal Palace (London)*
Machu Picchu   *"lost city" of the Incas*
Río de Janeiro   *Brazilian city famous for its Carnival celebration*

Y ahora un anuncio de su agencia de viajes favorita, Españatours.

❖   ❖   ❖

Conteste según el anuncio.

1. Según este anuncio, necesitas viajar si…

    a. estás cansado de la _____ diaria.

    b. estás _____ de estar en casa.

2. ¿Qué puedes ver en…

    a. Madrid? _____

    b. París? _____

    c. Londres? _____

    d. Perú? _____

    e. Río de Janeiro? _____

I. El viaje de Silvia a Puerto Rico

VOCABULARIO ÚTIL

pasarlo bien   *to have a good time*
reflejan   *they reflect*
plateado   *silvery*
el fuerte   *fort*

Lugares mencionados

el Yunque   bosque tropical cerca de San Juan, Puerto Rico
la Bahía Fosforescente   bahía donde el agua es de un color plateado por la noche
el Viejo San Juan   la parte colonial de San Juan
el Morro   fuerte antiguo en la entrada de la bahía en San Juan

Silvia Bustamante va a viajar a San Juan, Puerto Rico, para visitar a su amiga Marta Guerrero. Ahora conversa con su novio Nacho sobre el viaje.

Llene los espacios en blanco según la conversación.

1. Silvia está muy _____ con los planes para su viaje.

2. El vuelo de Silvia sale a las _____. Ella quiere salir para el aeropuerto a _____.

3. A Silvia le gusta la idea de una luna de miel en _____.

4. Marta tiene muchos _____ para la visita de Silvia. Por ejemplo, van a ver un _____ que se llama el Yunque, los animalitos que reflejan un color plateado en la Bahía Fosforescente y la parte colonial de la ciudad, que se llama el _____.

5. Nacho no puede ir con Silvia a Puerto Rico porque tiene que _____.

✳ ¡A repasar!

J. Ernesto, agente de viajes

VOCABULARIO ÚTIL

el jefe   *boss, supervisor*
el camión   *bus (Mex.)*
lo acompaño   *I'll go with you*
a propósito   *by the way*

Lugares mencionados

la Terminal de Autobuses para Oriente   estación de autobuses en México, D.F.
el Paseo de la Reforma   avenida principal en México, D.F.
la avenida Ignacio Zaragoza   avenida principal en México, D.F.

Ernesto Saucedo trabaja en una compañía de seguros. Hoy tiene una reunión importante con su jefe. Ahora está preparándose para ir al trabajo.

Escoja la(s) respuesta(s) más lógica(s).

1. Ernesto usa el transporte público porque…

   a. no tiene coche.

   b. no quiere usar su coche.

   c. es más rápido que manejar.

   d. solamente tarda veinticinco minutos en llegar al trabajo.

2. El turista…

   a. no sabe dónde está el Parque Chapultepec.

   b. quiere llegar a la Terminal de Autobuses para Oriente.

   c. le pide ayuda a Ernesto.

   d. no quiere conversar con Ernesto en el camión.

3. Para llegar a la terminal, el turista…

   a. necesita tomar el camión 56 y luego el 122.

   b. debe caminar dos cuadras.

   c. necesita llamar a la terminal por teléfono.

   d. debe bajarse en la avenida Ignacio Zaragoza.

4. Ernesto no quiere atender al turista porque…

    a. tiene prisa.

    b. quiere prepararse para su reunión en el trabajo.

    c. no le gusta el turista.

    d. su camión llegó.

5. El turista pide más información sobre…

    a. restaurantes en México.

    b. alojamiento.

    c. museos.

    d. lugares turísticos.

Pronunciación y ortografía

✳ **Ejercicios de ortografía**

I. ACCENT MARKS ON AFFIRMATIVE COMMANDS

When a pronoun (**me, te, le, nos, les, se**) is added to an affirmative command, the command form must be written with an accent. For example: **lávese las manos, acuéstese, tráigame el libro, dígale la verdad.**

Listen and then write the following sentences with affirmative commands and pronouns. Write each command form correctly with an accent mark.

1. _____

2. _____

3. _____

4. _____

5. _____

II. ACCENT MARK EXCEPTIONS: WORD PAIRS

There are pairs of words in Spanish that are distinguished in writing by an accent mark. The most common are:

él	*he*		el	*the*
mí	*me*		mi	*my*
tú	*you*		tu	*your*
sí	*yes*		si	*if*
sé	*I know*		se	*self*
dé	*give* (*command*)		de	*of, from*
té	*tea*		te	*you, yourself*

Listen to the following sentences and write the missing word. Decide from the meaning if it needs an accent mark.

1. ————————— papá es médico. ¿Es abogado ————————— papá?

2. ¿————————— gusta el ————————— inglés?

3. —————————, voy contigo… ————————— me invitas, claro.

4. ¿————————— quién es este sombrero?

5. Yo no ————————— ————————— Javier ————————— casó en marzo o en mayo.

III. ORTHOGRAPHIC CHANGES IN THE SUBJUNCTIVE

Several types of verbs have spelling changes in certain subjunctive forms in order to preserve the sound of the infinitive.

			INFINITIVE	INDICATIVE	SUBJUNCTIVE
1.	**g** to **j**	before **a, o**	proteger	protejo[1]	proteja
2.	**gu** to **g**	before **a, o**	seguir	sigo[1]	siga
3.	**c** to **z**	before **a, o**	convencer	convenzo[1]	convenza
4.	**c** to **zc**[2]	before **a, o**	conocer	conozco[2]	conozca
5.	**c** to **qu**	before **e**	buscar	busco	busque
6.	**g** to **gu**	before **e**	pagar	pago	pague
7.	**z** to **c**	before **e**	cruzar	cruzo	cruce

The most common verbs in each class are the following:

1. **coger** (*to take; to catch*), **dirigir** (*to direct*), **elegir** (*to elect*), **escoger** (*to choose*), **proteger** (*to protect*), **recoger** (*to pick up*)

2. **conseguir** (*to get, attain*), **perseguir** (*to pursue*), **seguir** (*to follow; to continue*)

3. **convencer** (*to convince*), **torcer** (*to twist*), **vencer** (*to defeat*)

4. **agradecer** (*to be grateful for*), **conducir** (*to drive; to conduct*), **conocer** (*to know*), **favorecer** (*to favor*), **ofrecer** (*to offer*), **parecer** (*to seem*), **producir** (*to produce*), **traducir** (*to translate*)

5. **acercarse** (*to get close to*), **buscar** (*to look for*), **chocar** (*to crash*), **criticar** (*to criticize*), **equivocarse** (*to be mistaken*), **explicar** (*to explain*), **indicar** (*to indicate*), **pescar** (*to fish*), **practicar** (*to practice*), **rascar** (*to scratch*), **sacar** (*to take out*), **secar** (*to dry*), **tocar** (*to play; to touch*)

6. **entregar** (*to hand in*), **jugar** (*to play*), **llegar** (*to arrive*), **negar** (*to deny*), **obligar** (*to oblige*), **pagar** (*to pay [for]*), **pegar** (*to hit; to glue*), **regar** (*to water*)

7. **abrazar** (*to embrace*), **almorzar** (*to have lunch*), **comenzar** (*to begin*), **cruzar** (*to cross*), **empezar** (*to begin*), **rechazar** (*to reject*), **rezar** (*to pray*)

Listen and write the sentences you hear. Pay particular attention to subjunctive verb forms and their spelling.

1. _____

_____

2. _____

_____

——————————
[1] The first-person singular (**yo**) form of the indicative has the same orthographic change, for the same purpose.
[2] In addition, a **k** sound is inserted in these forms; thus the full change is **c** (s) to **zc** (sk).

3. _____

   _____

4. _____

   _____

ideoteca

VOCABULARIO ÚTIL

Riobamba   ciudad ecuatoriana al pie de los Andes
las islas Galápagos   islas remotas ubicadas
    a 600 millas de la costa ecuatoriana
inolvidable   *unforgettable*
es un placer   *it's a pleasure*

Sinopsis

Elisa Velasco habla con el señor Gómez, un agente de viajes. Ella es periodista y quiere arreglar su próximo viaje para su trabajo. El agente le cuenta sobre sus últimas vacaciones.

Primero lea estas afirmaciones y luego vea el video para contestarlas.

A.   ¿Cierto (**C**) o falso (**F**)?

1. _____ Elisa viajó el mes pasado.

2. _____ Elisa visita al señor Gómez porque ella va de vacaciones con su hijo.

3. _____ El señor Gómez viajó a las islas Galápagos en mayo del año pasado.

4. _____ El destino del vuelo de Elisa es la isla de Santa Rosa.

5. _____ Elisa paga con cheques de viajero.

B.   Marque las actividades que hicieron el señor Gómez y su esposa en las islas Galápagos.

1. _____ Hicieron un viaje por crucero por las islas.

2. _____ Caminaron por las islas.

3. _____ Comieron sopa de tortuga marina.

4. _____ Observaron los animales.

5. _____ Esquiaron en las bahías tranquilas.

6. _____ Acamparon a la orilla del mar.

7. _____ El señor Gómez sacó fotos.

8. _____ Él también escaló las rocas.

9. _____ Su esposa nadó.

10. _____ Los dos descansaron mucho.

C. Complete el itinerario de Elisa.

Elisa sale de _____,[1] Ecuador, el _____,[2] día

_____.[3] Tiene reservaciones de _____[4] noches en el

_____[5] de Santa Cruz. Elisa va a trabajar en las islas Galápagos pero ella

también espera _____.[6]

 ecturas

 **La leyenda de Popocatépetl e Iztaccíhuatl**

VOCABULARIO ÚTIL

el emperador   *emperor*
el guerrero   *warrior*
tendría que   *he would have to*
encabezar   *to head, direct*
derrotar   *to defeat*
lo felicitó   *he congratulated him*
la recompensa   *reward*

las fiestas nupciales   *wedding festivities*
el prometido   *fiancé*
los lamentos fúnebres   *cries of mourning*
se alejó   *he went away*
los dioses   *gods*
premiar   *to reward*

Los volcanes Popocatépetl e Iztaccíhuatl pueden verse desde la capital de México.

En esta lectura se narra una historia que es parte del folclore mexicano. Es la hermosa leyenda de dos amantes aztecas que fueron convertidos en volcanes.

Hace varios siglos, antes de la llegada de los españoles a Tenochtitlán, el emperador azteca tenía una hija muy hermosa que se llamaba Iztaccíhuatl. Esta muchacha estaba enamorada de Popocatépetl, un joven guerrero. El emperador, como todos los padres, quería lo mejor para su hija. Fue por eso que, para permitir el matrimonio entre los dos jóvenes, puso dos condiciones: primero, Popocatépetl tendría que encabezar el ejército del imperio porque el emperador ya no podía guiarlo; estaba muy viejo; segundo, el joven guerrero tendría que derrotar a sus enemigos.

Popocatépetl amaba tanto a la princesa que aceptó las condiciones y partió para la guerra. Después de crueles batallas, el ejército del imperio triunfó y empezó la marcha de regreso. ¡Popocatépetl iba tan feliz! Por el camino recogió plumas de colores brillantes para su amada.

Mientras tanto, otro guerrero que también amaba a la princesa se separó del ejército y caminó sin parar ni de día ni de noche. Quería llegar a la corte antes que Popocatépetl. ¡Y lo logró! Al llegar a Tenochtitlán, sucio y cansado, fue inmediatamente al palacio. Y allí, mintiendo, contó una historia falsa y terrible. Declaró que Popocatépetl había muerto y que él había llevado el ejército a la victoria. El emperador lo felicitó y le ofreció una recompensa. Naturalmente, el guerrero mentiroso expresó su deseo de casarse con la princesa; el emperador se vio obligado a cumplir su deseo.

Las fiestas nupciales empezaron en seguida. La princesa obedeció pálida, llorando. Pero cuando su nuevo prometido quiso tomarle la mano, ella sólo pronunció el nombre de Popocatépetl y cayó muerta ante la sorpresa de todos.

Al día siguiente llegó el ejército con Popocatépetl triunfante a la cabeza. Cuando el joven guerrero entró al palacio, en vez de los cantos de las ceremonias nupciales escuchó lamentos fúnebres. Corrió hacia el salón y encontró a su amada tendida entre flores y rodeada de mujeres que lloraban. Se acercó y, tomando a Iztaccíhuatl en sus brazos, le prometió estar siempre a su lado.

Popocatépetl se alejó entonces con ella. Caminó lentamente hasta llegar a las montañas. Allí depositó el cadáver de Iztaccíhuatl en una colina y se sentó a llorar a su lado. Fue entonces que los dioses decidieron premiar la fidelidad de ese amor. Para permitir a los amantes estar siempre juntos, ¡los convirtieron en volcanes!

El Iztaccíhuatl es un volcán también, aunque ya no está activo.[1] Claro, no puede estar activo porque la muchacha estaba muerta. En cambio, Popo —así lo llaman los mexicanos— hace erupción de vez en cuando. El pobre, todavía llora al ver a su amada que duerme el sueño de la muerte…

Comprensión

A. Ordene las siguientes oraciones cronológicamente. (El segundo espacio en blanco es para la **Actividad B.**)

——— ——— El emperador puso dos condiciones para permitir el matrimonio.

——— ——— El ejército del imperio, encabezado por Popocatépetl, venció.

——— ——— La princesa cayó muerta.

——— ——— Popocatépetl e Iztaccíhuatl fueron convertidos en volcanes.

——— ——— Otro guerrero dijo que Popocatépetl había muerto.

——— ——— Popocatépetl recogió plumas como regalo para su amada.

——— ——— La princesa Iztaccíhuatl estaba enamorada de Popocatépetl.

——— ——— Popocatépetl salió para la guerra.

——— ——— El emperador le ofreció la mano de la princesa al otro guerrero.

——— ——— Popocatépetl se llevó a su amada muerta a la sierra.

---

[1]Muchos mexicanos afirman que el volcán Iztaccíhuatl tiene la forma de una mujer acostada boca arriba.

B. Ahora vuelva a la **Actividad A** e indique qué sentimientos se representan en los sucesos mencionados: Alegría (**A**), Orgullo (*Pride*) (**O**), Tristeza (*Sadness*) (**T**) o Envidia (**E**). En algunos casos puede indicar más de un sentimiento.

Ahora… ¡usted!

1. ¿Conoce una leyenda del folclore de su país? ¿Es una historia de amor y aventuras? ¿Tiene magia y misterio? ¡Descríbala!

   _____

   _____

   _____

   _____

   _____

2. ¿Hay alguna historia del pasado de su familia que le gustaría contarles a sus descendientes? ¿Por qué considera que es especial esa historia?

   _____

   _____

   _____

   _____

   _____

Un paso más… ¡a escribir!

Usted quiere vivir para siempre con la persona a quien ama. ¿En qué desea que los dioses los conviertan para poder estar juntos eternamente? Por ejemplo, ¿quieren ustedes ser convertidos en volcanes, flores, mariposas, árboles, plumas? ¡Invente su propia leyenda!

MODELO: Quiero que los dioses nos conviertan en _____ porque…

EL MUNDO HISPANO… LA GENTE

Antonio Galván tiene 40 años y es salvadoreño. Vive en Takoma Park, Maryland.

¿Ha pasado usted sus vacaciones en algún sitio turístico interesante?

Yo les recomiendo a todos —viejos y jóvenes— que vayan de vacaciones a Baja California, al lado del Golfo. ¡No se imaginan qué extraordinario es el sitio! Yo llevé a mi esposa allí para unas vacaciones de Navidad y ella no paraba de decir:[1] «¡Qué belleza!» El paisaje es un inmenso desierto lleno de flora y fauna (cuando se deja ver) que desemboca en[2] un mar de un azul profundo. La comida es para morirse del gusto:[3] mariscos a precios regalados.[4] Pero lo más agradable, creo, es la tranquilidad que da el lugar. No hay aglomeración[5] de turistas, pero sí los suficientes como para no sentirse aislado.

[1]*no… she didn't stop saying*   [2]*desemboca… leads to, runs to*   [3]*para… so good you could die*   [4]*dirt cheap*   [5]*crowds*

Comprensión

¿Por qué recomienda Antonio Galván unas vacaciones en Baja California? Llene los espacios con las palabras que describen el sitio.

1. El mar es _____.

2. El lugar es _____.

3. La comida es _____.

4. El paisaje es _____.

La salud y las emergencias

❋ El cuerpo humano y la salud

A. ¿Qué es?

1. Tenemos dos; son necesarios para doblar los brazos: ——— ————————.

2. Son rosadas; están en la boca. Cuando tenemos algo malo en ellas, visitamos al dentista: ———
————————.

3. Las personas que beben mucho licor tienen problemas del ————————.

4. ——— ————————: son los huesos del pecho que protegen los pulmones y el corazón.

5. Nos sentamos en ellas: ——— ————————.

6. No es verdad que se rompa, pero si no controlamos el colesterol tenemos problemas serios

con ——— ————————.

7. Es rosada; está en la boca. La usamos para hablar y para comer: ——— ————————.

8. Se ve mucho como decoración el Día de las Brujas. Son los huesos de la cabeza: ———
————————.

B. ¿Qué hacemos con estas partes del cuerpo?

MODELO: la nariz → *Olemos con la nariz.*

1. los pies

——

2. el cerebro

——

3. la boca

_____

4. la garganta

_____

5. los dedos

_____

✳ Las enfermedades y su tratamiento

Lea Gramática 12.1–12.2.

C. Primero, llene los espacios en blanco con la forma correcta del verbo correspondiente.

volverse loco/a	adelgazar	ponerse alegre
	alegrarse	ponerse contento/a
	enfermarse	ponerse de buen humor
	engordar	ponerse de mal humor
	enojarse	ponerse furioso/a
	entristecerse	ponerse nervioso/a
		ponerse triste

1. Si las cosas que como tienen muchas calorías, (yo) _____.

2. Si (yo) como muy poco, _____ o me muero de hambre.

3. Ayer (yo) _____ porque recibí un lindo regalo de cumpleaños.

4. Si tu novio/a sale a bailar con otra/o, ¿_____?

5. El sábado pasado, mi hermano _____ cuando yo le

   descompuse el coche.

Ahora complete lógicamente estas oraciones sobre los estados de ánimo y la salud.

MODELO: Me enojo cuando… → *tengo que manejar y hay mucho tráfico.*

6. Me vuelvo loco/a cuando _____.

7. Mi amigo/a se pone de mal humor cuando _____.

8. Me pongo nervioso/a cuando _____.

9. Mis padres se entristecen cuando _____.

10. Me enfermo cuando _____.

D. Llene los espacios en blanco con el más adecuado de estos verbos, según el contexto: **hay, había, hubo, va a haber, tiene que haber** o **haya.**

1. Para el dolor de cabeza antes sólo _____ un producto, la aspirina. Ahora

   _____ muchos (productos), como el Advil y el Tylenol.

2. Ahora también _____ muchas medicinas para las úlceras, pero antes no

   _____ casi ninguna.

3. —Mamá, ¿crees que _____ buenas medicinas para el asma en el

futuro?

—Ay hijo, _____ por lo menos una.

—Mamá, y cuando _____ una o dos, ¿crees que van a ser muy caras?

4. —Hijito, ¿_____ piñata en la fiesta ayer?

—No, mami, la maestra dijo que era muy peligroso porque el año pasado _____ un

accidente serio con la piñata del Día del Niño.

E. ¿Cuáles son los síntomas de las siguientes enfermedades?

1. la fiebre del heno: _____

2. el resfriado: _____

3. la varicela: _____

4. la alergia: _____

5. la bronquitis:_____

6. la gripe: _____

✴ Las visitas al médico, a la farmacia y al hospital

Lea Gramática 12.3.

F. En el Hospital General de Cuernavaca la jefa de enfermeros está dándoles órdenes a los otros enfermeros. Complete las órdenes correctamente usando pronombres de complemento indirecto (**me, te, le, nos, les**) y el presente del subjuntivo de un verbo lógico (**dar, llevar, preparar, traer, tomar, servir**).

MODELO: Señorita Méndez, quiero que _**le**_ _**dé**_ la medicina a la paciente del cuarto número siete.

1. Señor Pérez, quiero que _____ _____ la cena al paciente del cuarto número diez.

2. Señorita Méndez, también quiero que _____ _____ ropa limpia a los pacientes del

cuarto número quince.

3. Señorita Rojas, quiero que _____ _____ (a mí) el formulario del paciente nuevo.

4. Y también quiero que _____ _____ una taza de té al paciente nuevo.

5. Señor Lugo, quiero que por favor _____ _____ la temperatura a todos los pacientes.

G. ¿Qué hacen estas personas? Escriba una definición. Aquí tiene algunos verbos útiles: **aconsejar, atender (ie), ayudar, cuidar, curar, dar, examinar, explicar, operar, recomendar (ie), surtir.**

MODELO: Un médico *cuida a sus pacientes y trata de curarlos.*

1. Una enfermera _____.

2. Un cirujano _____.

3. Un veterinario _____.

4. Una psiquiatra _____.

5. Un farmacéutico _____.

6. Un terapeuta _____.

H. Usted es doctor(a) y un paciente tiene los siguientes síntomas. ¿Qué le recomienda usted?

MODELO: le duele un oído →
Le recomiendo a usted que se ponga gotas en los oídos y que no salga si hace frío.

1. tiene dolor de estómago _____

   _____

2. le duele el tobillo _____

   _____

3. tiene dolor de garganta y tos _____

   _____

4. tiene fiebre y le duele todo el cuerpo _____

   _____

5. tiene una cortada en un dedo _____

   _____

I. Responda a cada situación de los dibujos. Use mandatos (afirmativo y/o negativo) y los pronombres **le** y **les.**

MODELO:

No, no les dé aspirinas; déles Tylenol.

1.

_____

_____

2.

_____

_____

3.

_____

_____

4.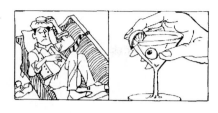

_____

_____

5.

_____

_____

✳ Los accidentes y las emergencias

Lea Gramática 12.4–12.5.

J. Use el verbo que aparece al final para completar la oración según el dibujo correspondiente.

MODELO:

El estetoscopio no funciona;
se descompuso. (descomponerse)

1.

_____ _____ la silla.
(romperse)

2.

Los vendajes _____ _____
del estante. (caerse)

3.

El jarabe para la tos ya _____
_____. (acabarse)

K. ¿Qué les pasó a estas personas?

MODELO:

Luis estaba bailando y *se le rompieron* los pantalones. ¡AYYYY! ¡Qué vergüenza!

1. Profesora, no hice mi tarea porque ———— ———— ———————— el libro.

2. A los policías ———— ———— ———————— los criminales.

3. A la enfermera ———— ———— ———————— las aspirinas.

4. Esteban salió de prisa y ———— ———— ———————— los lentes.

5. Alberto llegó tarde a la clase porque _____ _____ _____ el reloj despertador y

_____ _____.

L.   Llene los espacios en blanco con el pretérito o el imperfecto de estos verbos: **caer, cortar, enfermar, estornudar, desmayarse, romper.**

MODELO: Cuando tenía dos años una vez me *caí* de la cama.

1. Cuando era muy pequeño/a siempre me _____ cuando corría.

2. Cuando tenía ocho años me _____ la pierna derecha.

3. Anoche me _____ un dedo cuando estaba haciendo la ensalada.

4. Ayer en mi clase de español _____ mucho durante el examen. ¡Tal vez soy alérgico/a a

los exámenes!

5. El año pasado mi novio/a bajó mucho de peso y se _____.

6. Cuando ella oyó la noticia de la muerte de su padre, se _____.

M.   Lea la siguiente narración de Esteban. En el margen derecho se explica por qué Esteban usa el pretérito o el imperfecto. Luego escriba una composición sobre uno de los temas que aparecen al final de la narración de Esteban.

Una aventura de «Jefe»	*Narration of past experiences**
Hace más o menos cinco años, mi perro, Jefe, **causó** un accidente.	*action*
Era un día bonito. **Hacía** mucho calor. Yo **estaba** escribiendo una	*description / description /*
composición para la clase de español en mi cuarto cuando **oí** un ruido	*ongoing action / action*
fuerte. **Salí** y vi que un carro **había chocado** contra la pared de la casa	*action / previous action*
de mi vecino. **Encontré** a mi amigo Luis. Él me **dijo:**	*action / action*
—Yo **vi** el accidente. El chofer **iba** manejando muy rápido y de	*action / ongoing action*
repente Jefe, tu perro, **cruzó** la calle. El pobre hombre **trató** de parar	*action / action*
pero no **pudo.** Lo **vi** mover rápidamente el volante y el coche **giró** y **se**	*action / action / action*
estrelló contra la pared de la casa de los Ruiz.	*action*
Yo me **sentía** mal… ¡mi perro **era** la causa del accidente! Luis y yo	*state / description /*
fuimos a ver al señor que **manejaba** el coche. Yo **quería** pedirle	*action / ongoing action / state*
disculpas… darle las gracias por no matar a mi perro… pero el señor	
estaba furioso. Me **miró** y **preguntó:**	*state / action / action*
—¿De quién es ese perro?	
Yo no **dije** nada. Busqué a Jefe. Lo **vi; estaba** sentado al lado del carro,	*action / action / ongoing action*
mirando a toda la gente. Cuando **vi** que Jefe no **estaba** herido, **regresé** a	*action / description / action*
mi cuarto y **seguí** escribiendo mi composición. ¡No **quería** ver al señor	*action / state*
Ruiz!	

*KEY: *action* = preterite   *state, description* = imperfect
ongoing action = imperfect   *previous action* = past perfect

Ahora escriba una composición de dos o tres párrafos sobre uno de los temas a continuación.

1. Describa uno de los accidentes que usted ha tenido. ¿Dónde estaba usted? ¿Qué estaba haciendo cuando pasó? ¿Qué pasó? ¿Había alguien con usted? ¿Le ayudó esta persona? ¿Tuvo que ir al hospital? ¿Qué pasó allí?

2. Describa un accidente que usted vio. ¿Dónde estaba cuando lo vio? ¿Qué estaba haciendo cuando lo vio? ¿Qué pasó?

Resumen cultural

Complete las oraciones y conteste las preguntas a continuación con la información cultural del **Capítulo 12.**

1. Escriba el dicho más adecuado para la siguiente situación: Hay un problema que puede afectar su vida, pero usted no lo sabe. Usted no va a sufrir porque « _____

   _____ ».

2. ¿Cuál es la comida diaria de mucha gente en Perú? _____

   ¿Y en México? _____

3. ¿Cómo se llama la mujer que atiende a las madres durante el parto? _____

4. ¿De dónde es la doctora Aliza Lifshitz? _____

5. ¿A qué grupo de pacientes se dirige la doctora Aliza Lifshitz en su programa? (Recuerde que ella escribió un libro para este grupo de personas.)

   _____

6. Nombre cuatro grupos indígenas que habitan el sureste de México.

   _____

7. ¿Qué profesiones siguió Amado Nervo? _____

   _____

8. ¿Qué hierba podemos usar cuando sufrimos insomnio? _____

9. ¿Qué planta se usa para aliviar el dolor de una quemadura? _____

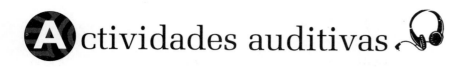

Actividades auditivas

✳ Para empezar

A. Una llamada al gerente

Adriana Bolini está pasando unos días en Bariloche, Argentina, con sus padres. Ahora su mamá llama a la recepción del hotel donde se hospedan.

¿Cuáles son las quejas de la señora Bolini sobre el hotel? Márquelas con una **X.**

1. _____ No hay televisor en la habitación.

2. _____ La habitación es demasiado pequeña.

3. _____ La camarera no limpió la habitación.

4. _____ La habitación de su hija está muy sucia.

5. _____ No hay chocolates en la mesa.

6. _____ La cama de Adriana no tiene almohadas.

7. _____ En la habitación de ella y su esposo no hay cama matrimonial.

8. _____ No hay jabón en el baño.

9. _____ El baño no tiene toallas.

B. Las discotecas madrileñas

Esta noche hay una fiesta en casa de las hermanas Pilar y Gloria Álvarez. Clara Martin conversa con Felipe Álvarez, el hermano menor de Gloria y Pilar.

Conteste las preguntas.

1. ¿Dónde vive Felipe? _____

2. Según Felipe, ¿adónde debe ir sola Clara? _____

3. ¿Adónde quiere Felipe llevar a Clara? _____

4. En la discoteca que le gusta a Felipe, la gente no llega hasta _____.

❋ El cuerpo humano y la salud

C. Para tener buena salud

VOCABULARIO ÚTIL

los radioyentes *radio listeners*
la dieta equilibrada *balanced diet*
dañino *harmful*
me duele / me duelen *it hurts (me) /*
they hurt (me)

Hoy en KSUN, la doctora Virginia Béjar de Hernández conversa con Mayín Durán sobre la salud. Durante la entrevista, los radioyentes llaman al programa.

¿Cuáles son los consejos de la doctora Béjar sobre las siguientes condiciones?

CONDICIÓN	CONSEJOS
1. para tener buena salud	_____
2. el dolor de pecho de los que fuman	_____
3. el dolor en los pies de los que corren	_____

D. Una dieta para Ernesto

VOCABULARIO ÚTIL

bajar de peso *to lose weight*
la báscula *scale*
estricta *strict*

Ernesto Saucedo consulta a su doctora porque quiere bajar de peso un poco.

En cada oración hay una palabra equivocada. Escriba una **X** en la palabra equivocada y luego escriba la palabra correcta.

1. La doctora piensa que Ernesto se ve enfermo. _____

2. Ernesto quiere subir de peso. _____

3. Ernesto come tomates, zanahorias, pepinos y limones. _____

4. Ernesto prefiere comer frutas. _____

5. La doctora le recomienda cereal con leche y café por la mañana. _____

6. Ernesto piensa que la nueva dieta es muy saludable. _____

✳ Las enfermedades y su tratamiento

E. Dos mensajes importantes

1. Protéjase contra el catarro y la gripe

VOCABULARIO ÚTIL

atacan   *they strike, attack*
Cúbrase   *Cover yourself*
se moja   *you get wet*
los ancianos   *the elderly*

Aquí en KSUN, Radio Sol, un mensaje importante de la
Secretaría de Salud.

❖   ❖   ❖

Llene los espacios en blanco para completar el párrafo.

Es durante el invierno que el _____[1] común y la _____[2] atacan

con mayor frecuencia. Cúbrase bien; lleve siempre un _____[3] o una chaqueta. Si

_____[4] y usted se moja, séquese inmediatamente. Y lávese las _____[5]

con frecuencia. Sin el ciudado necesario, el catarro común puede complicarse y causar

_____[6] graves, especialmente entre los _____[7] y los ancianos.

Recuerde tomar _____[8] todos los días. Si tiene _____,[9] beba

líquidos. Si tiene _____,[10] compre un jarabe en la farmacia. Cuidar de nuestra

_____[11] es la responsabilidad de todos.

2. La prueba del SIDA

VOCABULARIO ÚTIL

la prueba del SIDA   *AIDS test*
el virus de inmunodeficiencia humana (VIH)   *HIV virus*
la capacidad   *capacity*
el contagio   *contagion, exposure*
la clínica del bienestar público   *public health clinic*

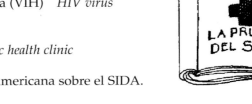

Y ahora un mensaje importante de la Cruz Roja Americana sobre el SIDA.

❖   ❖   ❖

Busque la(s) mejor(es) respuesta(s).

1. _____ es la causa del SIDA.

2. _____ pueden causar la muerte.

3. _____ le quita al cuerpo la capacidad para defenderse.

4. _____ si piensa que ha sido expuesto al SIDA.

5. _____ al descubrirla pronto.

6. _____ pero todavía no existe una cura.

a. Las infecciones/enfermedades
b. Es importante hacerse la prueba del SIDA
c. Consulte a su doctor
d. El VIH
e. La ciencia está progresando
f. Hay más tiempo para combatir la enfermedad

F. Rebeca y Diego

VOCABULARIO ÚTIL

adelgazo/adelgazas   *I lose weight / you lose weight*
Al contrario   *On the contrary*
engordo   *I gain weight*
en particular   *in particular*
Últimamente   *Lately*

Diego Herrero quiere salir con Rebeca Jordán, y Rebeca quiere salir con Diego. Pero como él es muy tímido, un día ella decide hablarle en el colegio.

Escoja la(s) respuesta(s) más lógica(s).

1. Al principio del diálogo, Diego…

   a. no tiene muchas ganas de hacer la entrevista.

   b. le pregunta por qué necesita hacer la entrevista.

   c. siente curiosidad por lo que Rebeca va a preguntarle.

   d. no acepta hacer la entrevista.

2. Rebeca convence a Diego diciéndole que…

   a. ella necesita su ayuda.

   b. es la tarea de una de sus clases.

   c. va a ser una entrevista larga.

   d. no van a hablar de nada serio.

3. La primera pregunta de la entrevista que Rebeca le hace a Diego es si…

   a. él adelgaza cuando está preocupado.

   b. él engorda cuando come mucho.

   c. a él le gusta escuchar música romántica.

   d. él come todo el día cuando algo le preocupa.

4. Rebeca le hace varias preguntas a Diego…

    a. sobre la música romántica.

    b. con relación a «otra» persona.

    c. sobre cuándo se pone de mal humor.

    d. con relación a la rutina diaria de él.

5. Con la última pregunta…

    a. Rebeca invita a Diego a cenar.

    b. Diego responde que la «otra» persona es Rebeca.

    c. Rebeca revela la verdad de la «entrevista».

    d. Diego le dice a Rebeca que no quiere salir con ella.

✳ Las visitas al médico, a la farmacia y al hospital

G. En cama por tres días

VOCABULARIO ÚTIL

profundamente *deeply*
el antibiótico *antibiotic*
la cápsula *capsule*

Hoy la profesora Martínez se siente mal. Anoche estuvo
tosiendo y estornudando y tuvo un terrible dolor de cabeza.
Ahora está en el consultorio del médico.

Llene los espacios en blanco para el médico.

FICHA MÉDICA

NOMBRE DEL PACIENTE: _____

SÍNTOMAS: _____ tos   _____ dolor de garganta

                _____ estornudos   _____ dolor de cabeza

                _____ fiebre   _____ dolor en los pulmones

                _____ congestión   _____ dolor en los dientes

RECOMENDACIONES:

_____

RECETA: _____

PREOCUPACIONES DEL PACIENTE: _____

H. ¡Pobre paciente!

VOCABULARIO ÚTIL

inflamada *swollen*
¡Auxilio!/¡Socorro! *Help!*
el termómetro *thermometer*
la calentura *temperature, fever*
el pulso *pulse*
el bisturí *scalpel, surgical knife*

Guillermo, Ernestito y su prima Clarisa están jugando a los doctores. Clarisa y Guillermo son los médicos. ¡Ernestito es el paciente!

Escriba la palabra apropiada según el juego de los «doctores».

1. Guillermo piensa que el paciente necesita una ——————————.

2. Según Clarisa, el paciente tiene la cabeza ——————————.

3. Ernestito tiene miedo y grita: ——————————.

4. Guillermo le pide a Clarisa que le ponga el termómetro a Ernestito para ver si tiene

——————————.

5. Según Guillermo, el paciente no tiene —————————— y por eso está muerto.

6. Ernestito protesta porque no quiere que le pongan una ——————————.

7. Cuando Andrea, la madre de Clarisa, los llama, Guillermo dice que ella es la ——————————

——————————.

❋ Los accidentes y las emergencias

I. El esquiador experto

VOCABULARIO ÚTIL

experto *expert*
roto *broken*
rodé/rodó *I rolled / he rolled*
se ríe *laughs*

Lugar mencionado

Navacerrada *ski resort near Madrid*

Pilar Álvarez y su novio, José Estrada, van a pasar un fin de semana esquiando en Navacerrada. Ahora se preparan para la excursión.

Escoja la respuesta correcta.

1. Al principio del diálogo, Pilar y José…

   a. están haciendo sus reservaciones.

   b. están esquiando.

   c. están hablando de alquilar los esquíes en Navacerrada.

2. José se ríe de Pilar porque…

   a. ella piensa aprender a esquiar en dos días.

   b. ella cree que sabe esquiar como experta.

   c. ella tiene un brazo roto.

3. ¿Qué pasó en las montañas?

   a. José se cayó y rodó por la montaña.

   b. Pilar aprendió a esquiar como experta.

   c. A Pilar se le rompió el brazo.

4. Durante el viaje de regreso,…

   a. José manejó muy rápido para llegar a una clínica.

   b. Pilar tuvo un accidente.

   c. Pilar manejó porque José no podía hacerlo.

J. Una emergencia

VOCABULARIO ÚTIL

¡Apúrense!   *Hurry up!*
¡No lo mueva!   *Don't move him!*
casi se mata   *almost killed himself*

Pedro Ruiz acaba de caerse del techo de su casa. Su esposa, Andrea, llama a la Cruz Roja.

❖   ❖   ❖

Complete el resumen con las palabras correctas.

Andrea pide una _____[1] porque su esposo acaba de caerse

del techo. La operadora le dice que la ambulancia va a salir _____.[2]

Pedro exclama: —Ay, ay, ay, qué _____[3] Andrea dice que

los escritores no deben reparar _____[4] A Pedro le duele

todo el cuerpo: la _____,[5] el

_____[6] y el _____.[7]

Cuando Pedro ya está en la ambulancia, dice que ésta es una buena experiencia para contar en su

próximo _____.[8]

✳ ¡A repasar!

K. El accidente de Carla

VOCABULARIO ÚTIL

las pastillas   *pills*
me ahogo / te ahogas   *I drown / you drown*
muy adentro   *very deep down*
el tiburón   *shark*
la ola   *wave*
me volcó   *it turned me over*

Carla Espinosa y su amigo Rogelio Varela están
conversando en un café de San Juan. Hace más de dos
semanas que no se ven.

❖   ❖   ❖

¿A quién le ocurrió lo siguiente, a Carla (**C**) o a Rogelio (**R**)?

1. —— Estuvo con gripe la semana pasada.

2. —— Tuvo un terrible accidente en la playa Condado.

3. —— Casi se ahoga en el mar.

4. —— Tuvo fiebre, dolor de garganta y tos.

5. —— El doctor le recetó pastillas para la tos.

6. —— Estaba nadando tranquilamente cuando sintió algo en los pies.

7. —— La ola la volcó debajo del agua.

8. —— Se desmayó pero, por suerte, pronto empezó a respirar normalmente.

Pronunciación y ortografía

✳ Ejercicios de ortografía

I. DIPHTHONGS AND NON-DIPHTHONGS

Whenever two vowels in Spanish occur together, they are pronounced together as a single syllable if
one of them is an unstressed **i** or **u**. This combination is called a diphthong. Common diphthongs are **ie,
ue, ia, ua, io, uo, iu, ui, ei, ai** or **ay, oi** or **oy**, as in **tiene, puerta, hacia, cuatro, Mario, cuota, ciudad,
ruina, seis, hay, voy.**
    If these vowel combinations are pronounced as separate sounds, an accent mark must be written on
the **i** or the **u** to show that there is no diphthong. For example: **María, mío, leí.**

Listen and write the words you hear. If the vowel combination is pronounced as a diphthong, do not write an accent mark. If the vowel combination is pronounced separately, write an accent mark on the **i** or the **u**.

1. _____   6. _____   11. _____
2. _____   7. _____   12. _____
3. _____   8. _____   13. _____
4. _____   9. _____   14. _____
5. _____   10. _____   15. _____

II. ACCENT REVIEW (PART 2)

Remember that question and exclamation words always have a written accent mark. For example: **¿qué?, ¡qué!, ¿cómo?, ¿dónde?, ¿cuándo?, ¿por qué?, ¿quién?, ¿cuál?, ¿cuántos/as?, ¡cuántos/as!**

A.   Listen to the following questions and exclamations and write each one correctly. Be sure to add an accent mark to the questions or the exclamation word.

1. _____
2. _____
3. _____
4. _____
5. _____
6. _____
7. _____
8. _____

As you know, words that end in a vowel, **n,** or **s** should be stressed on the next-to-last syllable. For example: **e-le-gan-te, ca-mi-sa, ca-si, es-po-so, hi-jos, ha-blan.** Whenever the stress is on the last syllable in words that end in a vowel, **n,** or **s,** a written accent mark must be added to that syllable. For example: **pa-pá, fran-cés, es-tu-dié, ga-lón, a-quí, com-po-si-ción.**

B.   Listen to the following words and write each one. Then decide if it needs a written accent mark.

1. _____   4. _____   7. _____
2. _____   5. _____   8. _____
3. _____   6. _____   9. _____

Words that end in a consonant (except **n** or **s**) are stressed on the last syllable. For example: **ca-mi-nar, pa-pel, us-ted, a-bril, po-pu-lar, fe-liz.** Whenever the stress falls on any other syllable in words that end in a consonant other than **n** or **s,** it must be marked with a written accent. Examples: **sué-ter, ár-bol, lá-piz, fá-cil, sánd-wich.**

C. Listen to the following words and write them correctly, with or without an accent mark, depending on where the stress falls.

1. _____   4. _____   7. _____

2. _____   5. _____   8. _____

3. _____   6. _____   9. _____

Any word that is stressed on the third-to-the-last syllable or before must have a written accent mark. For example: <u>clá</u>-si-co, <u>ú</u>-ni-co, <u>tí</u>-mi-da, <u>mú</u>-si-ca, <u>lám</u>-pa-ras, pe-<u>lí</u>-cu-las.

D. Write the following words. Do not forget to place a written accent mark on the correct syllable.

1. _____   5. _____   9. _____

2. _____   6. _____   10. _____

3. _____   7. _____   11. _____

4. _____   8. _____   12. _____

As you know, unstressed vowels **i** and **u** normally join to form a diphthong with the vowels **a, e,** and **o.** When this is not the case, **i** and **u** have a written accent mark, as in **fr<u>í</u>-o, pa-<u>ís</u>, ma-<u>íz</u>, a-cen-t<u>ú</u>-e.**

E. Listen and write the following words. Remember to write an accent mark over the **i** or **u** to signal that they are stressed.

1. _____   4. _____

2. _____   5. _____

3. _____

The first- and third-person singular preterite forms of regular verbs always have a written accent mark on the last letter of the last syllable: **contest<u>é</u>, contest<u>ó</u>, com<u>í</u>, com<u>ió</u>, escrib<u>í</u>, escrib<u>ió</u>.** Remember that irregular verb forms do not need a written accent mark in the preterite: **tuve, tuvo; dije, dijo.**

F. Listen to the following sentences and write each one. Be careful to write an accent mark when appropriate.

1. _____

_____

2. _____

_____

3. _____

_____

4. _____

_____

Remember that many verb forms in the imperfect take accent marks. **-Ar** verbs take an accent in the **nosotros/as** form: **tomábamos. -Er** and **-ir** verbs take accents in all forms: **tenía, tenías, tenía, teníamos, teníais, tenían.**

G. Listen to the following sentences and write each one. Write an accent when necessary.

1. _____

2. _____

3. _____

4. _____

As you know, affirmative commands need accent marks when a pronoun has been added. Examples: **dígale, hábleme, tráiganos.**

H. Listen to the following sentences and write each command with an accent mark when necessary.

1. _____

2. _____

3. _____

4. _____

5. _____

 ideoteca

VOCABULARIO ÚTIL

guardar cama   *stay in bed*
las pastillas   *pills*
embarazada   *pregnant*
un alivio   *relief*
preciosa   *cute*
los pañales   *diapers*
un ratito   *a little while*

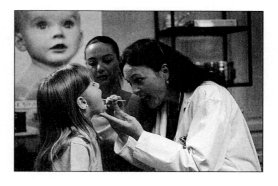

Sinopsis
Marta no se siente bien y su madre, Lola, la lleva al consultorio de la doctora. La doctora la examina y le dice a Lola que no es grave. La doctora también le hace un análisis a Lola. Más tarde cuando Lola y Manolo dan un paseo, Lola le dice algo muy importante a su esposo.

Primero lea estas afirmaciones y luego vea el video para contestarlas.

A. Empareje las siguientes frases y palabras.

1. _____ los síntomas de Marta

2. _____ las recomendaciones de la doctora Méndez

3. _____ las recetas

4. _____ los síntomas de Lola

a. congestionada
b. jarabe
c. no tiene apetito
d. dolor de estómago
e. mareada
f. pastillas
g. quedarse en cama
h. dolor de garganta
i. tomar líquidos

B. Complete con la información correcta.

1. Antes de enfermarse, Marta jugaba con _____.

2. La doctora Méndez dice que Marta tiene un _____.

3. La doctora escribe dos _____ para Marta.

4. Las pastillas son para quitarle la _____.

5. El jarabe es para la _____.

6. La doctora quiere _____ a Lola porque Lola piensa que está _____.

7. Manolo recuerda que cuando Marta era bebé su esposa y él se levantaban dos o tres veces cada noche para _____ y _____.

8. Manolo también dice que cuando Marta era bebé, Lola se preocupaba mucho si su hija _____ o _____.

 ecturas

LECTURA

Cuento: «De muerte natural» de Rafael Bernal

VOCABULARIO ÚTIL

la aguja	*needle*	agregó	*he added*
el practicante	*intern*	de nuevo	*again*
sospechoso	*suspicious*	la huella	*trace*
descuidado	*careless*	tan mal puesta	*so poorly done*
la mascarilla	*mask*	aseguró	*assured*
pintado	*dyed*	el acta de defunción	*death certificate*
la calva	*baldness*	molestos	*upset*
el Padre	*priest*	atónitos	*aghast*
la embolia	*blood clot*	desheredarlos	*to disinherit them*
el rastro	*trace, hint*	la jeringa	*syringe*

Ésta es una aventura de don Teódulo Betabes, un empleado del Museo de México. Don Teódulo paseaba por los jardines del hospital cuando vio algo extraño. De una ventana cayó una aguja hipodérmica. Don Teódulo decidió investigar y descubrió un crimen terrible. ¡Alguien había usado la aguja para matar a una de las pacientes del hospital! Entonces, él decidió encontrar al asesino. Observó cuidadosamente la aguja, la escena del crimen y las personas presentes y, usando la lógica, logró descubrir al criminal.

Era su último día en el hospital y su pierna fracturada ya estaba bien. Don Teódulo caminaba por los jardines del hospital cuando de una de las ventanas del segundo piso cayó una aguja hipodérmica. Don Teódulo la vio caer y brillar en el sol. La levantó, la observó con cuidado y vio que tenía un poco de sangre. La olió para saber qué sustancia se había inyectado con ella pero la aguja no olía a nada. Don Teódulo pensó que algún médico o practicante poco cuidadoso había dejado caer la aguja. Miró hacia las ventanas para descubrir de cuál de ellas había caído la aguja, pero no pudo ver nada sospechoso.

Decidió entonces seguir su camino y buscar a la jefa de enfermeras. No comprendía por qué alguien podía tirar una aguja en perfectas condiciones, casi nueva, por la ventana. Entró al hospital y vio a la jefa de enfermeras. En ese momento ella regañaba a un practicante:

—Es increíble que usted sea tan descuidado, Pedrito. ¡Perder su bata y su mascarilla!

El practicante con cara preocupada contestó:

—Pues… las dejé en el pasillo por unos momentos y cuando volví ya no estaban allí.

—Bueno, yo encontré la bata en otro pasillo, pero no encontré la mascarilla —dijo la jefa de enfermeras de mal humor.

Don Teódulo escuchó la conversación con gran interés, luego siguió caminando. Pasó por el comedor, luego por la habitación de doña Leocadia Gómez y González de la Barquera, la viuda millonaria operada del apéndice esa mañana. Después pasó por la sala de visitas donde estaban sus parientes: su hermano, don Casimiro, de gran bigote negro pintado, traje correcto, y con dos o tres cabellos tratando de ocultar la calva; su hermana, doña María, seca y alta, vestida de negro. También vio a los sobrinos Juan y Ambrosio, bien vestidos, bien peinados, caras disipadas y cansadas; a la sobrina, Clara, elegante, bonita, muy maquillada y sofisticada. Él comprendió inmediatamente que todos estaban allí solamente porque doña Leocadia, la millonaria operada, era la rica de la familia. De repente entró la jefa de enfermeras. Don Teódulo se acercó a hablar con ella pero ella habló solamente con la familia. Dijo unas palabras, luego todos se fueron rápidamente por el pasillo. Don Teódulo los siguió con curiosidad. Enfrente del cuarto de la enferma encontraron al Padre y al doctor Robles.

—Está muerta —dijo el doctor—. Embolia en el corazón.

—Nunca lo tuvo muy fuerte —dijo al momento uno de los sobrinos.

Los parientes entraron al cuarto llorando. El doctor comentó con una enfermera:

—No me lo explico, cuando la trajimos después de la operación, estaba perfectamente bien.

—Pues entré hace unos minutos a ver cómo estaba y la encontré muerta —dijo la enfermera.

—Hace por lo menos una hora que murió —declaró el doctor y se fue.

—¿Estaba usted de guardia aquí? —le preguntó don Teódulo a la enfermera.

—Sí, y estuve aquí cerca todo el tiempo porque es la única enferma grave que tenemos.

—Mmm… grave… ¿No entró nadie al cuarto después de la operación?

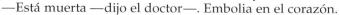

—Sí, un practicante, pero no pude ver quién era. Yo estaba algo lejos y no veo muy bien.

Don Teódulo sonrió y se fue. Algo le preocupaba intensamente. Visitó al doctor del laboratorio del hospital y le mostró la aguja. El doctor le confirmó que no había rastro de sustancia alguna pero agregó que sí había rastros de sangre. Luego dijo:

—Con la aguja alguien pinchó una vena pero sin inyectar ninguna sustancia. ¡Qué extraño! Es una aguja nueva pero no es de las agujas que usamos aquí en el hospital.

Don Teódulo entonces habló con cada uno de los practicantes pero todos le dijeron que no habían entrado al cuarto de doña Leocadia ese día. Él entonces habló de nuevo con la enfermera y le preguntó si doña Leocadia tenía huella de una inyección intravenosa. Ella dijo que no. Él insistió, por lo que la enfermera entró y examinó a la muerta. Luego salió y dijo sorprendida:

—Sí, tiene el rastro de que le pusieron una inyección intravenosa en el brazo izquierdo, tan mal puesta que mancharon la cama de sangre. Tal vez se la puso el practicante que vi entrar.

Don Teódulo habló con el doctor Robles, quien le aseguró que la paciente no había necesitado inyecciones.

Don Teódulo entonces buscó a Pedrito, el practicante que había perdido su bata y su mascarilla. Pedrito dijo con expresión sincera:

—No, yo no he entrado en esa habitación en todo el día. Y… todavía no encuentro mi mascarilla.

Don Teódulo, con expresión de triunfo, corrió a buscar a la jefa de enfermeras y le dijo:

—Llame inmediatamente a la policía; ¡hay un criminal en el hospital!

—¿Le han robado algo? —preguntó la enfermera sorprendida.

—No —dijo don Teódulo impaciente —. ¡Voy a acusar a una persona de homicidio!

—¡Homicidio! —gritó alarmada la jefa de enfermeras y llevó a don Teódulo a su oficina. Allí él le explicó su investigación y sus conjeturas. Luego fueron a buscar a los parientes de doña Leocadia.

—Va a haber una pequeña demora mientras el doctor prepara el acta de defunción —dijo la jefa de enfermeras.

Todos los parientes se pusieron molestos y se quejaron del servicio. Mientras la enfermera trataba de calmarlos, don Teódulo llamó a la policía. Todavía se quejaban todos cuando llegó la policía.

—¿Qué es esto? —gritó don Casimiro.

—La policía —dijo don Teódulo —. En estos momentos un médico está examinando el cadáver de doña Leocadia. Alguien ha hecho una denuncia. Parece ser que la señora murió asesinada.

—Pero si fue muerte natural —interrumpió Ambrosio, uno de los sobrinos.

—Sí —dijo don Teódulo— de muerte natural, de una embolia al corazón…

—No entiendo nada —dijo doña María de mal humor —. ¡Vámonos!

—Sí, vámonos —dijo don Casimiro poniéndose de pie —. Parece que los doctores están de acuerdo en que nuestra querida Leocadia murió de muerte natural.

—Así es, nada más natural que una embolia. Desgraciadamente, esta embolia fue causada por un agente artificial, lo cual puede y debe considerarse como un homicidio…

—¡Dios mío! —gritó doña María —. ¿Quién pudo haberla asesinado?

—Eso es lo que queremos descubrir… y yo creo que uno de ustedes es el asesino —dijo don Teódulo con voz autoritaria.

—¿¡Está insinuando que uno de nosotros mató a mi pobre hermana!? —gritó don Casimiro exasperado.

—Lo afirmo —dijo con calma don Teódulo.

Todos los parientes quedaron atónitos.

—Tú lo hiciste, Juan —gritó doña María—. Y los otros empezaron a decir: —¿Tú?

—Están locos —dijo Juan, pálido —. Si alguien mató a la vieja, hizo bien, pero no fui yo.

—Es verdad —dijo Clara —. Yo estuve con él toda la mañana.

—Probablemente los dos aprovecharon la oportunidad para asesinar a la pobre Leocadia. Les dije hoy que ella pensaba desheredarlos —dijo don Casimiro.

—¡No, nosotros no… ! —exclamaron Juan y Clara ofendidos.

—Un momento —interrumpió don Teódulo—. Dice usted, don Casimiro, que la señora le dijo hoy que pensaba cambiar su testamento.

—Exactamente. Hoy hablé con ella después de la operación.

—Pues, permítame decirle que miente. Lo que usted dice es absurdo. Los enfermos revocan su testamento antes de someterse a una operación, no después. Por favor, escúchenme en silencio. Yo sé quién es el asesino. Voy a explicarles cómo llegué a esa conclusión. La enfermera me dijo que ni ella ni los médicos ni los practicantes le habían puesto una inyección a la paciente. Además, la inyección estaba muy mal aplicada. Esto confirmó mis sospechas. La señora murió a consecuencia de una inyección intravenosa de aire que le puso uno de ustedes.

Los parientes miraban a don Teódulo atónitos, con la boca abierta. Él continuó: —Uno de ustedes robó la bata y la mascarilla de un practicante para no causar sospechas. Entró en el cuarto de la enferma con la jeringa en el bolsillo y le puso la inyección de aire que le causó la muerte con la apariencia de una muerte natural. Luego puso la jeringa en el bolsillo y tiró la aguja por la ventana cuando yo paseaba por el jardín. Yo la vi caer y la recogí…

—¡Ahhh! —hicieron todos.

Don Teódulo continuó: —El criminal salió del cuarto. Se quitó la bata y la tiró en el pasillo pero guardó la mascarilla en su bolsillo. Esa persona no devolvió la mascarilla también solamente por una razón: la mascarilla tenía una huella que indicaba quién la había usado. Sólo tres personas pudieron dejar una huella: doña María, pero ella no se maquilla; Clara, pues ella sí se pinta la boca; y don Casimiro, pues él se pinta el bigote.

—¡Esto es absurdo! —gritó furioso don Casimiro —. ¡Yo no maté a mi querida hermana!

—Silencio, por favor, —dijo don Teódulo —. Ahora necesitamos saber quién de los sospechosos es el asesino. La enfermera vio entrar a *un* practicante, o sea a un hombre… o a una persona que llevaba pantalones… Clara no lleva pantalones hoy y la bata perdida es muy grande para ella.

—Madre santísima —exclamó doña María —. ¡Casimiro! ¿Tú?

—¡Qué absurdo! —repitió don Casimiro todavía más furioso.

—Silencio. Voy a continuar —dijo don Teódulo —. Los criminales no quieren dejar huellas… una mujer puede quitarse el maquillaje pero no don Casimiro… no podía quitarse la pintura negra del bigote sin despertar más sospechas… ¡Acuso a don Casimiro del homicidio de su hermana! Señor policía, registre los bolsillos de don Casimiro.

El policía registró los bolsillos como le indicó don Teódulo y encontró la mascarilla del practicante… manchada de negro.

Comprensión

A. ¿Son ciertas (**C**) o falsas (**F**) estas afirmaciones? Si son falsas, haga los cambios necesarios.

1. —— Don Teódulo quiso investigar el misterio porque era pariente de doña María.

2. —— Don Teódulo vio a una persona con la aguja hipodérmica en la mano.

3. —— Don Teódulo llevó la aguja al laboratorio y allí le dijeron que tenía rastros de una sustancia química.

4. —— Pedrito encontró su bata y su mascarilla en un pasillo.

5. —— Algo que le ayudó a don Teódulo a descubrir al homicida fue cuando oyó que la enfermera hablaba con el practicante que había perdido su bata y su mascarilla.

6. —— Don Teódulo no sospechó de doña María porque ella no se maquillaba.

7. —— Como el criminal devolvió la bata pero no la mascarilla, don Teódulo concluyó que el homicida tenía que ser Clara porque ella se maquillaba.

B. Ponga las oraciones en orden cronológico según la lectura (páginas 271-272).

—— Don Teódulo empezó a observar a los parientes de doña Leocadia y llegó a la conclusión de que sólo una persona podía ser culpable.

—— El policía encontró la mascarilla en uno de los bolsillos de don Casimiro.

—— En el laboratorio le dijeron que la aguja tenía rastros de sangre.

—— Don Teódulo paseaba por el jardín cuando vio una aguja hipodérmica caer del segundo piso.

—— La enfermera le examinó los brazos a la víctima y descubrió que alguien le había puesto una inyección muy mal puesta.

—— Don Teódulo le pidió al policía que le revisara los bolsillos a don Casimiro.

—— Recogió la aguja y la examinó. Después la llevó al laboratorio.

—— Don Teódulo declaró que el asesino (homicida) era don Casimiro, el hermano de la muerta.

—— Clara no podía ser la culpable porque ella podía haberse quitado el maquillaje para no manchar la mascarilla.

(continued on next page)

_____ Don Teódulo les preguntó a las enfermeras y a los practicantes si le habían puesto una inyección a doña Leocadia (la muerta) y todos dijeron que no.

_____ Don Teódulo dijo que don Casimiro no podía despintarse (quitarse la pintura negra) el bigote sin despertar sospechas, por lo tanto él era el culpable.

C. Narre con sus propias palabras: a) el crimen que se cometió ese día en el hospital; o b) los pasos que siguió don Teódulo para descubrir al homicida.

Ahora… ¡usted!

¿Ha visto una película o ha leído una novela de misterio en que un(a) detective usa la lógica para descubrir al criminal? Narre la película o novela brevemente.

Un paso más… ¡a escribir!

Invente una narración en donde un detective aficionado usa la lógica para resolver un crimen después de observar cuidadosamente a la víctima y a los sospechosos. En su narración, que debe ser de una página o más, describa al detective aficionado, diga cuál es el crimen y quién es la víctima, describa lo que observa el detective y diga quién es el criminal y cuál es el proceso que empleó el detective para descubrirlo.

LECTURA Cuatro sobrevivientes en tragedia aérea

VOCABULARIO ÚTIL

el ala _wing_	cumplí con mi deber _I fulfilled my duty_
intentó aterrizar _he tried to land_	las frazadas _blankets_
falleció _he died_	el botiquín _emergency kit_
ilesos _uninjured_	milagrosamente _miraculously_
había quedado _had been_	rescatados _rescued_

El siguiente artículo presenta los detalles de un terrible accidente aéreo en Perú. También ofrece los comentarios de dos de los sobrevivientes.

El Sol de Lima
■ 24 de agosto de 2001

Cuatro personas sobrevivieron al trágico accidente aéreo que ocurrió en los Andes el mes pasado. Hasta el momento, no se sabe exactamente cómo ocurrió la tragedia. El avión pequeño salió de Cuzco con solamente ocho pasajeros. Según la señorita Ana Román, asistente de vuelo, todo iba bien cuando de repente hubo una explosión en el motor del ala derecha.

«El piloto», dice la señorita Román, «pudo controlar el avión por un rato, aunque íbamos descendiendo rápidamente. Por suerte, encontró un campo abierto e intentó aterrizar. Hasta el último momento íbamos más o menos bien, pero el ángulo del impacto fue demasiado grande.» Hubo sobrevivientes gracias al esfuerzo del piloto, quien lamentablemente falleció.

Sobrevivieron a esta tragedia Rafael Martínez, Tomás Romero, Jorge Rocha y Ana Román. Los señores Martínez y Romero saltaron a tierra por la puerta de emergencia, ambos ilesos. El señor Rocha había quedado atrapado entre dos asientos. La señorita Román vio que estaba todavía vivo y llamó a los señores Martínez y Romero y ellos le ayudaron a sacarlo. El señor Rocha estaba ya casi inconsciente.

Sin duda la señorita Román fue la verdadera heroína de esta tragedia. «Yo solamente cumplí con mi deber», dice ella. La señorita Román sabía dónde estaban los comestibles, las frazadas y el botiquín. Después de salir del avión, ella y Tomás Romero volvieron al avión y buscaron lo necesario. «Luego», dice el señor Romero, «milagrosamente el radio todavía funcionaba y lo usamos para comunicarnos con el aeropuerto.»

Los sobrevivientes fueron rescatados el mismo día por un helicóptero del ejército peruano. ■

Comprensión

Ordene cronológicamente estos sucesos.

_____ Sacaron al señor Rocha de entre los asientos.

_____ Fueron rescatados.

_____ Encontraron el radio.

_____ Buscaron alimentos.

_____ Se estrelló el avión.

_____ Pudieron llamar al aeropuerto.

_____ Hubo una explosión en el motor.

_____ Despegaron del aeropuerto en Cuzco.

Ahora… ¡usted!

1. ¿Ha tenido alguna vez un accidente en un viaje de avión? ¿Ha tenido alguna experiencia desagradable en un vuelo? ¿Qué pasó?

   _____

   _____

   _____

2. ¿Ha leído o escuchado una noticia como la de este artículo últimamente? Descríbala.

   _____

   _____

Un paso más… ¡a escribir!

Escriba un diálogo basado en la siguiente situación: un(a) periodista le hace una entrevista a una persona que sufrió un accidente. La persona que entrevista debe hacer muchas preguntas y el/la sobreviviente debe dar muchos detalles de lo que pasó.

CAPÍTULO

D e compras

13

Actividades escritas

✳ Los productos y los materiales

Lea Gramática 13.1–13.2.

A. Conteste expresando sus preferencias sin mencionar los objetos. Siga el modelo.

> MODELO: Si tiene que escoger entre un Cadillac rosado y uno negro, ¿cuál prefiere, el negro o el rosado? →
> Prefiero *el negro,* por supuesto.

1. Si puede escoger entre muebles de madera o muebles de vidrio y metal, ¿cuáles prefiere, los de madera o los de vidrio y metal?

   _____

2. ¿Qué discos compactos compra con mayor frecuencia, los de Bon Jovi, los de Janet Jackson o los de otros artistas?

   _____

3. ¿Qué tipo de blusas/camisas prefiere, las de algodón o las de seda?

   _____

4. ¿Qué tijeras son mejores para los niños, las de metal o las de plástico?

   _____

5. ¿Cuáles le gustan más, los vasos de vidrio o los de plástico?

   _____

B. Diga lo bueno y lo malo de comprar en cinco de estos lugares: un mercado al aire libre, un supermercado, un centro comercial, una «boutique», una «venta de garaje», una tienda muy cara, una tienda muy económica.

MODELO: Lo bueno de comprar en el Rastro de Madrid es que me gusta regatear. Lo malo es que no siempre encuentro lo que quiero.

1. _____

_____

2. _____

_____

3. _____

_____

4. _____

_____

5. _____

_____

C. Lea las oraciones con cuidado y exprese sus preferencias usando pronombres demostrativos.

MODELO: Usted quiere saber cuánto cuesta el asador que está allá, cerca de la puerta. →
—Señorita, ¿cuánto cuesta *aquél*?

1. Usted quiere las botas de goma que están cerca de usted, pero no muy cerca.

—Señor, por favor déme _____ que están allí.

2. Usted ve unos pantalones vaqueros arriba de un estante, lejos de usted, y dice:

—Señorita, por favor, ¿cuánto cuestan _____?

3. Usted va a comprar un abrelatas. Quiere ver el que está más lejos de usted y dice:

—Por favor muéstreme _____ .

4. Usted está viendo dos martillos. Diga que prefiere el que está más cerca de usted.

— _____

5. Pregunte cuánto cuestan las herramientas que están a su lado.

— _____

D. Describa cuatro o cinco cosas que usted tiene en su casa o garaje. ¿Dónde las compró? ¿De qué material son? ¿Son costosas? ¿Para qué se usan?

MODELO: En mi garaje tengo una bicicleta estacionaria. La compré en una venta de garaje. Es de plástico y metal. Es costosa pero no pagué mucho por ella. La uso para hacer ejercicio.

✳ Los precios

Lea Gramática 13.3.

E. Escriba comentarios sobre los objetos que están en una tienda. Describa los objetos y use los demostrativos **éste, ésta, éstos, éstas; ése, ésa, ésos, ésas** o **aquél, aquélla, aquéllos, aquéllas.**

> MODELO: las copas →
> *Éstas* que están aquí cuestan $15,00. *Ésas* que están allí son más baratas y más bonitas. *Aquéllas* que están detrás son baratas también pero no son tan bonitas.

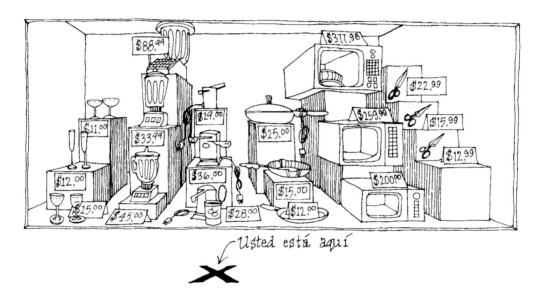

1. la licuadora _____

   _____

2. el abrelatas _____

   _____

3. la sartén _____

   _____

4. el horno de microondas _____

   _____

5. las tijeras _____

   _____

F. Usted está viendo un anuncio de la joyería Tiffany's de Santiago, en Chile. Va a escoger las joyas que le gustaría comprar para algunos de los miembros de su familia. Diga cuáles va a escoger, para quién y por cuánto va a comprar cada una. Los precios están en pesos chilenos.

> MODELO: Quisiera comprar un anillo de diamantes para mi novia. Puedo comprarlo por solamente $12.000,00.

Tiffany's de Santiago

Reloj para deportistas
Por solamente $48.080,00

Reloj con dos diamantes
Por $7.722.850,00

Elegante reloj marca Rolex
A $6.611.000,00...
¡Es una ganga!

Anillo de oro de 18 quilates
Por solamente $480.800,00

Anillo de platino con
un diamante de tres quilates
Por $4.207.000,00

Hermoso y elegante
anillo de plata
Por $51.085,00

Anillo con cinco diamantes
de un quilate cada uno por solamente
$73.000.000,00

Precioso anillo de esmeraldas
rodeado de diamantes $30.050.000,00

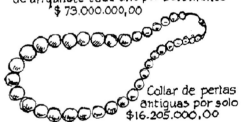

Collar de perlas
antiguas por solo
$16.205.000,00

Collar de oro de
14 quilates por
$570.950,00

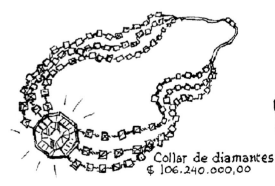

Collar de diamantes
$106.240.000,00

Hermoso collar de
plata esterlina, una
ganga por $150.250,00

1. _____
   _____

2. _____
   _____

3. _____
   _____

4. _____
   _____

5. _____
   _____

✳ Comprando ropa

Lea Gramática 13.3.

G. Complete estas oraciones correcta y lógicamente usando **por** o **para.**

1. —¿Te costó mucho el paraguas?

   —No, lo compré _____ solamente _____.

2. Este vestido es de una talla muy pequeña porque lo compré _____ mi hija menor.

3. Mañana es el Día del Padre. Compré un cinturón _____ mi papá y una cartera

   _____ mi abuelo.

4. Usé la misma bata _____ años. ¡Era tan cómoda y la compré _____ sólo 15 pesos!

5. Una bufanda se usa _____ _____.

6. Un camisón lo usan las mujeres _____ _____.

H. Estela Saucedo y Elena Herrero están en la tienda de ropa con sus hijas, Amanda y Graciela. Las chicas quieren escoger su ropa. ¿Qué les dicen Estela y Elena? (Amanda lleva talla 10 y Graciela lleva talla 8.)

MODELO: AMANDA [con unos vaqueros pequeños]: Mamá, mira qué pantalones vaqueros más lindos. Voy a comprarlos.

ESTELA: Ay hija, tú llevas talla 10, esos pantalones son talla 8. Te quedan muy apretados.

1. AMANDA [con una falda muy corta talla 10]: ¿Qué te parece[1] esta falda, mamá?

   ESTELA: _____

2. GRACIELA [con un suéter negro de manga larga, talla 6]: ¡Mamá, mira qué suéter más sofisticado!

   ELENA: _____

_____
[1]¿Qué... *What do you think of . . .*

3. AMANDA [con un vestido largo, negro, talla 10, de 3.500 pesos]: ¡Mamá! Mira, ¡el vestido perfecto para mis 15 años!

   ESTELA: _____

4. GRACIELA [con una blusa talla 16]: Mira, me queda bien, ¿no?

   ELENA: _____

5. GRACIELA [con un vestido transparente talla 8, y sin combinación]: Mamá, ¿no te parece sexi?

   ELENA: _____

I. Imagínese que usted está en una tienda de ropa y que quiere comprarse un pantalón nuevo. Complete el diálogo.

1. DEPENDIENTE: _____

   USTED: Necesito un pantalón nuevo.

2. DEPENDIENTE: _____

   USTED: Creo que uso talla 38.

3. DEPENDIENTE: _____

   USTED: Tal vez gris.

4. DEPENDIENTE: _____

   USTED: Gracias, voy a probarme éste a ver si me queda bien.

Tres minutos después…

5. DEPENDIENTE: _____

   USTED: No, creo que necesito una talla más pequeña.

6. DEPENDIENTE: _____

   USTED: Gracias… Éste sí me queda bien. ¿Cuánto cuesta?

7. DEPENDIENTE: _____

   USTED: Me lo llevo. ¿Aceptan tarjetas de crédito?

8. DEPENDIENTE: _____

   USTED: Aquí la tiene.

✳ Las compras y el regateo

Lea Gramática 13.4–13.5.

J. ¿Recuerda qué les regaló usted a las siguientes personas para su cumpleaños? Diga qué les regaló y por qué.

MODELO: a mi padre →
A mi padre le regalé un suéter de lana. Se lo regalé porque siempre tiene frío.

1. a mis hermanos

_____

_____

2. a mi novio/a

_____

_____

3. a mi abuelo/a

_____

_____

4. a mi mejor amigo/a

_____

_____

5. a mi madre

_____

_____

K. Imagínese que usted está en una tienda y que quiere comprar una cartera (bolsa). Tiene que regatear con el comerciante para poder comprarla a buen precio. ¿Qué le va a decir al comerciante?

1. COMERCIANTE: ¿Quería usted alguna cosa?

   USTED: _____

2. COMERCIANTE: Tenemos varias carteras de cuero, todas de muy buena calidad.

   USTED: _____

3. COMERCIANTE: Están a 640 pesos, todas hechas a mano y…

   USTED: _____

4. COMERCIANTE: Bueno, a usted puedo hacerle una rebaja. ¿Qué le parece si le pido 600 pesos solamente?

   USTED: _____

5. COMERCIANTE: ¿450 pesos? Pero estas carteras son de puro cuero y están muy bien hechas. Se la puedo dejar en 500 pesos.

   USTED: _____

6. COMERCIANTE: Está bien. ¿Se la envuelvo?

   USTED: _____

L. Escriba una composición de dos o tres párrafos acerca de un regalo que compró y que fue un fracaso.[1] Conteste estas preguntas en la composición: ¿Qué compró? ¿Para quién lo compró? ¿Dónde lo compró? ¿Cuánto le costó? ¿Qué pasó con el regalo? ¿Por qué fue un fracaso? ¿Le costó demasiado? ¿Se rompió? ¿Se perdió? ¿No le gustó a la persona? ¿Por qué no le gustó? ¿Era de mala calidad? ¿No era de su talla, color o estilo? ¿Qué pasó, por fin?

_____

[1]*failure*

Resumen cultural

Conteste las preguntas y complete las oraciones con la información cultural del **Capítulo 13.**

1. ¿Cómo se llama la moneda nacional de Perú? _____

   ¿y la de Costa Rica? _____

   ¿y la de Venezuela? _____

2. _____ es el nombre de un famoso mercado al aire libre de un

   barrio de Madrid.

3. Si usted va de compras en los mercados de América Latina no olvide llevar su propia

   _____.

4. Nombre tres prendas de ropa típica del estilo «hippie».

   _____

5. ¿Cómo se llama una tienda que vende joyas? _____

   ¿y una que vende helados? _____

6. Nombre cuatro grupos indígenas que habitaban la isla de Hispaniola cuando llegó Colón.

   _____

7. ¿Qué factores contribuyeron a la desaparición de todos los taínos durante la colonización
   española?

   _____

8. ¿Cómo se llama la ropa tradicional de las mujeres casadas taínas?

   _____

9. Nombre tres tipos de artesanía que hacían los taínos.

   _____

10. ¿Cómo se llama la camisa bordada de colores claros que llevan muchos hombres en los países
    hispanos de clima cálido?

    _____

Actividades auditivas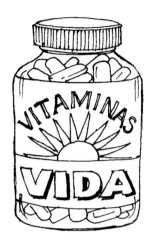

✳ **Para empezar**

A. Vitaminas Vida

Y ahora escuchemos un mensaje comercial de vitaminas Vida.

¿Cuál de estos tres anuncios del periódico corresponde al anuncio que usted escuchó?

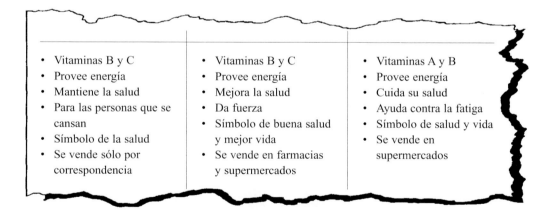

• Vitaminas B y C • Provee energía • Mantiene la salud • Para las personas que se cansan • Símbolo de la salud • Se vende sólo por correspondencia	• Vitaminas B y C • Provee energía • Mejora la salud • Da fuerza • Símbolo de buena salud y mejor vida • Se vende en farmacias y supermercados	• Vitaminas A y B • Provee energía • Cuida su salud • Ayuda contra la fatiga • Símbolo de salud y vida • Se vende en supermercados

B. Más preguntas sobre la salud

En KSUN, la doctora Virginia Béjar contesta preguntas de los radioyentes.

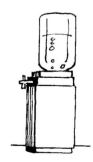

¿Cuáles son los consejos de la doctora Béjar?

PREGUNTAS	CONSEJOS
1. *¿Es importante beber agua todos los días? ¿Qué es lo ideal?*	
2. *¿Qué hago? Me duelen el brazo y el codo porque juego al tenis.*	

✴ Los productos y los materiales

C. Anuncios comerciales

VOCABULARIO ÚTIL

la fragancia   *fragrance*
garantizados   *guaranteed*

Y ahora dos anuncios comerciales en KSUN, Radio Sol, ¡su estación favorita!

1. Detergente Suavitel

Complete el aviso correctamente.

Señor, señora, ¿están ustedes ——————————ᵃ de su ropa vieja? ¿Quieren tener ropa

——————————ᵇ sin gastar dinero? ¡Suavitel es la ——————————!ᶜ El ——————————ᵈ Suavitel

deja la ropa con una rica fragancia. Lave su ropa con Suavitel y sienta la ——————————.ᵉ Por un

——————————ᶠ módico usted va a llevar ropa nueva todos los días. ¡Suavitel para tener la

——————————ᵍ suave, hermosa y con rica ——————————!ʰ

2. Joyería y relojería Julieta

Escoja las respuestas correctas.

En la joyería y relojería Julieta,…

a. ——— reparan anillos y relojes.

b. ——— reparan bicicletas.

c. ——— reparan cámaras de video.

d. ——— garantizan sus trabajos.

e. ——— no trabajan los fines de semana.

f. ——— anuncian que esta tienda es la joya de las joyerías en el centro de Los Ángeles.

✳ Los precios

D. Una venta fabulosa

VOCABULARIO ÚTIL

como pan caliente   *like hotcakes*
¡Gracias por avisarme!   *Thanks for letting me know!*

Rosita Silva acaba de regresar de la tienda El Gran Bazar y ahora conversa por teléfono con su vecina Lola Batini.

Escoja la(s) respuesta(s) más lógica(s).

1. Rosita llamó a Lola para…

    a. decirle que tenía mucha prisa.

    b. contarle que había una venta en la tienda de ropa.

    c. hablar de las amigas que vio en el supermercado.

    d. pedirle dinero porque la comida estaba cara.

2. Los pantalones de lana…

    a. cuestan más que los vestidos.

    b. cuestan tanto como los vestidos.

    c. cuestan 90.99 pesos.

    d. cuestan menos que los vestidos.

3. Rosita opina que los suéteres…

    a. son elegantes.

    b. están baratos.

    c. son muy bonitos.

    d. cuestan demasiado.

4. Lola dice que va a ir inmediatamente porque…

    a. hay vestidos baratos en la tienda.

    b. hay mucha gente en la tienda.

    c. quiere comprar varios suéteres.

    d. le gusta el pan caliente.

E. Las gangas de Pilar

VOCABULARIO ÚTIL

¡que me muero de envidia!   *I'm dying of envy!*
el esfuerzo   *effort*
mientras más…   *the more . . .*
¡Vale!   *OK! (Spain)*

Lugar mencionado

el Corte Inglés   *department store in Spain*

Es un sábado por la noche. Pilar conversa con su novio, José, sobre las compras que hizo hoy.

❖ ❖ ❖

¿Quién diría (*would say*) lo siguiente, Pilar (**P**) o José (**J**)?

1. _____ Tú tienes un talento para encontrar gangas y ventas.

2. _____ Fui de compras al Corte Inglés.

3. _____ Compré varios discos compactos.

4. _____ La cámara es para tu hermano, ¿no?

5. _____ Sólo sé regatear en el Rastro, pero me divierto mucho regateando.

✳ Comprando ropa

F. **¡Vamos de gemelas!**

VOCABULARIO ÚTIL

ajustado en las caderas   *tight in the hips*
¡Qué más da!   *What the heck! What does it matter!*
vestidas igual   *dressed alike*

Clara y Pilar van a ir al teatro esta noche. Por eso están de compras en el Corte Inglés esta tarde.

❖ ❖ ❖

¿Cierto (**C**) o falso (**F**)?

1. _____ Las dos chicas llevan la misma talla, 40.

2. _____ Si los vestidos no les quedan, van a ponerse a dieta.

3. _____ Las chicas encuentran muchos vestidos talla 40.

4. _____ Las chicas deciden no ir al teatro porque no pueden encontrar los vestidos perfectos.

5. _____ A Pilar le queda bien el vestido talla 38 aunque un poco ajustado en las caderas.

6. _____ Las chicas deciden ir al teatro vestidas de gemelas.

G. **Un regalo muy especial**

VOCABULARIO ÚTIL

los aretes   *earrings*
¡qué curiosa me tienes!   *I'm so curious!*
una serenata   *serenade*
los mariachis   *Mexican street bands*

Lugares mencionados

la Zona Rosa   *an upscale neighborhood in Mexico City*
el Mercado Insurgentes   *large, open-air market south of downtown Mexico City*

Hoy Ernesto y Estela van a ir de compras porque quieren comprar un regalo de cumpleaños para Dora Lucía, la madre de Ernesto.

Diga el porqué de cada circunstancia.

1. Ernesto y Estela van a ir de compras porque

   _____.

2. Ernesto no quiere comprar el vestido porque

   _____.

3. Estela sugiere que Ernesto compre unos aretes pero él dice que no porque

   _____.

4. Estela dice que a Dora Lucía le encantaría que le regalaran ropa, como un suéter o una bufanda. Ella sabe esto porque

   _____.

5. Ernesto decide regalarle a su madre una serenata con mariachis porque

   _____.

✳ Las compras y el regateo

H. De compras en el Rastro

VOCABULARIO ÚTIL

grueso *thick*
¡Se lo aseguro! *I assure you!*
ganarse la vida *to make a living*
no le saco nada *I won't get anything*

Clara está de compras en el Rastro. Quiere comprar un suéter y va a tener que regatear.

Complete las oraciones con las palabras correctas.

1. El vendedor anuncia _____ para los días de _____ que ya vienen.

2. El primer precio que le da el vendedor a Clara es de _____ pesetas.

3. El vendedor dice que el suéter es de pura _____, hecho a _____.

4. Clara dice que no tiene mucho dinero porque ella es _____.

5. Después de regatear mucho, Clara compra el suéter por _____ pesetas.

I. La lección de regateo

VOCABULARIO ÚTIL

che   *hey; friend, pal (Arg.)*
los nuevos soles   *monetary unit of Peru*

Formas de *vos*

podés
mirá
llevás
esperá

Adriana Bolini y su amigo, Víctor Ginarte, han hecho un viaje de negocios a Perú. Ahora mismo están de compras en la parte turística del centro de Lima.

❖   ❖   ❖

Ponga en orden estas oraciones para hacer un resumen de lo que pasa entre Adriana y Víctor.

———— La empleada le pregunta a Adriana cuánto quiere pagar por la bolsa.

_1_ Adriana dice que le gustaría comprarle una bolsa a su mamá; entonces, ella y Víctor van de compras.

———— En la otra tienda ven otra bolsa exactamente igual a la que Adriana compró.

———— A Adriana le gusta una bolsa en la tienda y Víctor le ayuda a regatear.

———— La bolsa cuesta 96 nuevos soles y Víctor le dice que probablemente se la puede llevar por 80 nuevos soles.

———— Adriana compra la bolsa por 85 nuevos soles.

———— Al final, Adriana está enojada porque la otra bolsa cuesta solamente 60 nuevos soles y ella pagó 85.

✳ ¡A repasar!

J. Un turista típico

VOCABULARIO ÚTIL

exagerar   *to exaggerate*
¡Qué bien suena!   *It sounds so good!*

Lugar mencionado

Nuevo Laredo   *town in Nuevo León, Mexico,*
   bordering the town of Laredo in Texas

Esteban Brown y Nora Morales están en el mercado central de Nuevo Laredo. Como Nora ya conoce la ciudad un poco, va a servir de guía.

❖   ❖   ❖

¿Con quién asocia usted estos comentarios, con Esteban (**ES**), con Nora (**N**) o con el empleado (**E**)?

1. _____ Hmmm, este muchacho siempre exagera en la clase.

2. _____ Probablemente las guitarras españolas son mejores.

3. _____ Ahhh… turistas jóvenes. Definitivamente van a comprar algo.

4. _____ Voy a mostrarles la guitarra más cara.

5. _____ ¡Ay, qué chico más malo para regatear! Creo que va a pagar más de lo necesario.

6. _____ Se la dejo en 3.000 pesos.

7. _____ Sí, me la llevo por 2.850 pesos.

8. _____ Aprendí a regatear en clase pero nunca antes compré guitarras.

Pronunciación y ortografía

✳ Ejercicios de ortografía

ADDING ACCENT MARKS WHEN ADDING EXTRA SYLLABLES

Whenever one or more pronouns are added to the end of a present participle, an accent mark must be added to the stressed syllable. For example: **estudiándolo** (studying it).

A. Listen and write the following sentences with present participles and pronouns. Write each form correctly with an accent mark.

1. _____
2. _____
3. _____
4. _____
5. _____

If a single pronoun is added to an infinitive, a written accent mark is not needed. For example: **hablarle, verla.** If two pronouns are added, however, the form must be written with an accent mark. For example: **dármelo** (to give it to me), **decírselo** (to tell it to him).

B. Listen and write the following sentences with infinitives and pronouns. Write each infinitive correctly with an accent mark.

1. _____
2. _____
3. _____
4. _____
5. _____

 ideoteca

VOCABULARIO ÚTIL

bordada   *embroidered*
el bordado   *embroidery*
Ándele   *Go on! You bet!*
¡Anímese!   *Go for it!*
Muy amable   *How nice (of you)*
¡Qué les vaya bien!   *Have a nice day!*

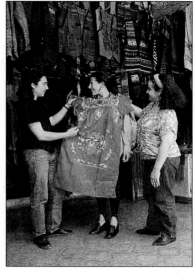

Sinopsis

Lupe y Diego van de compras porque Diego quiere comprarle un regalo a su hermana. Por fin encuentra el regalo perfecto y regatea con la vendedora para conseguir mejor precio.

Primero lea estas afirmaciones y preguntas; luego vea el video para contestarlas.

A.   ¿Cierto (**C**) o falso (**F**)?

1. _____ Lupe le sugiere a Diego que compre un cinturón o unas playeras.

2. _____ Diego prefiere regalarle a su hermana algo típico de México.

3. _____ Lupe sugiere comprarle unas botas de cuero.

4. _____ La vendedora le muestra varios vestidos.

5. _____ La vendedora quiere venderle una bolsa también.

6. _____ Diego dice que su hermana es tan alta como Lupe.

7. _____ Diego sabe regatear bien.

8. _____ Diego dice que aprendió a regatear en la universidad.

B.   Conteste las siguientes preguntas.

1.   ¿Cómo describe los vestidos la vendedora? Son de _____ y el

bordado está _____ .

2.   ¿De qué color era el vestido que Diego prefería? _____

3.   ¿Cuánto dijo la vendedora que costaba (valía) el vestido? _____

4.   ¿Cuánto le ofreció Diego la primera vez? _____

5.   ¿Cuánto pagó él por el vestido? _____

6.   ¿A dónde quiere ir Lupe antes de regresar a casa? Quiere ir a la _____

y a la _____ .

Lecturas

  # Cuento: «El potro del señor cura» de Armando Palacio Valdés

VOCABULARIO ÚTIL

el cura   *priest*
prodigioso/a   *excellent, wondrous*
la cuadra   *stable*
Se burlaban   *They made fun*
el potro   *colt*
siempre que   *whenever*

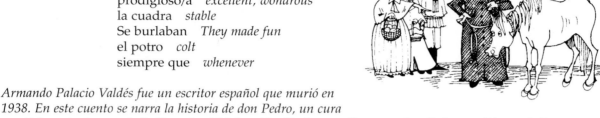

Armando Palacio Valdés fue un escritor español que murió en 1938. En este cuento se narra la historia de don Pedro, un cura español que tenía un caballo llamado «Pichón». Un día, lamentablemente, don Pedro vendió su caballo porque estaba muy viejo. Después compró otro más joven. ¡Y fue entonces que recibió una tremenda sorpresa!

Parte 1

Don Pedro era el cura de un pueblo pequeño. Tenía dos animales, un perro y un caballo. Hacía más de veinte años que tenía el caballo. Quería mucho a su caballo porque era noble, paciente y muy inteligente. El caballo se llamaba Pichón porque era blanco. Tenía una memoria prodigiosa: sabía siempre hacia donde iban y llevaba al señor cura por todos los caminos. El señor cura no tenía que dirigirlo. Además, cuando llegaban a un lugar, el caballo se paraba a la puerta y, cuando bajaba el señor cura, él solo se iba a la cuadra.

El señor cura estaba muy contento con su caballo pero la gente del pueblo pensaba que el caballo ya estaba muy viejo. Se burlaban del pobre Pichón; lo llamaban «el potro». Un día el señor cura, cansado de escucharlos, decidió venderlo. Muy triste fue a la feria.

En la feria los caballos estaban muy baratos y Pichón era tan viejo que nadie quería comprarlo. Finalmente un hombre le ofreció setenta y cinco pesetas por él. El cura lo vendió por ese precio. Luego regresó muy triste a su casa.

Pronto se dio cuenta que necesitaba otro caballo porque no podía caminar tanto. Dos semanas después, volvió a la feria, pero ahora los caballos estaban muy caros. El señor cura pasó muchas horas buscando un caballo barato, regateando aquí y allá, pero no encontraba nada. Finalmente encontró un caballo joven y barato. Era de color tabaco y tenía ojos muy inteligentes. Costaba sólo trescientas pesetas. Al señor cura le pareció una ganga y lo compró. Regresó a su casa montado en él. Estaba contento con su compra y muy pronto se puso más contento. El caballo conocía perfectamente el camino a su casa. Al pasar por casa de su hermana, el caballo inmediatamente se paró. El cura, sorprendido, decidió saludar a su hermana. Se bajó y el caballo se fue a la cuadra. El cura dijo: —¡Qué inteligente es este animal!

Se quedó varias horas charlando con su hermana. Cuando salió decidió regresar directamente a su casa, pero el caballo paró en casa de un amigo a quien el cura visitaba siempre que visitaba a su hermana.

—Prodigioso —dijo el cura y bajó para saludar a su amigo. El caballo se fue solo a la cuadra.

VOCABULARIO ÚTIL

lo felicitaron *they congratulated him*
el criado *servant*
las manchas *stains*
quedó teñida de rojo *was tinted red*
merezco *I deserve*
por hacerles caso *for paying attention*
romperle los huesos *break his bones*
tenía razón *he was right*

Parte 2

Llegó al pueblo de noche. Al siguiente día toda la gente del pueblo fue a ver al caballo nuevo en el establo. El señor cura lo presentó diciendo que se llamaba León, por su color tabaco. Todos declararon que era un bello animal y lo felicitaron por su compra.

Por cinco o seis días no necesitó montar su nuevo caballo. Pero al séptimo, mandó al criado a limpiarlo pues pensaba salir y el animal tenía un poco de polvo. El criado lo llamó unos minutos después y le dijo:

—¿Sabe, señor cura? León tiene unas manchas blancas que no desaparecen.

—Límpialo bien —dijo el señor cura.

El criado lo limpió y lo limpió pero las manchas no sólo no desaparecían sino que se hacían cada vez mayores.

—A ver, trae agua caliente y jabón —dijo el cura, cansado.

El agua quedó teñida de rojo inmediatamente y las manchas se extendieron hasta que casi le cubrían todo el cuerpo. El cura lo limpió tanto que en media hora había desaparecido el caballo color de tabaco y había aparecido uno blanco. El criado, sorprendido, exclamó:

—¡Caramba! ¡Es el Pichón!

El cura no podía creerlo pero, sí, ¡era su viejo caballo!

La gente empezó a llegar y a reírse del cura y de su «potro». Entonces el señor cura, enojado, les dijo:

—¡Qué bien merezco todo esto por hacerles caso a unos tontos como ustedes! Si alguien se ríe otra vez de mi caballo o lo llama potro… ¡Voy a romperle los huesos!

Todos comprendieron que el cura tenía razón y se fueron en silencio a su casa. El cura entonces se acercó, feliz, a su caballo y le dijo: —¡Bienvenido a tu casa, Pichón!

Comprensión

En una hoja de papel aparte, narre el cuento en sus propias palabras, tomando en cuenta las siguientes sugerencias.

Parte 1

1. la descripción de don Pedro y Pichón
2. la decisión del cura
3. la feria
4. el nuevo caballo

Parte 2

1. la reacción de la gente del pueblo hacia el «nuevo» caballo
2. el séptimo día
3. la limpieza de León
4. la sorpresa

Ahora… ¡usted!

1. ¿Piensa que hay un mensaje o una moraleja en este cuento? Explique.

   _____

   _____

2. ¿Cree usted que el señor cura aprendió una lección? ¿Cuál fue? ¿Fue una lección valiosa?

   _____

   _____

3. ¿Ha tenido usted una experiencia similar a la de don Pedro? Es decir, ¿ha tomado una decisión basada en la opinión de los demás, y no en lo que le dictaba su propio corazón? ¿Qué pasó? ¿Qué aprendió usted?

   _____

   _____

Un paso más… ¡a escribir!

¿Tiene usted un animal doméstico que quiere mucho? ¿Lo vendería? Imagínese que alguien quiere comprarle su mascota. Explíquele por escrito a esa persona por qué no puede vendérsela. O quizá usted decida vendérsela por cierto precio…

LECTURA «Un Stradivarius» por Vicente Riva Palacio (Partes I y II)

Vincente Riva Palacio (México; 1832–1896) es conocido por sus novelas históricas y sus cuentos. Su obra describe muchas tradiciones culturales de su país.

En este cuento, el dueño de una tienda recibe la extraña visita de un músico pobre. Este músico trae consigo un violín que deja en la tienda para que el dueño se lo cuide por un tiempo. Pero don Samuel no sospecha que el músico pobre tiene un plan.* Descubramos el plan…

Parte I

Don Samuel es un señor muy rico. Tiene mucho dinero. Tiene una tienda. La tienda de don Samuel está en México. Es una de las tiendas más ricas de México. En México hay otras tiendas como la tienda de don Samuel, pero no tan ricas.

En su tienda don Samuel tiene muchas cosas. Don Samuel tiene mucho dinero porque vende muchas cosas en su tienda a las personas ricas de México.

Don Samuel está todo el día en su tienda. Como es un señor que tiene mucho dinero, también tiene muchos amigos. Algunos de sus amigos van a su tienda todos los días. Otros amigos van muy poco a su tienda. Pero todos los días hay uno o dos amigos en la tienda de don Samuel. Algunas personas dicen que estos señores no son amigos de don Samuel, sino de su dinero. Pero nadie sabe la verdad.

Como don Samuel es un señor muy rico, todos los días muchas personas van a su tienda para tratar de venderle muchas cosas. Pero don Samuel les dice que él no tiene dinero.

_____

*El cuento está dividido en cuatro partes. Las partes III y IV aparecen en el **Capítulo 14.**

Parte II

Un día un señor va solo a la tienda de don Samuel. Cuando ve a este señor, don Samuel le dice:

—¿Qué desea usted?

—Sólo deseo ver algunas cosas para una iglesia.

—Tengo todo lo que usted desea. Yo vendo muchas cosas a todas las iglesias de México. ¿Desea usted ver otras cosas también?

—No; sólo deseo ver algo para una iglesia. Tengo un tío muy rico en Guadalajara que desea algo para una iglesia.

—¿No le gustan estas cosas que tengo aquí?

El señor que está en la tienda de don Samuel y que desea las cosas para la iglesia de Guadalajara es músico. Como es músico no es rico ni tiene dinero. Lleva un traje muy viejo. Este señor no parece estar muy contento.

El músico tiene en la mano un violín. El violín está en una caja muy vieja. A don Samuel no le gusta mucho el traje del músico, pero no le dice nada porque desea venderle algo. Cuando ve la caja del violín en la mano del músico le dice:

—¿Es usted músico?

—Sí, señor.

—A mí me gusta mucho la música. Siempre voy con mi familia a Chapultepec* porque allí siempre hay música. ¿Le gusta a usted la música de Chapultepec?

—Sí, señor, me gusta mucho.

—A mí y a mi esposa también nos gusta, pero a nuestros hijos no les gusta. ¿Tiene usted hijos?

—No, señor, no tengo hijos.

Después de decir esto sobre la música, don Samuel le enseña al músico algunas cosas para las iglesias. Al músico le gustan algunas de las cosas que le enseña don Samuel. Después de verlas muy bien y de decirle a don Samuel cuáles son las cosas que le gustan, pone algunas de ellas en una caja que tiene don Samuel en su tienda. El músico necesita la caja porque tiene que mandar las cosas a Guadalajara. Después de algunos minutos le dice el músico a don Samuel:

—Deseo estas cosas, pero antes quiero escribirle a mi tío que está en Guadalajara porque no tengo dinero aquí para pagar ahora.

—¿Va usted a escribirle a su tío ahora?

—Sí, señor, voy a escribirle ahora porque mi tío desea estas cosas para la iglesia de Gudalajara antes de cuatro o cinco días.

—Muy bien. ¿Desea usted todas las cosas en esta caja?

—Sí, señor, mi tío va a pagarle por ellas.

Depués de decir esto el músico mira otra vez las cosas que tiene en la caja. Unos cuantos minutos después le dice a don Samuel:

—¿Puedo dejar este violín aquí en su tienda por uno o dos días?

—Sí, señor, puede dejarlo aquí en mi tienda.

—¿Dónde lo puede poner?

—Aquí.

—Debe tener mucho cuidado con mi violín. Es un violín muy bueno y siempre tengo mucho cuidado con él porque es el único que tengo.

—Sí, voy a tener mucho cuidado con él. En mi tienda nadie toca las cosas que no son suyas.

Don Samuel pone el violín en un lugar donde se puede ver y le dice al músico:

—Allí está bien.

—Sí, allí en ese lugar parece estar muy bien.

El músico deja su violín en la tienda de don Samuel. Don Samuel mira el violín y piensa: «Este violín es muy viejo y no parece ser muy bueno. Pero no le puedo decir a un señor tan bueno como éste que no deseo tenerlo aquí en la tienda por unos cuantos días. Después de todo, no me va a costar nada tener aquí esa caja tan vieja.» Después de pensar en esto, toma el violín, lo inspecciona con cuidado y lo pone nuevamente en su lugar.

Continúa en el Capítulo 14.

_____
*parque grande de la Ciudad de México

Comprensión

Narre con sus propias palabras las partes I y II del cuento, partiendo de los siguientes temas:

Parte I: la descripción de don Samuel
Parte II: lo que hace y dice el músico del violín

Ahora... ¡usted!

1. En la primera parte, se dice que don Samuel tiene muchos amigos porque tiene mucho dinero. ¿Qué piensa usted de esta descripción? ¿Es verdad que los ricos tienen muchos amigos? ¿Puede el dinero comprar la amistad?

_____

_____

2. Don Samuel admite que le gusta la música. ¿A usted también le gusta? ¿Qué tipo de música escucha? ¿Toca un instrumento musical? ¿Cuál? ¿Fue difícil aprender a tocarlo? Si no toca un instrumento, ¿le gustaría aprender a tocar alguno? ¿Cuál? ¿Por qué?

_____

_____

_____

Un paso más... ¡a escribir!

Imagínese el resto del cuento. ¿Qué va a pasar? Piense en el violín. ¿Qué importancia tiene? ¿Cuál es la verdadera razón que el músico lo deja en la tienda de don Samuel? ¿Cuál es el plan secreto del músico? ¡Usted es cuentista! Escriba las partes III y IV, un párrafo para cada una.

La familia y los consejos

 Actividades escritas

✳ La familia, las amistades y el matrimonio

Lea Gramática 14.1–14.2.

A. Use la forma correcta de los siguientes verbos para completar las oraciones a continuación.

abrazarse	comprenderse	enojarse	insultarse
ayudarse	comunicarse	golpearse	pedirse perdón
besarse	darse la mano	gritarse	pelearse
casarse	escribirse	hablarse	

MODELO: Mis padres están enamorados todavía porque →
se abrazan y se besan frecuentemente.

1. Una pareja que se lleva bien _____
_____.

2. Si una pareja no se lleva bien, _____
_____.

3. Dos personas que han tenido problemas y quieren resolverlos _____
_____.

4. Los hermanos pequeños casi siempre _____
_____.

5. Los novios, cuandro viven en ciudades diferentes, _____
_____.

B. Complete el siguiente párrafo usando las formas apropiadas de **ser** o **estar**.

Hoy _____¹ domingo. Rafael y Graciela _____² en el parque. Rafael

_____³ un joven bien parecido. Graciela _____⁴ bonita y simpática.

Los dos _____⁵ unos jóvenes muy activos. En la mañana vinieron en bicicleta al lago

y nadaron por varias horas. Ahora _____⁶ muy cansados y tienen hambre. También

_____⁷ algo preocupados porque van a merendar con otra pareja, Amanda y Ramón,

y ellos no han llegado. Hace una hora que los esperan y no comprenden qué pasa porque

normalmente _____⁸ puntuales. Graciela dice que tal vez Amanda y Ramón

_____⁹ enojados. Rafael dice que no, que _____¹⁰ imposible, porque

ellos _____¹¹ muy enamorados. Dice que probablemente se les olvidó la merienda

precisamente porque _____¹² tan enamorados. Luego dice que deben empezar a

comer. Agrega que aunque Ramón _____¹³ muy buen amigo, a veces _____¹⁴

algo desconsiderado. ¡Rafael no _____¹⁵ contento porque tiene mucha hambre! La

merienda _____¹⁶ lista y a él no le gusta esperar cuando tiene hambre.

C. Ésta es la escena de la boda de una joven que se llama Alicia Márquez. Decríbala. ¿Qué ve en el dibujo? ¿Cómo son las personas? ¿Cómo están hoy? (cansados, tristes, etcétera) ¿Qué están haciendo?

1. La novia es baja y gordita. Está nerviosa y tiene _____
   _____.

2. El novio _____
   _____.

3. Los padres de la novia _____
   _____.

4. La madrina _____
   _____.

5. Los pajes _____
   _____.

6. El cura _____

_____.

7. Los invitados _____

_____.

D. Describa en uno o dos párrafos a un buen amigo / una buena amiga. ¿Cómo es su apariencia física? ¿Cómo es su personalidad? ¿Cuáles son las características de esta persona que a usted le agradan[1] especialmente? ¿Tiene esta persona algún rasgo[2] negativo? ¿Está siempre de buen humor? ¿Es una persona activa? ¿Está cansada con frecuencia?

✳ Las instrucciones y los mandatos

Lea Gramática 14.3.

E. ¿Qué les dice usted a estas personas? Use un mandato apropiado.

MODELO: Su hermano/a siempre se pone su ropa y a usted no le gusta. →
¡No te pongas mi ropa! / Por favor no uses mi ropa.

1. Su mamá le sirve mucha sopa.

_____

2. A su hermanito/a le gusta jugar con sus libros y trofeos, aunque él/ella tiene muchos juguetes.

_____

3. A su novio/a le gusta llamarla/lo muy tarde por la noche. Usted prefiere hablar con él/ella por la tarde.

_____

4. Usted necesita dinero para matricularse en la universidad. ¿Qué les dice a sus padres?

_____

5. Su mejor amigo/a nunca pone atención en clase.

_____

6. Su papá siempre saca la basura. Usted va a sacarla porque hoy es el cumpleaños de su papá.

_____

7. La empleada doméstica necesita limpiar las ventanas; están muy sucias.

_____

8. Usted quiere jugar al tenis. Necesita una raqueta y su hermano tiene una.

_____

F. Escriba dos párrafos. En el primero, déle instrucciones a un amigo / una amiga para llegar a su casa desde la universidad. En el segundo, déle las mismas instrucciones a su profesor(a) de español.

_____

[1]le... le gustan   [2]característica

G. Lea estas ideas para resolver algunos problemas caseros.

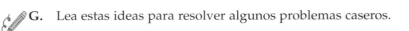

QUITAMANCHAS

◆ MANCHAS DE TINTA EN LA ROPA: Si su bolígrafo le mancha[1] la ropa de tinta[2], tome algodón, agréguele alcohol de 96° y frote[3] la mancha ligeramente con el algodón. La mancha va a desaparecer muy pronto.

◆ MANCHAS DE TINTA EN LA ALFOMBRA: Si la tinta del bolígrafo está en la alfombra, y el remedio anterior no produce resultados positivos, use éste otro: ponga sal en un plato, échele un poco de agua para que esté húmeda. Ahora ponga la sal sobre la mancha de la alfombra.

Este remedio es efectivo pero no es rápido. Deje la sal ahí por cuarenta y ocho horas y la mancha va a desaparecer. ¡No emplee este remedio en una alfombra de gran valor!

◆ MANCHAS DE PINTURA DE LABIOS:[4] Para las manchas de pintura de labios en ropa lavable: ponga glicerina pura en un algodón y frote. Enjuague[5] con agua limpia y luego lave la prenda (de ropa). Si la tela no es lavable, después de frotar con glicerina, llévela a la tintorería.[6]

¿Le parecen útiles estos trucos y consejos? Compártalos con sus amigos y con su familia. ¿Sabe usted otros? Si no sabe ninguno, pregúnteles a sus amigos, vecinos, padres o abuelos si conocen alguna solución casera. Escriba en uno o dos párrafos, usando mandatos, las dos soluciones caseras que le parezcan mejores.

✳ Las órdenes, los consejos y las sugerencias

Lea Gramática 14.4.

H. Usted no quiere hacer estas cosas. Déle un mandato a otra persona de su familia para que las haga. Use frases como **quiero que, prefiero que** y **te aconsejo que.**

MODELO: preparar la comida → *Mamá, quiero que tú prepares la comida.*

1. limpiar la cocina

_____

2. enseñarme a cocinar

_____

3. ir al trabajo a medianoche

_____

4. bañar al perro

_____

5. devolver un libro a la biblioteca

_____

---

[1]*stains*   [2]*ink*   [3]*rub*   [4]pintura *... lipstick*   [5]*rinse*   [6]*dry cleaners*

6. llamar a la abuelita

_____

7. prestarme dinero

_____

8. castigar al gato

_____

I. Su hermano menor va a asistir a la misma escuela secundaria a la que usted asistió. Déle cinco o seis consejos para no meterse en líos,[1] y para no tener problemas ni con los profesores ni con los otros estudiantes. Use frases como **te sugiero que, te recomiendo que** y **te aconsejo que.**

MODELO: asistir a clases → *Te recomiendo que asistas a clases todos los días.*

1. no copiar durante los exámenes

_____

2. devolver los libros de la biblioteca a tiempo

_____

3. hacer y entregar la tarea todos los días

_____

4. (no) comer en la cafetería

_____

5. ¿ ?

_____

6. ¿ ?

_____

J. A continuación aparecen dos cartas a Abby, una de un padre joven que tiene un problema muy serio y otra de una joven universitaria. Imagínese que usted es Abby y conteste **una** de las dos cartas. ¿Qué le sugiere usted al padre? ¿Le aconseja que trabaje más o que pase más tiempo con sus hijos? ¿Le sugiere que se case con su novia? ¿Qué puede hacer este pobre hombre para resolver un problema tan serio? Y a la chica universitaria, ¿qué le aconseja usted? ¿Debe dejar la universidad? ¿O debe buscar otro novio? Escriba una carta de uno o dos párrafos dándole consejos a **una** de estas dos personas.

Querida Abby:

Soy viudo y tengo cuatro hijos pequeños: de ocho, seis, cuatro y tres años de edad. Mis padres y mi esposa murieron hace dos años; mis suegros viven en otro estado. Cuando mi esposa vivía yo trabajaba cincuenta horas a la semana y vivíamos bastante bien, pero ahora no puedo trabajar muchas horas pues tengo que cuidar a mis hijos. Como paso más tiempo con ellos, no gano suficiente dinero: los niños necesitan ropa y no tienen juguetes. Tampoco comemos bien.

Tengo novia. Es una mujer joven, aunque es dos años mayor que yo. Estamos muy enamorados y queremos casarnos; el único problema es que ella dice que no puede criar a cuatro hijos que no son de ella. Me sugiere que me quede solamente con el más pequeño, el de tres años, porque ella quiere tener sus propios hijos conmigo. Yo quiero a mis hijos, pero también la quiero y la necesito a ella. ¿Qué puedo hacer? ¿Qué me aconseja?

Abrumado[2]

_____

[1]meterse… *get into trouble*   [2]*Overwhelmed*

Querida Abby:

Tengo 19 años. No soy ni bonita ni fea pero, cuando visto ropa buena, me veo bien. Necesito su consejo: estoy pensando dejar la universidad para trabajar porque a mi novio le gusta verme bien vestida. Mis padres no tienen mucho dinero, y el poco que tienen prefieren usarlo para pagar por mi carrera universitaria. Ellos me dicen que es más importante mi educación. Soy buena estudiante y sé que tienen razón, pero estoy muy enamorada de mi novio y no quiero perderlo. ¿Qué hago?

Enamorada

✳ La crianza y el comportamiento

Lea Gramática 14.5

K. Guillermo está de mal humor y no quiere hacer nada hoy. Lea los mandatos que Ernesto le da a Guillermo a continuación. En cada caso indique la respuesta de Guillermo.

MODELO: ERNESTO: Guillermo, barre el patio por favor.
GUILLERMO: *¡Que lo barra Ernestito!* (Ernestito)

1. ERNESTO: Tiende la cama por favor.

   GUILLERMO: _____ (Berta, la doméstica)

2. ERNESTO: Lava estos platos que dejaste en la sala.

   GUILLERMO: _____ (Amanda)

3. ERNESTO: Lobo tiene hambre, dale de comer, por favor.

   GUILLERMO: _____ (Ernestito)

4. ERNESTO: Saca tu ropa de la secadora, por favor.

   GUILLERMO: _____ (Mamá)

5. ERNESTO: Hace mucho calor hoy, riega las plantas del patio, por favor.

   GUILLERMO: _____ (el jardinero)

6. ERNESTO: Recoge estos papeles y libros por favor.

   GUILLERMO: _____ (Amanda)

L. Ahora usted está de mal humor y no quiere hacer nada hoy. Su madre le pide que haga algunas cosas. En cado caso indique que usted quiere que otra persona haga la actividad: **su hermano/a, su padre, su abuelo,** etcétera.

MODELO: SU MADRE: Haz la tarea.
USTED: *¡Que la haga mi hermano! Yo no tengo ganas.*

1. SU MADRE: Limpia el baño por favor.

   USTED: _____

2. SU MADRE: Tráeme mis zapatillas por favor.

   USTED: _____

3. SU MADRE: Prepara la cena, por favor.

   USTED: _____

4.　su madre:　Ayúdame a limpiar las ventanas.

　　　usted:　_____

5.　su madre:　Lleva estos paquetes al correo.

　　　usted:　_____

6.　su madre:　¿Estás de mal humor? ¿Por qué no vas al cine?

　　　usted:　¿Yo? ¡No! _____

M.　Imagínese que usted trabaja en una escuela secundaria donde va a enseñar un curso sobre la crianza de los adolescentes. Usted prepara una lista de consejos para los padres, dividida en cuatro categorías. Use frases como **es importante que, es indispensable que, es necesario que, es recomendable que, es mejor que** y un verbo en el subjuntivo para expresar sus consejos.

　　　modelo:　Es importante que los padres enseñen a los jóvenes a ser responsables.

Las amistades:

　　1.　_____

　　2.　_____

Las notas escolares (el progreso académico):

　　3.　_____

　　4.　_____

Los quehaceres en la casa:

　　5.　_____

　　6.　_____

La ropa:

　　7.　_____

　　8.　_____

Las diversiones:

　　9.　_____

　　10.　_____

Resumen cultural

Conteste las preguntas y complete las oraciones con la información cultural del **Capítulo 14.**

　　1.　¿Cuáles son dos expresiones que se usan para decir que una persona murió?

　　　_____

　　2.　¿Quiénes son las personas en la pintura «Las meninas» de Diego Velázquez?

　　　_____

3. ¿Cuáles son otros dos nombres para la fiesta de los quince años?

_____

4. ¿Cómo se llaman las catorce muchachas y los catorce muchachos que acompañan a la chica en su celebración de los quince años?

_____

5. ¿Cuáles son los orígenes de la fiesta rosa?

_____

6. Para los supersticiosos en el mundo hispano, ¿qué día es un día mala suerte?

_____

7. Escriba la expression (el dicho) que corresponde a cada una de estas dos situaciones.

   a. Se dice de una persona que siempre se expresa muy abiertamente:

   _____

   b. Usted se enfrenta a una decisión difícil. Se dice que usted está:

   _____

8. ¿De qué expresión árabe proviene la palabra del idioma español **ojála?** ¿Qué significaba esta expresión originalmente en árabe?

_____

9. Nombre ocho palabras en el idioma español que se basan en palabras árabes.

_____

   ¿Por qué empiezan casi todas estas palabras con *a-* o *al-*?

_____

10. ¿Por qué hay tanta influencia del árabe en el léxico español?

_____

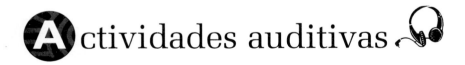

Actividades auditivas

❋ **Para empezar**

A. El nuevo vestido de Amanda

Amanda conversa con su madre sobre una compra que la joven hizo hoy.

¿Quién diría lo siguiente, Amanda (**A**), su madre (**M**) o la vendedora (**V**)?

1. —— Me compré un vestido nuevo.

2. —— ¿Por qué no te probaste el vestido primero?

3. —— ¿Qué hago ahora? Pensé que el vestido me quedaba bien.

4. —— El problema es que no tienen una talla más pequeña.

5. —— ¡Este vestido le queda perfecto!

6. —— No te preocupes. Me gusta coser y te lo puedo arreglar.

B. ¡Qué rápido aprendes!

Clara conversa con Gloria Álvarez, la hermana de Pilar, sobre una compra reciente que hizo.

❖ ❖ ❖

Llene los espacios en blanco con una de estas palabras: **ganga, pesetas, precio, Rastro, rebaja, regatear, suéter.**

1. Clara finalmente consiguió el _____ que buscaba.

2. Clara sabe _____ muy bien porque aprendió del maestro José.

3. Gloria está sorprendida porque Clara compró el suéter en el _____.

4. Clara le pidió al vendedor una rebaja, y entonces consiguió una _____.

✳ La familia, las amistades y el matrimonio

C. Una mamá para toda la vida

VOCABULARIO ÚTIL

verdadero   *real, true*
que me casara   *that I get married*

Susana Yamasaki González conversa con Andrés, su hijo menor.

❖ ❖ ❖

¿Cierto (**C**) o falso (**F**)?

1. _____ Andrés no tiene papá.

2. _____ Según Susana, en una familia normal no siempre hay un papá y una mamá.

3. _____ La familia que tiene Susana en Japón es muy pequeña.

4. _____ Según Susana, hay muchos tipos diferentes de familia.

5. _____ Susana nunca va a casarse otra vez.

6. _____ Andrés no quiere un padrastro.

D. La propuesta de matrimonio

VOCABULARIO ÚTIL

inferiores   *inferior*
machista   *male chauvinist*
¡¿Te propuso matrimonio?!   *He proposed to you?!*
que se ocupe de   *who could take care of*
liberados   *liberated*
macho   *chauvinistic*

Pilar Álvarez conversa con su amiga Clara Martin en un café de la Plaza Mayor.

❖ ❖ ❖

¿Quién diría lo siguiente, Pilar (**P**) o Clara (**C**)?

1. _____ En general, la situación de la mujer en mi país es buena, pero no es ideal.

2. _____ Mi novio quiere tener hijos.

3. _____ Mi novio acaba de pedirme que me case con él.

4. _____ A veces los hombres tienen actitudes machistas.

5. _____ Si no estás lista para el matrimonio, debes esperar. ¡No te cases todavía!

✳ Las instrucciones y los mandatos

E. Canal 10, ¡su televisión en español!

VOCABULARIO ÚTIL

los conjuntos juveniles   *young musical groups*
los ritmos contagiosos   *catchy rhythms*
los artistas   *performers* (lit. *artists*)
la temporada   *season* (*for sports or other seasonal events*)

Y ahora en KSUN, Radio Sol, un anuncio del Canal 10, ¡el canal que todos preferimos!

Complete los espacios en blanco según el anuncio.

¡————————¹ de la televisión en español! ¡No se pierda la nueva programación de su Canal 10!

¡————————² sus momentos más divertidos con nosotros!

Comience la tarde mirando la ————————³ «Sueños de amor», con el famoso actor Marcelo

Chávez. Descubra los conjuntos juveniles del momento y mire el sensacional ————————⁴ de

música rock, «¡Roquísimo!», con sus videoclips favoritos. Disfrute de las canciones más románticas y

————————⁵ los ritmos contagiosos de América Latina en «Domingo de fiesta».

No olvide mirar, además, nuestros conciertos espectaculares con ————————⁶ de fama

internacional.

¡————————⁷ los partidos más emocionantes de la temporada de béisbol! El Canal 10 tiene

lo ————————⁸ para usted y su familia. ¡Canal 10! ¡Su televisión en español!

F. Un joven muy maduro

VOCABULARIO ÚTIL

maduro *mature*
la crianza *upbringing*
mantener *maintain*
el periodismo *journalism*

Estela Ramírez de Saucedo conversa sobre su familia con su
cuñado Raúl. Estela tiene algunas preocupaciones.

¿Qué consejos le da Raúl a Estela para las preocupaciones que ella tiene? Hay más de una respuesta posible.

1. PREOCUPACIÓN: Estela está un poco cansada últimamente.
   CONSEJOS:

   a. ——— Duerme más.

   b. ——— Come más legumbres.

   c. ——— Descansa un poco.

   d. ——— Toma leche caliente antes de dormir.

2. PREOCUPACIÓN: Ernesto trabaja demasiado y no le ayuda con la crianza de los niños.
      CONSEJOS:

   a. _____ Pídele el divorcio.

   b. _____ Habla con él.

   c. _____ Explícale bien la situación.

   d. _____ Pídele que no trabaje tanto.

3. PREOCUPACIÓN: La vida de hoy en día es muy cara y no es fácil mantener a una familia con sólo un sueldo.
      CONSEJOS:

   a. _____ Trabaja más en casa haciendo cosas para vender.

   b. _____ Busca más compañeras en tu misma situación.

   c. _____ Busca un empleo.

   d. _____ Diles a los niños que busquen trabajo.

✳ Las órdenes, los consejos y las sugerencias

G.   Anuncios comerciales: Desodorante Aroma, la revista *Juventud*

VOCABULARIO ÚTIL

fresco   *fresh*
la fragancia   *fragrance*
manchar   *to stain*
cómodos   *comfortable*

Y ahora una breve pausa comercial en KSUN, la estación favorita de todos en California.

❖   ❖   ❖

¿A cuál de los productos se refieren las siguientes oraciones, al desodorante Aroma (**A**) o a la revista *Juventud* (**J**)?

1. _____ Contiene entrevistas interesantes con tus artistas favoritos.

2. _____ Es para mantenerse frescos y cómodos.

3. _____ Tiene una fragancia agradable.

4. _____ Ofrece consejos para que disfrutes más del tiempo libre.

5. _____ Protege sin manchar la ropa.

6. _____ Es un producto de jóvenes para jóvenes.

7. _____ Expresa las muchas formas de ser joven en el mundo de hoy.

✳ La crianza y el comportamiento

H. Diego y Verónica

VOCABULARIO ÚTIL

¿Cómo te va?   *How's it going?*
¡Llevo prisa!   *I'm in a hurry!*

Lugar mencionado

el Parque de Chapultepec   parque grande en el
  centro de la ciudad de México, D.F.

Es viernes. Diego Herrero saluda a Verónica, una compañera de su clase de historia, en un pasillo del colegio Sagrado Corazón.

Escoja la(s) respuesta(s) más lógica(s).

1. Diego no le dice mucho a Verónica al principio porque…

    a. a él no le gusta esta muchacha.

    b. está algo nervioso.

    c. es algo tímido con las chicas.

    d. él tiene prisa.

2. Verónica le pregunta a Diego…

    a. si quiere estudiar para su clase de historia.

    b. de qué quiere conversar.

    c. qué clases tiene.

    d. si va a nadar ahora.

3. Verónica probablemente…

    a. es más tímida que Diego.

    b. tomó la iniciativa porque a ella le gusta Diego.

    c. no tenía ninguna idea de lo que quería decirle Diego.

    d. no conoce a Diego.

4. Cuando Verónica le dice a Diego adonde ella quiere ir, Diego…

    a. se pone contento.

    b. tiene que confesarle que no tiene mucho dinero.

    c. dice que él estaba bromeando, que no la puede invitar.

    d. sugiere invitar a su hermana y al novio de ella.

I. Una mujer moderna

VOCABULARIO ÚTIL

el rol   *role*
anticuado   *old fashioned*
los chismes   *gossip*

Doña María Eulalia conversa con su hijo Javier. Los dos tienen opiniones diferentes sobre el rol de la mujer en el mundo moderno.

Hay una palabra incorrecta en cada oracion. Escriba una **X** en la palabra equivocada y luego escriba la palabra correcta.

1. Últimamente doña María Eulalia está saliendo mucho con una amiga. _____

2. Javier es un hombre moderno. _____

3. Doña María Eulalia sale a cenar con su amigo, don Enrique. _____

4. A Javier le molesta que su madre sea una mujer moderna. _____

5. Doña María Eulalia es una vieja típica. _____

✳ ¡A repasar!

J. Una receta mágica

VOCABULARIO ÚTIL

manda a pedir   *order out*
se niegan   *refuse*
¡Manos a la obra!   *At your service!*
los bifes   *steaks (Arg.)*

Hoy, al llegar a su casa después del trabajo, Víctor Ginarte llama por teléfono a su vecina, doña Zulema Roldán. Doña Zulema es una simpática viuda de sesenta años. Los dos vecinos son muy buenos amigos.

Llene los espacios en blanco para completar el menú para la cena de Víctor y Adriana. Después, complete la receta para la preparación de la comida.

Escoja las instrucciones de la siguiente lista: **busque, compre, corte, déjelos, fríalo, lave, ponga.**

PREPARACIÓN DE LOS BISTECS

Ingredientes:

Dos bifes

Una _____[4]

Un _____[5]

Un diente de _____[6]

Aceite

Instrucciones:

_____[7] en pedacitos muy pequeños una cebolla, un tomate

y un diente de ajo y _____[8] todo en aceite. Después,

_____[9] a freír dos bistecs en esa salsa a fuego lento.

_____[10] cocinar por lo menos cinco minutos por cada lado.

ronunciación y ortografía

✳ Ejercicios de ortografía

ACCENT REVIEW (PART III)

In the imperfect tense, the first-person plural form (**nosotros/as**) of **-ar** verbs always has a written accent mark: **estudiábamos, cantábamos, jugábamos.** Do not forget that for regular **-er** and **-ir** verbs, all the imperfect forms have an accent mark: **comía, vivías, corríamos.** The **nosotros/as** forms of the irregular verbs **ser** and **ir** also have accent marks: **éramos, íbamos.**

A. Listen to the following narrative and write the verb forms. Use accent marks when necessary.

Cuando yo _____¹ ocho años, mi hermano y yo _____² mucho, pero

siempre _____³ juntos. Como yo _____⁴ el mayor, _____⁵

muchos juguetes. Mi hermano también _____⁶ juguetes, pero siempre

_____⁷ jugar con los míos. Como yo _____⁸ que _____⁹ mis

juguetes, siempre _____¹⁰ tratos (*deals*) con él. Yo me _____¹¹ sus dulces y

él _____¹² jugar con todas mis cosas.

Todos los veranos _____¹³ de viaje con nuestros padres. _____¹⁴

mucho tiempo en el campo con los abuelos. No _____¹⁵ tareas. _____¹⁶ al

río a pescar o a veces nos _____¹⁷ en casa y _____¹⁸ todo el día.

Remember to include accent marks on the first and third persons of most preterite forms.

B. Listen and write the sentences you hear, adding an accent mark to the past-tense form if necessary.

1. _____

2. _____

3. _____

4. _____

5. _____

Remember that the meaning of some Spanish words changes depending on whether they have a written accent mark. Some of the most frequently used word pairs of this type are **él/el, mí/mi, tú/tu, sí/si, sé/se, dé/de,** and **té/te.**

C. Write the sentences you hear, remembering to add an accent mark to words when the meaning requires one.

1. _____

2. _____

3. _____

4. _____

5. _____

6. _____

7. _____

8. _____

Remember that an accent mark is needed on affirmative commands and present participles if one or more pronouns are added and on infinitives if two pronouns are added.

D. Listen and write the sentences you hear, adding accent marks where necessary.

1. _____

2. _____

3. _____

4. _____

5. _____

 **ideoteca**

VOCABULARIO ÚTIL

Cúentame *Tell me*
prometerme   *to promise me*
me cae muy bien/mal   *I really like/dislike him/her*
sucedió   *happened*
sin despedirse   *without saying good-bye*
Lo dudo   *I doubt it*
la opción   *choice*
verdadera   *true*

Sinopsis

José Miguel quiere hablar en confianza con Paloma de un problema personal que tiene. Le cuenta de una amiga. Él sospecha que ella se droga. Paloma le da consejos y le ofrece su apoyo.

Primero lea estas afirmaciones; luego vea el video para responder.

A. ¿Cierto (**C**) o falso (**F**)?

1. _____ José Miguel y Paloma entran en el restaurante para hablar de sus clases.

2. _____ José Miguel le cuenta a Paloma el problema que ha tenido con una compañera de clase.

3. _____ José Miguel y Teresa se conocieron hace una semana.

4. _____ José Miguel dice que Teresa le cae bien.

5. _____ Paloma le promete a José Miguel no repetir nada de lo que hablaron.

6. _____ Después del cine, José Miguel y Teresa fueron a cenar.

7. _____ Paloma le aconseja a José Miguel que no vuelva a ver a Teresa.

8. _____ Paloma también le sugiere a José Miguel que hable con las autoridades sobre las drogas.

B. Ponga en orden cronológico esta narración sobre Teresa y José Miguel.

_____ A Teresa se le cayó la mochila.

_____ Teresa se bajó del auto sin despedirse.

_____ José Miguel y Teresa se conocieron.

_____ Teresa le pidió a José Miguel que la llevara a casa.

_____ José Miguel vio la bolsa de plástico.

_____ José Miguel y Teresa fueron al cine.

_____ José Miguel no le dijo nada a Teresa.

_____ Teresa puso la bolsa dentro de la mochila.

C. Conteste las siguientes preguntas.

1. José Miguel quiere hablarle a Teresa sobre lo que pasó, pero a la vez tiene miedo de saber la verdad sobre ella. ¿Qué expresión usa Paloma para describir la situación de José Miguel?

   Estás _____ .

2. José Miguel le pide consejos a Paloma porque según él, ella nunca miente. ¿Qué expresión usa José Miguel para describir a Paloma?

   Tú llamas _____ .

ecturas

 **Cuento: «Un Stradivarius» por Vicente Riva Palacio** (Partes III y IV)

En la parte I conocimos a don Samuel, el dueño de una tienda, y en la II conocimos a un músico pobre que llega a la tienda para comprar algunas cosas. Este músico deja su violín con don Samuel. Veamos por fin qué pasa con el violín y cuál es el plan secreto del músico...

VOCABULARIO ÚTIL

unos cuantos   *a few*
no hay cuidado   no se preocupe

Parte III

Dos días después, entre las muchas personas que van a la tienda de don Samuel, llega un señor un poco viejo. Es un señor muy rico y bien vestido que desea un reloj para su esposa. Don Samuel le enseña muchos relojes. Después de ver algunos, el señor rico toma uno de ellos y le dice a don Samuel:

—¿Cuánto desea usted por este reloj?

—Cincuenta pesos.

—¿Cincuenta pesos? No, cincuenta pesos es mucho dinero.

El señor rico mira otros relojes, pero ninguno le gusta. Cuando mira los otros relojes, también ve la caja vieja del violín del músico. Como ve una caja tan vieja entre tantas cosas tan buenas, le pregunta a don Samuel:

—¿También vende usted violines? ¿Tan bueno es que está en una caja tan vieja?

—Ese violín no es mío. Ese violín en esa caja tan antigua es de un músico.

—¿Puede usted enseñármelo? A mí me gustan mucho los violines.

Don Samuel toma la caja y la pone en las manos del señor rico. Éste saca el violín de la caja. Después de mirarlo con mucho cuidado lo pone en la caja y dice:

—Ese violín es un Stradivarius, y si usted desea venderlo le pago ahora seiscientos pesos por él.

Don Samuel no dice nada. No puede decir nada. No dice nada pero piensa mucho. Piensa en el dinero que puede ganar si le vende el violín del músico a este señor por seiscientos pesos. Pero el violín no es de él todavía y no lo puede vender. Piensa en pagarle al músico unos cuantos pesos por él. El músico no es rico ni tiene dinero. El traje del músico es muy viejo y le puede pagar por el violín con un traje. Y si no desea un traje, le puede pagar hasta trescientos pesos. Si paga trescientos pesos por el violín y se lo vende al señor rico por seiscientos, gana trescientos pesos. Ganar trescientos pesos en un día no es nada malo. No todos sus amigos pueden ganar trescientos pesos en un día. Después de pensar en esto por algunos minutos dice:

—El violín no es mío, pero si usted desea yo puedo hablar con el músico y preguntarle si desea venderlo.

—¿Puede usted ver a ese señor? Deseo tener un Stradivarius y puedo pagar mucho dinero por éste.

—¿Y hasta cuánto puedo pagarle al músico por su violín?

—Puede pagarle hasta mil pesos por él. Y yo le pago cincuenta pesos más para usted. Dentro de dos días deseo saber si el músico vende o no vende su violín, porque deseo ir a Veracruz y no puedo estar aquí en México más de tres días.

Cuando don Samuel ve que el señor rico quiere pagar mil pesos por el violín, no sabe qué decir. Sólo piensa en los trescientos pesos o más que va a ganar. También piensa en el músico. Piensa que el músico no sabe que tiene un Stradivarius. Y ahora sólo desea ver al músico otra vez, para preguntarle si quiere vender el violín.

El señor rico se va de la tienda. Don Samuel, después de unos minutos, toma el violín con mucho cuidado y lo pone en la caja vieja. Después piensa otra vez en lo que va a ganar.

Parte IV

Al día siguiente el músico regresa a la tienda de don Samuel. Le dice que todavía no sabe nada de su tío en Guadalajara, pero que espera saber algo dentro de uno o dos días más. También le dice que quiere su violín. Don Samuel toma el violín y lo pone en las manos del músico. Unos minutos después le dice:

—Si no sabe usted nada de su tío todavía, no hay cuidado; puede dejar aquí esas cosas unos días más. También quiero decirle que si desea vender su violín yo tengo un amigo a quien le gusta mucho la música y desea tener un violín. ¿Dice usted que este violín es bueno?

—Sí, señor, es muy bueno y no lo vendo.

—Pero yo le pago muy bien. Le doy a usted trescientos pesos por su violín.

—¿Trescientos pesos por mi violín? Por seiscientos pesos no lo vendo.

—Le voy a dar los seiscientos pesos.

—No, señor, no puedo vender mi violín.

Don Samuel, cuando ve que el músico no desea vender el violín por seiscientos pesos, le dice que le da seiscientos cincuenta pesos. El músico después de pensar unos cuantos minutos, dice:

—¿Seiscientos cincuenta pesos por mi violín? Yo no tengo dinero ni soy rico. Este violín es todo lo que tengo y no lo puedo vender por seiscientos cincuenta pesos. Pero si usted me da ochocientos pesos… ochocientos pesos ya es algo.

Don Samuel, antes de decir que sí, piensa por algunos minutos: «Le pago ochocientos pesos a este músico y lo vendo por mil al otro señor. Me gano doscientos pesos. También gano los cincuenta pesos más que me va a dar el señor. Ya son doscientos cincuenta pesos que gano. No está mal ganar todo esto en sólo un día. Ninguno de mis amigos puede ganar tanto dinero como yo en un día.» Después de pensar en esto, le dice al músico:

—Aquí están los ochocientos pesos.

Don Samuel saca de una caja ochocientos pesos y se los da al músico. Éste toma el dinero y dice:

—Este dinero es todo lo que tengo. Para mí ochocientos pesos es mucho dinero. Pero ahora ya no tengo violín. Ya soy rico, pero ahora no soy músico.

El músico mira su violín por última vez y se va muy contento, sin pensar en pagar los cosas de su tío de Guadalajara con los ochocientos pesos. Don Samuel, como está tan contento por tener el violín, tampoco le dice nada al músico sobre esto.

Don Samuel espera todo el día al señor rico que va a pagar mil pesos por el violín, pero el señor no viene a la tienda. Espera otro día y tampoco llega. Espera dos días más y tampoco. Después de esperar seis días, don Samuel ya no está muy contento y piensa que el señor de los mil pesos no va a llegar nunca.

Pero cuando piensa que tiene un Stradivarius, está contento porque dice que ninguno de sus amigos tiene un violín tan bueno. Cuando está solo en la tienda, don Samuel toma el violín en sus manos, lo inspecciona con mucho cuidado y dice: «No todos pueden tener un Stradivarius como yo. Yo no soy músico, pero me gusta tener un violín tan bueno como éste. Y si deseo, puedo venderlo y ganar mucho dinero.»

Un día llega a la tienda de don Samuel un músico que es amigo de él. Este músico sabe mucho de violines.

—¿Qué piensa usted de este violín? —le dice don Samuel, y toma la caja para enseñarle el Stradivarius a su amigo.

—El músico toma el violín en sus manos, lo inspecciona con mucho cuidado y le dice a don Samuel:

—Don Samuel, este violín es muy malo; no vale más de cinco pesos.

—Pero amigo mío, ¿qué dice usted? ¿que este violín es muy malo? ¿que no es un Stradivarius?

—Don Samuel, si este violín es un Stradivarius yo soy Paganini.* Este violín no es un Stradivarius ni vale más de cinco pesos —le dice el músico por última vez.

Desde ese día don Samuel ya no está contento como antes. Siempre piensa en los ochocientos pesos del violín. Ya no va a Chapultepec con su familia porque ya no le interesa la música. Cuando ve los violines de los músicos piensa en sus ochocientos pesos. Pero siempre tiene el violín en su tienda. A todos sus amigos se lo enseña y les dice:

—Esta lección de música vale para mí ochocientos pesos.

Comprensión

Narre con sus propias palabras las partes III y IV del cuento, partiendo de los siguientes temas:

Parte III: el señor viejo que busca un reloj
Parte IV: la compra del Stradivarius

Ahora compare y contraste el cuento del escritor Riva Palacio, partes III y IV, con el cuento que usted creó después de leer las partes I y II. ¿Pudo adivinar (*guess*) lo que iba a pasar? ¿Inventó un final más interesante?

Ahora… ¡usted!

1. ¿Piensa usted que hay una moraleja en este cuento? Explique.

   _____

   _____

2. ¿Cree usted que se puede justificar lo que hace el músico pobre? Explique.

   _____

   _____

---

*famoso violinista y compositor italiano

3. ¿Qué lección aprende el dueño de la tienda? ¿Opina usted que este señor merecía aprender esta lección? ¿Por qué (no)?

_____

_____

4. ¿Qué consejos le daría usted a don Samuel?

_____

_____

Un paso más... ¡a escribir!

¿Tiene usted un objeto de gran valor sentimental? ¿Qué es? ¿Vendería ese objeto? Imagínese que su compañero/a quiere comprárselo. Explíquele por qué no puede venderlo. O quizá usted decida vender ese objeto por cierto precio... ¡Escriba el diálogo!

LECTURA # Cuento: «Prejuicio» de Luis Muñoz Marín

VOCABULARIO ÚTIL

el editor *publisher*	agrietada *cracked*
una edad no muy lejana *tiempo no muy distante*	encuadernado *bound*
los leídos *well-read people*	frunció el ceño *he frowned*
Fulano, Sutano o Perenjeno *so and so*	malgastar *waste*
el forastero *outsider*	convocarían *they would convene*
la morada *dwelling*	Se acordó *It was decided*
escabrosas *rough*	arrojarse *throw himself*
los ejemplares *copies of books*	la partida *departure, exit*
la obra maestra *masterpiece*	nos preciamos de *we take pride in*
los socios *members*	los compueblanos *habitantes del pueblo*
pasó la zarra y el guayacán *he had a fit*	enterrado *buried*
el escondite *hiding place*	el panteón *cemetery*

Luis Muñoz Marín *(Puerto Rico, 1898–1980) tuvo una vida política muy activa; fue gobernador de Puerto Rico varias veces. Entre sus creaciones literarias se encuentra este cuento, que narra la historia de un editor de libros. Este editor, Joaquín Rotero, llega a un pequeño pueblo y empieza a publicar muchos libros famosos. Don Joaquín tiene un plan secreto. Lea y descubra la gran ironía del resultado de su plan...*

En una edad no muy lejana, vivía un hombre cuya fortuna era moderada. Tan moderada era, que apenas tenía suficiente para vivir solo en su pequeña casita y comer frugalmente.

No era amigo de nadie, y sin embargo, era por lo menos en apariencia un hombre bueno y honrado. Nadie jamás había podido decir nada malo de él. Su negocio era en pequeña escala y, por lo tanto, honesto. Se ocupaba en satisfacer el apetito literario de los leídos del pueblo. El apetito literario de éstos era bastante limitado. Y sin embargo, para que la gente dijera «Fulano o Sutano tiene una gran pasión por los libros», todos los Fulanos, Sutanos y Perenjenos compraban los volúmenes que Joaquín Rotero, nuestro protagonista, vendía.

Había llegado a este incomparable parnaso[1] hacía cerca de veinte años. Su llegada había sido un acontecimiento; primero, porque era el primer forastero que invadía la santa morada de aquellas musas pálidas en más de diez años; y segundo, porque venía en una mula que nunca había sido vista en aquella región. Hasta entonces la mula del correo y las dos del alcalde eran las únicas que podían subir por las escabrosas montañas, entre las cuales alguien había tenido la pintoresca, pero no muy práctica idea, de fundar el pueblo, al que habían dado el nombre de Babel.

¡Un acontecimiento!

Don Joaquín alquiló una pequeña casa. Allí vivía solo con su pequeño equipaje que consistía de cuatro cajas que había traído en su famosa mula.

Dos meses después de haber llegado, salió vendiendo una obra de Víctor Hugo,[2] titulada *El 110.* El volumen contenía más o menos cincuenta páginas y se vendía a dos pesos.

Hizo un gran negocio; vendió noventa y tres ejemplares, de los cuales le pagaron la mitad. Así fue que noventa y tres personas leyeron la obra maestra de Víctor Hugo, de la cual, desde luego, *habían oído hablar.*

Y se fundó una sociedad literaria, cuyo propósito era leer y discutir *El 110,* y cuya constitución contenía una cláusula que obligaba al diez por ciento de los socios a prestarles sus futuros libros al otro noventa por ciento.

Cuando don Joaquín fue informado de esta cláusula —que había pasado por una mayoría del noventa contra el diez por ciento de los socios— el pobre señor pasó la zarza y el guayacán.

Pensó en marcharse, pero habiéndose quedado dormido en una silla, soñó que el espíritu de Víctor Hugo lo estaba buscando, y decidió permanecer en su escondite.

Un mes más tarde, salió vendiendo otro libro. Éste era de Alejandro Dumas[3] y se titulaba *El Duque de Jesucristo.* El día en que lo puso en venta fue el mismo, si el lector lo recuerda, en que la tumba de Dumas en París apareció misteriosamente agrietada.

Más tarde publicó otro de Víctor Hugo y otro de Dumas y uno de Molière[4] y otro de Artagnan y otro de Romeo.[5] En fin, don Joaquín había pasado los últimos veinte años alimentando literariamente a la décima parte de la sociedad, y nadie sabía de dónde venían los libros.

De vez en cuando salía con su mula y regresaba con dos o tres cajas, las que depositaba en el misterioso interior de la casa.

Y vendía libros y más libros.

Y el diez por ciento de los socios del club literario leían y releían aquellos libros, y después los prestaban, y el otro noventa por ciento los leían y releían y daban conferencias sobre ellos. Todos aclamaban el buen gusto literario de don Joaquín, quien —decían— sólo vendía las mejores obras de los mejores autores. Obras maestras todas.

Don Joaquín empezó a hacer un poco de dinero. Aquel pueblo no era un pueblo; era una librería.

Un día se puso en venta un libro cuyo autor era don Joaquín. Contenía cuatrocientas páginas y estaba mejor encuadernado que los otros.

El presidente de la sociedad literaria frunció el ceño y le dijo al autor que su libro, aunque no lo había leído, debía de ser terrible. ¿Cómo se atrevía a poner en venta un libro tan humilde de origen, cuando por veinte años había acostumbrado al público a leer las obras maestras de los mejores autores? ¿Creía él que la sociedad literaria de Babel iba a malgastar su tiempo —y su dinero— leyendo sus modestos trabajos?

---

[1] *Refers, sarcastically, to Mount Parnassus, a moutain in Greece sacred to the god Apollo and the Muses.*
[2] Víctor Hugo (1802–1885), poeta, novelista y dramaturgo francés.
[3] Alejandro Dumas (1824–1895), novelista y dramaturgo francés.
[4] Molière (Jean-Baptiste Poquelin) (1622–1673), dramaturgo francés.
[5] Artagnan and Romeo are not real writers; they are literary characters.

¡Esto era un insulto a los socios del club y del pueblo en general! Convocaría a una sesión para tratar el asunto.

La convocó.

Se acordó unánimemente no comprar más libros al atrevido don Joaquín, y aumentar la cuota de cada socio para mandar a buscar libros a la ciudad más cercana, que ciertamente estaba bastante remota. Se acordó también —tal era la furia del club literario— quemar públicamente todos los libros vendidos por el delincuente y mandar a buscar ejemplares idénticos a la ciudad para la biblioteca del club.

Al pobre don Joaquín los muchachos del pueblo le tiraban piedras, los hombres lo amenazaban y las mujeres se reían en su cara y decían: «¡Ese pretencioso!»

Dos días después, desapareció el pobre hombre, y hay quien le vio salir en su mula; hay quien le vio arrojarse al río; y hay quien vio al diablo surgir de la tierra y llevárselo en los brazos.

La desaparición de don Joaquín no causó tanta sensación como su aparición, pues como la mayoría creía que se lo había llevado el diablo, su partida perdió su originalidad y por lo tanto su derecho al título de «acontecimiento».

El hecho es que mucho tiempo después, el presidente del club literario recibió dos cartas. Una era del librero de la ciudad y decía: «No tenemos ni *El 110* ni *El Duque de Jesucristo,* ni las obras de Artagnan ni las de Romeo; y sin embargo, nos preciamos de tener todo libro bueno que se publica.»

La otra carta era de don Joaquín; decía:

«Mi querido presidente:

«Debo informarle, ya que usted es tan conocedor de lo bueno, que *El Duque de Jesucristo, El 110* y las otras obras de Artagnan, Molière y Romeo sólo son creaciones mías, y, de paso, bastante malas; todas fueron escritas por mí y les daba los nombres de conocidos autores o por lo menos de héroes de novela, porque sabía que esos nombres habrían llegado a los oídos de sus compueblanos y sabrían que eran de personajes famosos —reales o novelescos.

«Además, debo decirle que el libro al que le di mi nombre, y cuyo título usted ni siquiera leyó, no es otro sino *Los tres mosqueteros* de Alejandro Dumas.

«Suyo con mi más sincera lástima,

Joaquín Rotero».

El presidente del club fue enterrado en el panteón de sus padres.

Comprensión

¿Quién diría lo siguiente, Joaquín Rotero (**JR**) o el presidente del club (**P**)?

1. _____ Tuve un sueño muy extraño con Víctor Hugo.

2. _____ Hace veinte años que vendo libros en este pueblo.

3. _____ Gracias a mí, mucha gente empezó a leer.

4. _____ ¡¿Cómo se atreve a venderme ese libro?!

5. _____ Organizaré una sesión para discutir este asunto.

6. _____ Yo escribí todas esas obras.

7. _____ Tiene usted muy buen gusto literario.

8. _____ Les voy a prestar mis libros a otros socios.

Ahora… ¡usted!

1. ¿Es significativo el nombre del pueblo, Babel? ¿De dónde viene ese nombre?

_____

_____

2. ¿Cuál piensa usted que es el mensaje de este cuento? ¿A quién se refiere el título? ¿En qué consiste la ironía del plan de don Joaquín?

_____

_____

_____

Un paso más... ¡a escribir!

Usted es periodista y va a escribir un artículo sobre la llegada a Babel y la desaparición del editor Joaquín Rotero. Reporte los hechos, según el cuento, en dos o tres párrafos breves.

CAPÍTULO

15

El porvenir

Actividades escritas

✳ El futuro y las metas personales

Lea Gramática 15.1–15.2.

A. Reaccione ante las siguientes situaciones, usando el futuro en una pregunta para expresar «probabilidad».

> MODELO: Es la boda de su hija. Todos están listos pero el novio no ha llegado. (estar) →
> *¿Dónde estará?*

1. Usted tiene un niño pequeño. Normalmente duerme muy bien, pero hoy está llorando mucho. (tener hambre o estar enfermo)

   _____

2. Usted entra en la clase. Los estudiantes están allí, pero el profesor no ha llegado. (venir hoy)

   _____

3. Es el cumpleaños de su novio/a. Usted le quiere comprar algo. Ve rosas, chocolates, joyas. No sabe qué comprar. (gustar más)

   _____

4. Usted escucha un ruido horrible afuera de su casa. (ser un accidente o una explosión)

   _____

5. Su nuevo amigo / nueva amiga lo/la invita a usted a comer en su casa. Dice que le preparará una comida deliciosa. (saber cocinar)

   _____

B. Complete las siguientes conversaciones según el contexto. Use la forma correcta —subjuntivo o indicativo— de estos verbos: **decir, llegar, mostrar, preparar, saber, tener.**

1.   ESTELA: ¿Sacaste ya la basura, hijo?

        GUILLERMO: No, mamá, todavía no la saco.

        ESTELA: Sácala antes de que _____ tu papá.

2.   ERNESTO: Amanda, ¿siempre _____ tú el almuerzo a las doce los sábados?

        AMANDA: Sí, pero hoy no lo voy a preparar hasta que mamá me _____ que es hora.

3.   ERNESTO: ¿Ya te mostró su coche nuevo mi hermana Paula?

        ESTELA: No. ¿Es bonito?

        ERNESTO: ¡Qué coche! Llámame después de que te lo _____; quiero saber tu opinión.

4.   PAULA: Andrea, ¿_____ tiempo libre hoy? Necesito hablar contigo.

        ANDREA: No, lo siento. Te llamaré en cuanto _____ unas horas libres.

5.   AMANDA: Graciela, ¿_____ las respuestas al Ejercicio 7?

        GRACIELA: No, pero voy a preguntarle a mi papá. En cuanto las _____ te llamaré.

C.   Complete las oraciones de manera apropiada para hablar de su futuro.

1.   Voy a comprar un Mercedes Benz en cuanto _____.

2.   Trabajaré en una compañía grande e importante cuando _____.

3.   No me casaré hasta que _____.

4.   Compraré una casa antes de que _____.

5.   Tendré hijos tan pronto como _____.

6.   Compraré muebles antiguos después de que _____

    _____.

7.   Empezaré a ahorrar dinero para mi jubilación tan pronto como _____

    _____.

8.   Aprenderé a cocinar bien en cuanto _____.

D.   Haga dos listas: una de cinco cosas que usted hará, y una de cinco cosas que no hará en el futuro.

    MODELOS: (Yo) *Haré* un viaje alrededor del mundo.

              (Yo) No *viajaré* en barco.

✳ Cuestiones sociales

Lea Gramática 15.3–15.4.

E.   Un amigo / Una amiga de usted da opiniones acerca de todo, pero usted no siempre está de acuerdo con lo que opina. Reaccione a las siguientes afirmaciones de su amigo/a usando expresiones de duda como **no creo que, dudo que, es imposible que,** o expresiones positivas como **es verdad que, es seguro que, creo que** o exclamaciones como **qué bueno que, qué lástima que.**

> MODELO: Marta estudia muchísimo. →
> *Yo no creo que ella estudie tanto como tú crees. (Es verdad que Marta estudia ocho horas al día.)*

1. El aborto es un homicidio.

    _____

2. Las guerras son necesarias para el progreso.

    _____

3. Hoy hay mujeres en todas las profesiones.

    _____

4. La religión es lo más importante de la vida.

    _____

5. Los desamparados son personas perezosas.

    _____

6. Las maquiladoras son la solución a los problemas económicas del tercer mundo.

    _____

7. La diversidad cultural es la causa de todos los problemas de este país.

    _____

8. En la América Latina también existe la discriminación racial.

    _____

F. Complete las oraciones lógicamente según el contexto. Use la forma correcta del presente del indicativo o del subjuntivo de los siguientes verbos: **apreciar, dar, ofrecer, pagar, poder, saber, ser, tener.**

> MODELO: Las compañías buscan empleados que *sepan* trabajar bien.

1. En nuestro país todos queremos un empleo que _____ bien.

2. Este año todos vamos a trabajar mucho para que el jefe nos _____ un aumento.

3. No creo que todos (nosotros) _____ recibir un aumento este año; la situación

    económica está peor cada día.

4. Necesitamos buscar una compañía que _____ mayor interés en el bienestar de los

    empleados.

5. Hay varias compañías que _____ a sus ejecutivos y se preocupan por su

    bienestar.

6. Pues, entonces, esta compañía va a tratarnos muy bien en cuanto _____

    ejecutivos.

7. ¡Tendremos que asistir a la universidad dos años más para que la compañía nos _____ un puesto tan elevado!

G. Alberto y Carmen participan en una discusión en la clase de español. Están discutiendo sobre la pena de muerte. Escoja la forma correcta entre el presente del indicativo y el presente del subjuntivo.

ALBERTO: No podremos controlar la tasa de delitos[a] en este país a menos que se _____[1] en efecto la pena de muerte. (pone/ponga)

CARMEN: ¿Y tú crees que la pena de muerte resuelve el problema de la delincuencia? Si esperamos reducir la tasa de crímenes violentos en nuestra sociedad, tenemos que reformar nuestro sistema de educación de manera que todos _____[2] recibir instrucción escolar. (pueden/puedan)

ALBERTO: Es una propuesta[b] excelente, y estoy de acuerdo, con tal de que ningún asesino[c] _____[3] derecho a la libertad provisional.[d] (tiene/tenga)

PROF. MARTÍNEZ: Creo que todos queremos cambiar la sociedad para que _____[4] menos violencia. (hay/haya)

H. Escriba un párrafo explicando cuáles son los aspectos positivos y los aspectos negativos de la diversidad cultural en los Estados Unidos, según su opinión. Piense en sus vecinos, sus compañeros de clase, sus restaurantes favoritos, la música, etcétera.

❋ El futuro y la tecnología: posibilidades y consecuencias

Lea *Gramática 15.5–15.6.*

I. Complete cada hipótesis empleando las formas correctas del pasado del subjuntivo de los siguientes verbos: **comprar, haber, poder, querer, saber, ser.**

MODELO: Si *pudiera,* volvería a la universidad, pero no puedo.

1. Si no _____ tantos trabajadores indocumentados, nuestros sueldos serían mejores.

2. Creo que si los latinoamericanos _____ que no es tan fácil ganarse la vida aquí, se quedarían en su país.

3. Si las compañías no _____ ganar tanto dinero, nos pagarían más.

4. Si los ejecutivos _____ más considerados con los empleados, los sueldos serían justos.

5. También si _____ menos cosas superfluas, tendríamos más dinero para las necesidades diarias.

---

[a]*crime* [b]*proposal, proposition* [c]*murderer* [d]libertad... *parole*

J. Usted está en una reunión de personas que se preocupan por los problemas de las escuelas públicas. Está allí para representar a los estudiantes de su universidad. En este momento la gente está charlando en grupos pequeños. Complete los trozos de conversación que usted lee, usando el presente o el pasado de subjuntivo.

1. AMA DE CASA 1: Si las universidades _____ bien a los maestros, no habría

   tantos problemas. (preparar)

   AMA DE CASA 2: Tienes razón. Hasta que todos _____ en serio la carrera de

   maestro, nada se va a resolver. (tomar)

2. MÉDICO 1: Yo sugiero que _____ exámenes comprensivos a fin de año.

   (haber)

   MÉDICO 2: Fernando, si los maestros _____ lo que tú aconsejas, tendrían

   que construir muchas escuelas nuevas. (hacer)

   MÉDICO 1: No, yo no quiero que _____ más escuelas. (construir)

   MÉDICO 2: Entonces, ¿qué van a hacer los maestros con los niños que no

   _____ lo suficiente para aprobar[1] el examen? (saber)

3. ABUELO: Me preocupa que mis nietos no _____ asistir a buenas

   escuelas. ¡No hay una sola escuela buena en nuestro barrio! (poder)

   ABUELA: Exageras. Dudo que _____ verdad lo que dices. ¿Has visitado

   todas las escuelas? (ser)

4. JOVEN 1: No tendríamos tantos problemas si toda esta gente _____ por

   el candidato conservador. (votar)

   JOVEN 2: Bah, no creo que el candidato conservador _____ tanto interés

   en la educación. (tener)

   PADRE DE FAMILIA: Prefiero que no (nosotros) _____ del pasado. Es importante

   que _____ de resolver los problemas del presente para que

   nuestros hijos _____ la mejor formación posible. (hablar /

   tratar / obtener)

5. NIÑO 1: ¡Ojalá que esta reunión _____ pronto! (terminar)

   NIÑO 2: No terminará hasta que todos los adultos _____ de acuerdo.

   (ponerse)

K. Diga lo que pasaría si…

MODELO: Si prohibieran las armas de fuego,[2]… → *habría menos crímenes violentos.*

1. Si los niños no pasaran tanto tiempo viendo la televisión,…

_____

_____
[1]*pass*   [2]*armas... firearms, weapons*

2. Si la gente no tomara bebidas alcohólicas antes de manejar,…

_____

3. Si la venta de drogas no fuera prohibida,…

_____

4. Si todos nos dedicáramos más a nuestro trabajo,…

_____

5. Si hubiera más coches eléctricos,…

_____

L. Piense en el progreso de la tecnología. En su opinión, ¿son buenos todos los inventos? A continuación aparece una lista de inventos de las últimas décadas. Escoja seis u ocho y divídalos en dos listas, una de inventos beneficiosos y otra de inventos peligrosos o dañinos.[1] Luego explique por qué los ha clasificado así.

coches eléctricos	alimentos transgénicos	selección genética
energía solar	súper computadoras	aviones con piscina
medicinas inteligentes	carreras profesionales por Internet	trenes súper rápidos
bombas «inteligentes»	corazones artificiales	¿ ?

Ahora… piense en el futuro. ¿Qué tipo de inventos habrá? Mencione dos o tres y luego describa uno en detalle. ¿Cree usted que este invento será beneficioso para la humanidad? Explique.

Resumen cultural

Conteste las preguntas y complete las oraciones con la información cultural del **Capítulo 15.**

1. ¿Cuál es la revista para los hispanos del nuevo milenio?

_____

2. Nombre tres políticos hispanoamericanos e incluya su país de origen.

_____

3. ¿Qué tipo de literatura escribe Denise Chávez? _____

4. ¿En qué proyecto trabaja actualmente la escritora Denise Chávez?

_____

---

[1]_harmful_

5. Para el año 2010, ¿cuál será el porcentaje hispano de la población de los Estados Unidos?

    _____

6. Nombre tres astronautas hispanos y su país de origen.

    _____

7. ¿Qué tema tratan los murales de Siqueiros? _____

8. ¿Cómo se describe el arte de Siqueiros?

    _____

Términos del campo de las computadoras:

9. Si quiere imprimir un documento de su computadora, necesita usar la

    _____ .

    Una persona que sabe mucho de programas computacionales y a quien le gusta arruinar los

    archivos de otros usuarios es un _____ .

10. Si manda su documento por medio del servicio de correo federal, se dice que usa el

    _____ . Y si su mensaje electrónico se pierde y no llega a su

    destino, probablemente se perdió en el _____ .

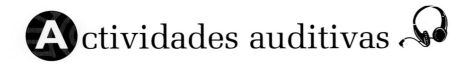 ctividades auditivas 🎧

✳ **Para empezar**

A.   Los consejos de un amigo

Ernesto Saucedo está en casa de Pedro Ruiz, hablando de sus
preocupaciones.

¿Qué consejos le da Pedro a Ernesto para las preocupaciones que tiene? Apúntelos en la página 328.

PREOCUPACIONES DE ERNESTO	CONSEJOS DE PEDRO

1. Trabajo demasiado y no tengo tiempo para la familia.

2. Hay mucho trabajo en la compañía y no puedo tomar vacaciones.

3. A veces tengo que trabajar los fines de semana.

B. El concierto de guitarra

Nora, Esteban y Carmen están en una fiesta en casa de un compañero de clase.

❖ ❖ ❖

Diga el porqué de las siguientes circunstancias.

1. La fiesta es un poco aburrida porque

2. Nadie baila porque probablemente

3. No van a poner discos porque

4. Esteban trajo su guitarra española porque

5. Los chicos cantan «Cielito lindo» porque

✳ El futuro y las metas personales

C. Las predicciones de don Julián

VOCABULARIO ÚTIL
el adivino *fortune teller*
nunca fallan *they never fail*

A continuación, el programa de entrevistas de Mayín Durán para KSUN, Radio Sol de California.

¿Cuáles son las predicciones de don Julián en cuanto a las preocupaciones de los radioyentes?

PREOCUPACIONES	PREDICCIONES

1. Su hijo va a Miami en agosto. ¿Habrá un ciclón en el Caribe ese mes?   _____

2. Su esposa saldrá para Nueva York. ¿Llegará el avión bien?   _____

3. Su novio quiere casarse con ella. Ella no está lista y quiere saber si su novio va a esperar el tiempo que ella necesita.   _____

D. La profesión y la personalidad

VOCABULARIO ÚTIL

la labor humanitaria   *humanitarian work*
¡Adivinen!   *Guess!*
el trabajador social   *social worker*
las investigaciones   *research*
que realices tu sueño   *that your dreams come true*
los genios   *geniuses*

Carmen, Alberto y Esteban están en la clase de español hablando sobre las profesiones que piensan seguir.

Diga qué profesión deciden seguir estas personas y por qué va bien con su personalidad.

1. Alberto dice que piensa ser _____.

   Va bien con su personalidad porque _____.

2. Carmen dice que va a ser _____.

   Va bien con su personalidad porque _____.

3. Esteban dice que quiere ser _____.

   Va bien con su personalidad porque _____.

✳ Cuestiones sociales

E. El viaje de Carmen

VOCABULARIO ÚTIL

Hospitalarios   *Hospitable*
perceptiva   *perceptive*
los piropos   *flirtatious remarks*
los silbidos   *whistles*

Carmen regresó a San Antonio ayer, después de hacer un viaje por América Latina. Hoy está hablando con su amigo Raúl sobre sus experiencias.

Complete las oraciones según el diálogo.

1. A Carmen los mexicanos le parecieron ————————— y —————————.

2. Carmen cree que los puertorriqueños son ————————— y los argentinos son

   —————————.

3. Según Raúl, Carmen está describiendo —————————.

4. Carmen dice que hay ————————— ————————— del carácter de un país que uno puede ver durante un viaje corto.

5. Según Carmen, ¿cuál fue la mejor parte del viaje?

F. ¿Qué piensan ustedes?

VOCABULARIO ÚTIL

grave   *very serious*
las muertes   *deaths*
la causa   *cause*
se quedó sin   *was left without*

En la clase de la profesora Martínez, varios estudiantes hablan de los problemas de nuestra sociedad. Están tratando de decidir cuál es el más grave.

Aquí hay una lista de los problemas que mencionan los estudiantes de la profesora Martínez. Escriba al lado de cada problema por qué lo consideran serio los estudiantes o la profesora.

1. las armas de fuego: —————————————————————————

   ————————————————————————————————————

2. el aborto: ——————————————————————————————

   ————————————————————————————————————

3. los desamparados: ———————————————————————————

   ————————————————————————————————————

4. el desempleo: —————————————————————————————

   ————————————————————————————————————

✳ El futuro y la tecnología: posibilidades y consecuencias

G. La Escuela Nuevo Milenio

VOCABULARIO ÚTIL

Ponemos a tu disposición   *We put at your disposal*
el certificado   *certificate*

Y ahora en KSUN, Radio Sol, un anuncio comercial de la
Escuela Nuevo Milenio.

Escoja la(s) respuesta(s) más lógica(s).

1. La Escuela Nuevo Milenio tiene información importante para…

    a. los niños y los adultos.

    b. la gente moderna.

    c. los jóvenes.

    d. las escuelas.

2. La Escuela Nuevo Milenio es para las personas que…

    a. quieren un buen empleo.

    b. quieren ser pobres.

    c. buscan una carrera interesante.

    d. quieren ser jóvenes.

3. En la Escuela Nuevo Milenio hay…

    a. cursos para secretarios bilingües.

    b. cursos para contadores.

    c. cursos para operadores y programadores de computadoras.

    d. tecnología avanzada.

4. Si una persona estudia en la Escuela Nuevo Milenio…

    a. recibe un diploma de graduación.

    b. recibe café gratis durante las clases.

    c. recibe cuadernos especiales.

    d. recibe un certificado en tecnología.

H. El idioma es algo vivo

VOCABULARIO ÚTIL

interactivo   *interactive*
Es una pena   *It's too bad*
aproveches/aprovecho   *you take advantage / I take advantage*
modestia aparte   *all modesty aside*

La profesora Martínez y el profesor de matemáticas, Alejandro López, conversan hoy durante su almuerzo sobre el tema de la tecnología.

❖   ❖   ❖

¿Cuál es el debate entre la profesora Martínez y el profesor López sobre las computadoras? Diga cuál es la reacción de la profesora Martínez ante las afirmaciones de su amigo.

1.   PROFESOR LÓPEZ: Yo uso un programa interactivo en mi salón de clase ahora. Los estudiantes aprenden mucho. ¿Y tú no usas programas interactivos en tus clases?

PROFESORA MARTÍNEZ: _____

2.   PROFESOR LÓPEZ: ¿Sólo usan computadoras en el laboratorio? ¿Eso es todo?

PROFESORA MARTÍNEZ: _____

3.   PROFESOR LÓPEZ: Pero las computadoras pueden ofrecernos muchos beneficios. Es una pena que tú no los aproveches.

PROFESORA MARTÍNEZ: _____

4.   PROFESOR LÓPEZ: No te gusta usar computadoras en el salón de clase.

PROFESORA MARTÍNEZ: _____

✳ ¡A repasar!

I. ¡Estamos de acuerdo!

VOCABULARIO ÚTIL

dedicarles   *to devote to them*
te distraes   *you amuse yourself*
los colegas   *colleagues*
hacerle la lucha   *to try* (coll. *Mex.*)
el acceso   *access*

Estela y Ernesto conversan sobre el tema del trabajo.

Conteste las preguntas según el diálogo.

1. ¿De qué se cansa Estela?

   _____

2. Según Ernesto, ¿cuáles son las ventajas de ser ama de casa?

   _____

3. Según Ernesto, ¿cuál es una de las desventajas de su trabajo?

   _____

4. A Estela y Ernesto les interesan varios temas de los artículos de Pedro. ¿Cuáles son?

   _____

5. ¿Qué solución propone Ernesto para cambiar la vida de él y la de Estela?

   _____

una prórroga *extension, deferrment*	los anticonceptivos *contraceptives*
reprobar *to fail, flunk*	asunto *matter, issue*
¡qué chévere! *that's great!*	justo *just, fair*
el embarazo *pregnancy*	ten en cuenta *keep in mind*
cuidado médico gratis *free medical care*	los menores de edad *minors*
impide *prevents*	extraterrestres *extraterrestrials*
la píldora *(contraceptive) pill*	nave espacial *space ship*

Sinopsis

Paloma, José Miguel y Gustavo discuten el problema de las jóvenes embarazadas. Hablan de varias opciones, entre ellas la educación sexual y los anticonceptivos. Finalmente Gustavo cambia de tema cuando les lee un artículo sobre los extraterrestres.

Primero lea estas afirmaciones; luego vea el video para responder.

A. ¿Cierto (**C**) o falso (**F**)?

1. _____ Gustavo debe entregar el trabajo el lunes para no reprobar.

2. _____ José Miguel lee un artículo sobre el embarazo entre las adolescentes.

3. _____ La nueva clínica les ofrece anticonceptivos a las adolescentes.

4. _____ Paloma cree que la educación sexual es la solución a los embarazos entre las jóvenes.

5. _____ José Miguel prefiere que los padres se hagan responsables de la educación sexual de sus hijos.

6. _____ Gustavo lee otro artículo sobre una campaña de alfabetización.

B. Indique quién diría las siguientes cosas, José Miguel (**JM**), Paloma (**P**), o Gustavo (**G**).

1. _____ Terminaré el trabajo este fin de semana.

2. _____ Deberían ayudar a las adolescentes antes de que quedaran embarazadas.

3. _____ Si en las escuelas ofrecieran mejor educación sexual, no habría tantos embarazos entre los estudiantes.

4. _____ Debería ser más fácil para los jóvenes conseguir anticonceptivos.

5. _____ No habría tantos problemas entre los adolescentes si los padres les hablaran más abiertamente a sus hijos sobre el sexo y otros asuntos personales.

6. _____ Todo lo que tiene que ver con la vida sexual es muy personal.

C. Complete las oraciones y conteste las preguntas.

1. Paloma opina que si les fuera más fácil a la jóvenes conseguir los _____,

   habría una reducción en los _____.

2. José Miguel dice que si él fuera padre, no querría que sus hijos pudieran _____.

3. Gustavo menciona tres problemas relacionados con el sexo. ¿Cuáles son?

   _____

4. En su opinión, ¿cuál de los tres amigos es el más conservador? ¿y el más liberal?

Lecturas

LECTURA

Cuento: «Colores que vuelan»

VOCABULARIO ÚTIL

el arco iris   *rainbow*
salió retratado   *his photograph appeared*
el conserje   *janitor*
pasó a máquina   *she typed*
los tambos   *trash cans (Mex.)*
desteñida   *faded*
nunca se apartaba   *was never away*
el gancho   *hook*
se desate un tornado   *a tornado strikes*
el mero mero   verdadero, real *(Mex.)*
sordo   *deaf*
se atrevió   *he had the nerve, dared*
el seguro   *insurance*
el esmero   *care*
los escritos   *writing*

La gente emigra, generalmente, por razones políticas, religiosas, económicas o profesionales. En el caso de México, muchos de los inmigrantes que vienen a los Estados Unidos son personas que buscan trabajo o avance económico. El personaje principal de este cuento es uno de esos inmigrantes: un trabajador que llega al «Norte» en busca de empleo y, gradualmente, empieza a integrarse a la sociedad estadounidense.

Francisco Santana siempre iba a recordar este año, 1985, como el año de la felicidad. Su hija, Leticia, se había graduado de la escuela secundaria. Y lo había hecho de una manera especial: con «colores volantes», según le dijo una de las maestras en la ceremonia de graduación. *Flying colors.*

—Qué manera de hablar tan chistosa tiene esta gente —le comentó Francisco a su esposa, Margarita, riéndose —. ¡Colores que vuelan! ¿Como los del arco iris?

—Eso quiere decir con buenas notas —le explicó ella.

—Lo importante —agregó Francisco— es que nuestra hija se graduó y la pusieron en la lista de alumnos excelentes. Y más importante aún es que Leti pronto va a ser maestra.

Francisco también recordaría el '85 como el año en que salió retratado en el periódico. No era el periódico de la ciudad, sino el de la universidad donde él trabajaba de conserje, Midwestern University. Pero, ¡caray!, de todos modos era un honor salir así, como una persona famosa. Francisco —Pancho, como lo llamaban los amigos— no lo pudo creer cuando vio la fotografía.

—¿Ése soy yo? —le preguntó a Margarita.

—¡Claro que eres tú! ¡Y muy bien que te ves!

—No… Ese tipo tan feo no soy yo.

—¡Sí, Pancho! Ése eres tú… ¡Empleado del Año!

Margarita se alegró mucho. Y Leticia también reaccionó con gran alegría. Las dos estaban orgullosas de él. Francisco llevaba menos de diez años en el Norte y ya había salido en el periódico. Leti le leyó el artículo lentamente, para que él lo entendiera bien, y se lo tradujo al español… *Desde las siete de la mañana hasta las cinco de la tarde, Francisco Santana trabaja manteniendo limpio el campus…*

Después Leticia le pasó a máquina la traducción del escrito, para que Pancho pudiera mandárselo a sus familiares que vivían en México. Su querida hija le hizo muchas copias y todas quedaron claritas, más limpias y legibles aun que el artículo mismo.

❖ ❖ ❖

«¡Qué fuerte es el invierno en esta tierra!», exclamó Pancho, mientras vaciaba su bolsa de basura en uno de los grandes tambos del campus. Trabajar al aire libre en diciembre era como respirar hielo. Él trataba de moverse mucho, de caminar aprisa, casi trotando. El ejercicio probablemente le hacía bien. Lo mantenía en buena forma; como decía Leti, «*in good shape*». En ocho años de nevadas en esta ciudad de Kansas llamada Topeka, él sólo había tenido un par de resfríos.

«Cuántas cosas pueden pasar en un año», se dijo Francisco a sí mismo. «Cosas terribles y cosas fantásticas.» Y pensó en el horrible terremoto que había destrozado su querida Ciudad de México. ¡Tantas personas habían muerto! ¡Tantas habían quedado sin hogar![1]

Pancho extrañaba a sus amigos, a sus hermanos. Extrañaba el clima, el idioma, la música de su país. Por suerte, todos sus familiares estaban bastante bien y no habían sufrido mucho con el terremoto. Él los estaba ayudando en lo que podía, sobre todo con los dólares.

El mundo estaba lleno de catástrofes, y sin embargo Pancho estaba teniendo experiencias maravillosas. La graduación de Leti, por ejemplo. Y luego en la universidad venían a felicitarlo porque ahora él, un conserje pobre que recogía basura, era famoso. Sí, él era aquel hombre de la foto con su uniforme de kaki, la gorra de safari desteñida y dura todavía, la bolsa para la basura que nunca se apartaba de su lado, y el gancho para recoger los papelitos y los desperdicios.

Desde las siete de la mañana —como decía el artículo— hasta las cinco de la tarde, Francisco Santana mantiene limpio el campus. ¡Llueva, nieve o se desate un tornado! Siempre puntual, Pancho recoge una hoja de papel, una bolsita de McDonald's o Pizza Hut o Spangles, un lápiz perdido, una caja vacía, un cuaderno olvidado…

«*Mr. Santana es uno de nuestros mejores empleados.*» Así lo describía el presidente de la Midwestern University en el periódico. Un señor tan poderoso y elegante; un hombre que tantas cosas decidía, el mero mero jefe decía que él, «*good old Pancho*», era un fiel empleado.

—Gracias por sus amables palabras —le dijo Francisco al señor presidente, en persona. Y no se puso nervioso cuando tuvo que hablar en inglés:

—*Thank you for your kind words, Mr. President. Thank you.*

Un periodista joven se le acercó para entrevistarlo. Aquel muchacho de la mochila y los tenis sucios, alto como tantos aquí, le hablaba despacio, como si Pancho fuera sordo…

—*Mr. Santana, how does it feel to be Employee of the Year?*

El joven del periódico se puso a conversar en español, y Francisco le agradeció el esfuerzo. El periodista le dijo que México era un país «muy hermouso», que había estado en Puerto Vallarta y le había parecido un «paradiso», que las mujeres mexicanas eran «muy bounitas».

—*I want to ask you a few questions, if you don't mind…*

El muchacho le hizo preguntas sobre su vida, que cuánto tiempo hacía que había venido, que de qué parte de México era, que cuántos hijos tenía. Y después se atrevió a preguntarle si tenía documentos legales para estar en los Estados Unidos.

—¡Claro que los tengo! —respondió Pancho. Y era verdad. Ya tenía su tarjeta de residente, la deseada *Green Card.*

Después Pancho trató de hacerle algunas preguntas al periodista…

—¿Qué significa para usted ser «Empleado del Año»?

—*It's a great honor, Mr. Santana.* Un honor muy grande.

—¿Significa que me van a aumentar el sueldo?

—No sé… No creo.

—¿Me van a pagar el seguro médico?

—Yo no tengo ese tipo de información, Mr. Santana. Usted debe hablar con su jefe… *Ask your boss!*

El periodista no pudo contestar ninguna de las preguntas, mucho menos la que más le interesaba a Francisco:

—Si soy Empleado del Año, entonces… los estudiantes me van a saludar cuando me pasen por el lado, ¿verdad? ¿Ya no me van a mirar como si yo fuera menos que un animal?

---

[1] *The character is referring to the devastating earthquake that Mexico City suffered in 1985. Over 10,000 people were killed and damages were in the billions of dollars.*

En todos los años que Francisco Santana llevaba trabajando en la Midwestern University, nadie se había parado a conversar con él. La gente pasaba y ni siquiera le decía «*Hello*». Algunos le ofrecían sonrisas incómodas, obligatorias. Sin quererlo, él ya se había acostumbrado a trabajar en silencio, como una sombra.

❖ ❖ ❖

«Nunca es uno demasiado viejo para las buenas sorpresas», pensó Pancho, sintiéndose optimista. Para él, 1985 sería el año de la felicidad. Su hija se había graduado y era una persona con conocimientos. Leti iba a ser maestra en una escuela bilingüe; les iba a enseñar cosas del mundo y de la historia a los hijos de inmigrantes mexicanos. Ella los ayudaría a hacerse gente buena, a triunfar.

Por primera vez en la tierra del Norte, Francisco Santana se sentía visible. En la universidad habían notado su existencia, se habían dado cuenta de que él trabajaba con esmero y dedicación. Como decía el artículo: puntualmente, llueva, nieve o se desate un tornado.

—Los escritos tienen un poder muy extraño —le comentó Pancho a su esposa —. ¡Ahora todo el mundo me saluda! Los estudiantes y las secretarias y los profesores me dicen «*Good morning, Mister Santana. How are you?*» Entiendo ahora por qué la gente quiere ser famosa. ¿Te imaginas, Margarita, que de pronto me llamen «Míster»?

Francisco Santana, «*good old Pancho*», nunca olvidaría este año. Entre tantas cosas increíbles, había aprendido que en los días más fríos y grises de diciembre, hay ciertos colores que vuelan por el aire.

Comprensión

Defina las siguientes frases y oraciones. ¿Quién las dice o las piensa? ¿Qué significan?

1. el año de la felicidad

   _____

2. colores volantes

   _____

3. Empleado del Año

   _____

4. Llueva, nieve o se desate un tornado.

   _____

5. No puedo darle esa información.

   _____

6. ¡Te ves muy bien en la foto!

   _____

7. *Green Card*

   _____

8. *good old Pancho*

   _____

9. ¡Buenos días, Mr. Santana!

   _____

10. Usted es un excelente empleado.

    _____

Ahora… ¡usted!

1. ¿Le han hecho una entrevista alguna vez? ¿Ha salido en el periódico? ¿Le gustaría ser entrevistado/a? Explique.

_____

_____

2. ¿Conoce usted a alguna persona famosa? ¿Cómo la conoció? ¿Por qué es famosa?

_____

_____

3. ¿Le gustaría a usted ser famoso/a? ¿Qué opina de la fama? Mencione algunas ventajas y desventajas.

_____

_____

 Un paso más… ¡a escribir!

Escriba un drama para representar este cuento. Su obra teatral debe tener cuatro escenas correspondientes a las cuatro partes de «Colores que vuelan». No olvide incluir diálogos entre Francisco y todos los otros personajes: Margarita, Leticia, el presidente de la universidad y el periodista. A propósito, trate de hacer estos diálogos interesantes y un poco más largos que los del cuento. ¡Buena suerte con su obra!

EL MUNDO HISPANO... LA GENTE

Su nombre es Paula Ledezma. Es colombiana y tiene 38 años.

¿Cómo piensa que va a ser el mundo de aquí a cincuenta años?

Yo pienso que dentro de 50 años lograremos explicar una serie de fenómenos que en esta época no tienen explicación, como la vida en otros planetas. Lo más positivo que va a ocurrir es que tendremos avances contra las enfermedades más crueles de este siglo: el cáncer y el SIDA. Pero, pienso que la población va a crecer demasiado, con relación a los recursos[1] existentes. Esto generará mayores problemas sociales y aumentará los que ya existen, como el desempleo.[2]

Las nuevas modas me van a parecer extravagantes, pues si vivo otros cincuenta años, ¡para esa época seré una anciana!

[1]resources [2]unemployment

Ahora... ¡usted!

1. Según Paula Ledezma, de aquí a 50 años podremos explicar la vida en otros planetas. ¿Está usted de acuerdo? ¿Piensa que hay vida en otros planetas? ¿Cómo se la imagina? ¿Cómo será nuestro primer encuentro con esa vida extraterrestre?

   _____

   _____

2. Paula opina que encontraremos una cura para el cáncer y el SIDA. ¿Qué otros avances médicos cree usted que tendremos de aquí a 50 años? Mencione dos más.

   _____

   _____

3. Si la población crece demasiado, como teme Paula, ¿qué problemas sociales tendrán los seres humanos en 50 años? Incluya el que menciona Paula y luego agregue dos más.

   _____

   _____

4. ¿Piensa usted que las modas de vestir van a cambiar mucho? ¿En qué manera? Explique.

   _____

   _____

Expansión gramatical

This **Expansión gramatical** is intended to help expand your knowledge of Spanish grammar at a more advanced level. These topics are often encountered at the second-year level, but you may want to explore some of them on your own. Your instructor also may want to cover these areas after finishing *Dos mundos*. Answers to the exercises in this section are included in the Answer Key at the back of this *Cuaderno*.

The grammar that you have studied in *Dos mundos* is by no means all the grammar that you will need to know in order to read, write, and speak native-sounding Spanish, but don't be discouraged. You can already communicate with native speakers on a wide array of topics, and your ability to understand spoken and written material will allow you to interact comfortably with the Spanish-speaking world. Much of your knowledge of advanced grammar will come not from rules and exercises but from interacting with native speakers, reading, listening to the radio, and watching TV. All of these activities are powerful ways to acquire grammar in a meaningful context. Many nonnative speakers of Spanish become lifelong learners, continually adding to their repertoire of vocabulary and grammatical knowledge, all the while enjoying their contact with the Spanish-speaking world. **¡Buen viaje!**

1. Indicating to Whom Something Belongs: Possessive Pronouns

A. When a possessive adjective (**mi, tu, nuestro/a, vuestro/a, su**) functions as a noun, it is called a possessive pronoun (**mío/a, tuyo/a, nuestro/a, vuestro/a, suyo/a**).

—¿De quién son estos pantalones?   —*Whose pants are these?*
—Son **míos.**   —*They're mine.*

—¿Son de Alberto estas corbatas?   —*Do these ties belong to Alberto?*
—Sí, creo que son **suyas.**   —*Yes, I think they're his.*

B. Note that possessive pronouns change their form to show gender and number. Except after the verb **ser** (as in the preceding examples), they are accompanied by a definite article (**el, la, los, las**).

	SINGULAR		PLURAL	
(yo)	el mío	la mía	los míos	las mías
(tú)	el tuyo	la tuya	los tuyos	las tuyas
(usted, él/ella)	el suyo	la suya	los suyos	las suyas
(nosotros/as)	el nuestro	la nuestra	los nuestros	las nuestras
(vosotros/as)	el vuestro	la vuestra	los vuestros	las vuestras
(ustedes, ellos/as)	el suyo	la suya	los suyos	las suyas

| —¿Dónde están los coches? | —Where are the cars? |
| —**El mío** está aquí, pero **el tuyo** no. | —Mine is here, but not yours. |

| —¿Dónde están las calculadoras? | —Where are the calculators? |
| —**La mía** está en casa. ¿Dónde está **la tuya?** | —Mine is at home. Where is yours? |

| —¿Es suyo ese coche pequeño? | —Is that small car yours? |
| —No, **el nuestro** es el grande que está allí. | —No, ours is the big one that is over there. |

C. In Spanish one possessive pronoun (**el suyo**) corresponds to the English possessive pronouns *yours* (singular or plural), *his, hers,* and *theirs.* Therefore, out of context, the sentence **El suyo no ha llegado** could correspond to all of the following English meanings: *His/Hers/Theirs/Yours (sing., pl.) hasn't arrived.* Normally, in conversation, context will tell you to what and to whom **suyo/a/os/as** refers.

| —¿Es ésta la bicicleta de Mónica? | —Is this Monica's bicycle? |
| —No, es **la mía. La suya** está en casa. | —No, it's mine. Hers is at home. |

As an alternative to **suyo,** you may use the article followed directly by **de** plus the name of the person.

| —¿Es de Alberto esta patineta amarilla? | —Does this yellow skateboard belong to Albert? |
| —No, **la de Alberto** es roja. | —No, Albert's is red. |

Ejercicio 1

Carmen encuentra (*finds*) varias cosas en el salón de clase. Ella le pregunta (*asks*) a Alberto de quién son. Dé las respuestas de Alberto según el modelo (*according to the model*).

MODELO: ¿De quién son estas plumas? ¿Son de los estudiantes? →
Sí, son *suyas.* (No, no son *suyas,* son de la profesora Martínez.)

1. ¿De quién es este abrigo? ¿Es tuyo? _____

2. ¿De quién son estas mochilas? ¿Son de Pablo y Lan? _____

3. ¿De quién es este cuaderno? ¿Es mío? _____

4. ¿De quién son estas calculadoras?¿Son de Mónica y Nora? _____

5. ¿De quién es este reloj? ¿Es de Luis? _____

6. ¿De quién es este diccionario? ¿Es nuestro? _____

7. ¿De quién son estas rosas? ¿Son de la profesora Martínez? _____

8. ¿De quién es esta patineta? ¿Es de Esteban? _____

9. ¿De quién es este disco compacto? ¿Es tuyo? _____

10. ¿De quién son estos papeles? ¿Son míos? _____

2. Asking and Answering Questions: Patterns in the Preterite

A. Four common question-and-answer patterns in the preterite include **yo** or **nosotros/as** verb forms in the answer. If the question refers to *you*, then your answer will use the **yo** form of the verb. If the question refers to *you and others*, then your answer will use the **nosostros/as** form of the verb.

INFORMAL SINGULAR

—*Did you . . . ?*
—*Yes, I did. / No, I didn't.*

QUESTION	ANSWER	EXAMPLE
¿ -aste?	-é.	—¿Terminaste? —Sí, terminé.
¿ -iste?	-í.	—¿Comiste? —No, no comí.

POLITE SINGULAR

—*Did you . . . ?*
—*Yes, I did. / No, I didn't.*

QUESTION	ANSWER	EXAMPLE
¿ -ó usted?	-é.	—¿Terminó usted? —Sí, terminé.
¿ -ió usted?	-í.	—¿Comió usted? —No, no comí.

INFORMAL AND POLITE PLURAL (**Latin America**); POLITE PLURAL (Spain)

—*Did you . . . ?*
—*Yes, we did. / No, we didn't.*

QUESTION	ANSWER	EXAMPLE
¿ -aron ustedes?	-amos.	—¿Terminaron ustedes? —Sí, terminamos.
¿ -ieron ustedes?	-imos.	—¿Comieron ustedes? —No, no comimos.

INFORMAL PLURAL (Spain)

—*Did you . . . ?*
—*Yes, we did. / No, we didn't.*

QUESTION	ANSWER	EXAMPLE
¿ -asteis vosotros/as?	-amos.	—¿Terminasteis vosotros/as? —Sí, terminamos.
¿ -isteis vosotros/as?	-imos.	—¿Comisteis vosotros/as? —No, no comimos.

B. If the question refers to others, the verb form in the question and answer will usually be the same.

—¿**Llegó** tu hermano a las ocho?   —*Did your brother arrive at eight?*
—No, **llegó** más tarde.   —*No, he arrived later.*

—¿**Viajaron** tus padres a Europa?   —*Did your parents travel to Europe?*
—Sí, **viajaron** a España y Portugal.   —*Yes, they traveled to Spain and Portugal.*

Ejercicio 2

Conteste sí o no.

MODELO: ¿Te lavaste el pelo? → Sí, *me lavé* el pelo. (No, no *me lavé* el pelo.)

Ayer,…

1.   ¿fuiste a un concierto? _____

2.   ¿cenaste con tus abuelos? _____

3.   ¿escribiste un mensaje electrónico? _____

4.   ¿compraste un auto? _____

5.   ¿leíste un poema? _____

La semana pasada, ¿tú y tus amigos…

6.   hicieron un viaje? _____

7.   vieron una película buena? _____

8.   ganaron dinero en la lotería? _____

9.   dieron una fiesta? _____

10.   sacaron muchas fotografías? _____

3. Using Regional Pronouns: *vos* and *vosotros/as* Forms

A. The pronouns **tú** and **usted(es)** are used by the majority of Spanish speakers and are recognized by everyone. However, as you know, Spanish has two other pronouns that are equivalent to English *you*: **vos** (*inf. sing.*) and **vosotros/as** (*inf. pl.*).

In some countries, particularly Argentina, Uruguay, Paraguay, and most of Central America, speakers prefer to use the pronoun **vos** and its verb forms when speaking with friends and family. **Vos** is also used by many speakers in parts of Colombia, Chile, and Ecuador. If you travel to areas where **vos** is used, everyone will accept that you use **tú** and **usted** because you are a foreigner, but if you stay in one of those countries for any length of time, you will probably find yourself using **vos** and its verb forms with your friends.

Like **tú,** the plural pronoun **ustedes** is recognized and used by all speakers of Spanish. However, in the northern and central areas of Spain, including Madrid, speakers distinguish between informal and formal *you* in the plural. They use **vosotros/as** as an informal plural pronoun and **ustedes** as a formal plural pronoun.

B. Except for the present indicative and subjunctive (and some forms you have not yet learned), the **vos** verb forms are almost identical to the **tú** verb forms. In the present tense, use the endings **-ás** for **-ar**

verbs, **-és** for **-er** verbs, and **-ís** for **-ir** verbs. Stem vowels do not change: **querés, podés, dormís.** Note in the examples that follow that, unlike the pronoun **tú,** the pronoun **vos** is commonly used in place of someone's name.

¿Qué **querés** comer **vos**?	*What do you want to eat?*

The **vos** commands are formed with the infinitive minus its **-r: terminá, comé, escribí.**

Vení con nosotros.	*Come with us.*

Most other tenses use the same forms as **tú.**

¿Adónde **fuiste** ayer **vos**?	*Where did you go yesterday?*
Y **vos,** ¿dónde **vivías** de joven?	*And you, where did you live in your youth?*
¿Qué **estás** haciendo **vos**?	*What are you doing?*
¿**Has** terminado **vos**?	*Have you finished?*

The subject pronoun **vos** is also used after a preposition. All other pronouns, as well as the possessive adjectives, are the same as the **tú** forms.

Este regalo es para **vos.**	*This gift is for you.*
Vos, ¿cómo es el clima en **tu** ciudad?	*What's the weather like in your city?*
¿En qué hotel **te** quedaste **vos**?	*At which hotel did you stay?*
No **te** vi ayer, **vos.** ¿Dónde **estabas**?	*I didn't see you yesterday. Where were you?*
Te voy a contar un buen chiste, **vos.**	*I'm going to tell you a good joke.*

C. Here is a review of the **vosotros/as** endings for the tenses you have learned so far. Like the pronoun **tú,** the pronoun **vosotros/as** is usually dropped.

PRESENT: habláis, coméis, recibís
PAST: hablasteis, comisteis, recibisteis
IMPERFECT: hablabais, comíais, recibíais
PRESENT PROGRESSIVE: estáis + hablando/comiendo/recibiendo
PRESENT PERFECT: habéis + hablado/comido/recibido
COMMANDS: hablad, comed, recibid

¿Qué **queréis** comer?	*What do you want to eat?*
¿Adónde **fuisteis**?	*Where did you go?*
Y **vosotros,** ¿dónde **vivíais** cuando **estabais** en Madrid?	*And you, where did you live when you were in Madrid?*
¿Qué **estáis** haciendo?	*What are you doing?*
¿**Habéis** terminado?	*Have you finished?*

The pronouns are **vosotros/as** (subject, object of preposition), **vuestro/a/os/as** (possessive), and **os** (all other object pronouns).

Soy de Madrid. ¿De dónde sois **vosotros**?	*I'm from Madrid. Where are you from?*
Estos billetes son para **vosotras.**	*These tickets are for you.*
¿Cómo es el clima en **vuestro** país en el invierno?	*What's the weather like in your country in the winter?*
No **os** vi ayer. ¿Dónde estabais?	*I didn't see you yesterday. Where were you?*
Os voy a contar una historia interesante.	*I'm going to tell you an interesting story.*
¿En qué hotel **os** hospedasteis?	*At which hotel did you stay?*

Ejercicio 3

Aquí tiene usted una conversación entre dos amigos en Argentina. Imagínese que el diálogo ahora tiene lugar en Cuba, y haga los cambios necesarios para cambiar **vos** a favor de **tú.**

—¿Vas a quedarte en casa esta noche vos? _____[1]

—No, pienso salir al cine. ¿Y vos? _____[2]

—No sé.

—¿Por qué no venís conmigo vos? _____[3]

—¿Qué pensás hacer después del cine? _____[4]

—Dar una vuelta por el centro. ¿Querés? _____[5]

—¿Tenés coche? _____[6]

—Claro que sí. ¿Qué decís? _____[7]

—De acuerdo. ¿A qué hora pasás a buscarme? _____[8]

—A las ocho.

Ejercicio 4

Esta conversación tuvo lugar en Madrid, pero vamos a suponer que estamos ahora en Santiago de Chile. Escriba el diálogo, haciendo todos los cambios necesarios para usar **ustedes** en vez de **vosotros/as.**

CHICA 1: ¿Qué pensáis hacer esta noche? _____[1]

CHICA 2: No sé. ¿Qué queréis hacer vosotros? _____[2]

CHICO: ¿Qué os parece ir al cine? Hay una nueva película francesa que tengo ganas de ver.

_____

_____[3]

CHICA 1: A vosotros os gustan las películas francesas, pero a mí no. Me aburren. ¿No os gustaría salir a

bailar un rato? _____

_____[4]

CHICO: Pero si vosotras sabéis que soy el peor bailador de Madrid. ¡No, gracias! ¿Qué tal si hacemos

una fiesta en casa? _____

_____[5]

CHICA 2: ¡Excelente idea! Vosotros dos invitáis a vuestros amigos y yo invito a los míos. ¿A qué hora?

_____

_____[6]

CHICA 1: ¿Qué os parece si empezamos a las diez?

_____[7]

4. The Passive Voice

A. The passive voice in Spanish, as in English, is constructed with the verb **ser** followed by a past participle. Most tenses of **ser** may be used, but the past tense is most common.

> Los criminales **fueron arrestados** por la policía.

> *The criminals were arrested by the police.*

The agent that performs the action is expressed in a phrase beginning with **por.**

> La fiesta fue organizada **por** los estudiantes.

> *The party was organized by the students.*

B. Note that the past participle in these constructions must agree in number and gender with the subject of the sentence.

> El **cuento** fue **escrito** por un escritor famoso.
> La **novela** fue **escrita** por Carlos Fuentes.

> *The short story was written by a famous writer.*
> *The novel was written by Carlos Fuentes.*

Ejercicio 5

Cambie las oraciones de la voz pasiva a una declaración directa.

> MODELO: La motocicleta fue reparada por Nacho. → Nacho reparó la motocicleta.

1. El pastel fue horneado por Estela. _____

2. Las cartas son escritas por Pedro. _____

3. Los libros son pagados por los estudiantes cada semestre.

   _____

4. La Batalla de Puebla fue ganada por los mexicanos en 1862.

   _____

5. El incendio fue apagado por los bomberos.

   _____

6. Nora y Pablo fueron atacados por un loco.

   _____

7. El edificio fue diseñado por el arquitecto.

   _____

8. La tarea es asignada por el profesor. _____

9. La pregunta fue contestada por Esteban. _____

10. Los exámenes fueron calificados por la profesora Martínez.

    _____

5. Narrating Past Experiences: The Present Perfect and the Pluperfect

GRAMÁTICA ILUSTRADA _____

Como el médico no había llegado, la enfermera le puso la inyección al paciente.

Cuando el médico llegó, la enfermera ya le había puesto la inyección al paciente.

_____

The present perfect (see **Gramática 10.1**) refers to events that did occur or did not yet occur at some unspecified point in relation to the here and now. Both Spanish and English use the present tense of the auxiliary verb (**haber** and *to have*) and a past participle to express this idea. Remember that regular past participles end in **-ado** or **-ido;** see page 362 of the textbook for a list of irregular past participles.

—¿**Has comido** el cebiche?
—Sí, pero nunca **he probado** los calamares.

—*Have you eaten cebiche (before)?*
—*Yes, but I have never tried squid.*

—El doctor Rosas y yo ya **hemos visto** al paciente.
—Y, ¿**han hablado** con su esposa también?

—*Doctor Rosas and I have already seen the patient.*
—*And have you spoken with his wife, too?*

Another perfect tense that you may often hear is the pluperfect (past perfect or **pluscuamperfecto**) for actions that precede preterite events. This tense uses the imperfect tense of the auxiliary verb **haber.***

_____

*For more on the perfect tense see **Expansión gramatical 9.**

```
                        PLUPERFECT
        (yo)          había      ⎫
        (tú)          habías     ⎪
   (usted, él/ella)   había      ⎪          -ado
                                 ⎬      +
    (nosotros/as)     habíamos   ⎪
    (vosotros/as)     habíais    ⎪          -ido
 (ustedes, ellos/as)  habían     ⎭
```

PRESENT PERFECT: Ellos no **han vuelto.**

They have not returned.

PLUPERFECT: Ellos todavía no **habían vuelto** cuando yo llegué.

They had not returned yet when I arrived.

PRESENT PERFECT: **Hemos visto** las pirámides aztecas tres veces.

We have seen the Aztec pyramids three times.

PLUPERFECT: Como no **habíamos visto** las pirámides mayas, decidimos hacer un viaje a Guatemala.

Since we had not seen the Mayan pyramids, we decided to take a trip to Guatemala.

Remember that all pronouns must be placed before the auxiliary verb **haber.**

No **nos hemos acostado** todavía.

We haven't gone to bed yet.

¿Ya **te habías bañado** cuando tus amigos llegaron para la fiesta?

Had you already taken a bath when your friends arrived for the party?

Ejercicio 6

Marque todas las respuestas lógicas.

1. A los 7 años yo ya…

   a. había terminado la escuela primaria.

   b. había asistido al kínder.

   c. había aprendido a caminar.

   d. había visitado el consultorio de un médico.

2. A los 9 años yo ya…

   a. había manejado un camión.

   b. había viajado por avión.

   c. había tenido gripe varias veces.

   d. había estudiado en la universidad.

3. Hoy, cuando llegamos a clase, mis compañeros y yo ya…

   a. habíamos escrito la composición.

   b. habíamos desayunado.

   c. nos habíamos peinado.

   d. habíamos hablado con el presidente de Chile.

4. Cuando mi amigo llegó a la universidad hoy, todavía no...

   a. había hecho la tarea.

   b. había respirado.

   c. se había vestido.

   d. había leído la lección para hoy.

5. A los 8 años mis hermanitas ya...

   a. habían tenido varicela.

   b. habían escalado varias montañas.

   c. habían ganado un millón de dólares.

   d. habían estado resfriadas varias veces.

Ejercicio 7

Escriba la forma correcta de **haber** en el presente (**he, has, ha, hemos, han**) o en el imperfecto (**había, habías, había, habíamos, habían**), seguido del participio pasado.

1. Cuando mis padres llegaron, mis amigos y yo ya _____ la casa. (limpiar)

2. Como Estela y Ernesto nunca _____ a la Torre Eiffel, decidieron ir de vacaciones a París. (subir)

3. Andrea nunca _____ el acueducto en Segovia; algún día le gustaría ir a España. (ver)

4. A los 20 años Pedro Ruiz ya _____ varios artículos para el periódico *La Voz*. (escribir)

5. Son las diez de la noche y Guillermo todavía no _____ su tarea. (hacer)

6. Antes de acostarse, Amanda _____, pero se le olvidó lavarse los dientes. (ducharse)

7. Paula todavía no _____ a China. Espera hacer un viaje allí el año que viene. (viajar)

8. Cuando Estela y Ernesto regresaron del concierto, los niños ya _____. (acostarse)

6. *Por/Para:* Summary

You'll recall that **por** and **para** have a variety of meanings and correspond to English prepositions such as *for, by, through,* and *in order to.* Here are some additional meanings of **por** and **para.**

A. **Por** is used with **aquí** and **allí** to mean *around* or *in a general area.*

—¿Hay una gasolinera **por aquí**?

—Sí, hay una cerca, pero tenemos que bajar **por allí.**

—*Is there a gas station somewhere around here?*

—*Yes, there's one nearby, but we have to go down over there.*

Para is often used with **acá** and **allá,** instead of **aquí** and **allí,** to indicate destination.

—¿Quién es el muchacho que viene **para acá?**　　—*Who's the guy coming this way?*
—Es Alberto.　　—*That's Alberto.*

B.　Por used with **trabajar** (and similar verbs) means *in place of.* **Para** used with **trabajar** refers to an employer or means *for someone's benefit.*

Puedo trabajar **por** ti el viernes, pero no el sábado.　　*I can work for you (in your place) Friday, but not Saturday.*
Daniel trabaja ahora **para** la compañía Mexicana de Aviación.　　*Daniel is working for Mexicana Airlines now.*

Here is a summary of the most common meanings of **por** and **para.**

por (*for, by, through*)

Substitution for:	Mientras el presidente estuvo en el hospital, el vicepresidente tomó varias decisiones **por** él. *While the president was in the hospital, the vice president made several decisions for him.*
In exchange for / paying:	¡Pagué casi cien dólares **por** mi libro de química! *I paid almost a hundred dollars for my chemistry book!*
Movement by, through, or along a place:	Cuando manejamos a Acapulco, pasamos **por** muchos pueblos pequeños. *When we drove to Acapulco, we passed through many small towns.*
Length of time (may be omitted):	Anoche estudié la gramática (**por**) dos horas. *Last night I studied grammar for two hours.*
General time or area:	**por** la mañana, **por** la tarde, **por** la noche; **por** la playa, **por** el parque, **por** la ciudad, **por** aquí *in the morning, in the afternoon, at night; by (on) the beach, around (through) the park, around the city, around here*
Transportation:	Yo nunca he viajado **por** tren; siempre he viajado **por** avión. *I have never traveled by train; I have always traveled by plane.*

para (*for; in order to*)

Recipient:	Aquí hay un regalo **para** ti. *Here is a gift for you.*
Employer:	Me gustaría trabajar **para** las Naciones Unidas. *I would like to work for the United Nations.*
Destination:	El presidente de Colombia salió ayer **para** Madrid. *The president of Colombia left for Madrid yesterday.*
Telling time:	Son diez **para** las ocho. *It's ten to eight.*
Deadline:	Tenemos que terminar el trabajo **para** el miércoles. *We have to finish the work by Wednesday.*
Purpose:	Es necesario estudiar **para** sacar buenas notas. *It is necessary to study in order to get good grades.*

Ejercicio 8

Complete las oraciones con **por** y **para,** siguiendo las reglas a continuación. Luego apunte la regla que usted siguió. (Puede decirlo en inglés; vea el modelo.)

POR	PARA
1. Substitution for	7. Recipient
2. In exchange for / paying	8. Employer
3. Movement by, through, or along a place	9. Destination
4. Length of time (may be omitted)	10. Telling time
5. General time or area	11. Deadline
6. Transportation	12. Purpose

MODELO: Me encanta salir a pasear _**por**_ la tarde. No salgo _**por**_ la noche porque tengo miedo.

[_5_]

1. ¿Cuándo sales _____ Machu Picchu? [_____]

2. ¿Qué es mejor, viajar _____ tren o viajar _____ avión? [_____]

3. Me encanta caminar _____ la playa pero mis hermanos prefieren caminar

   _____ el bosque o la selva. [_____]

4. ¿Necesitas manejar _____ ir al supermercado que está cerca de tu casa?

   [_____]

5. Viajé _____ toda España porque estuve allí (_____) dos

   meses. [_____] [_____]

6. ¿Es _____ el próximo lunes el informe sobre la selva amazónica? [_____]

7. ¡Ay, es tarde! Ya son veinte _____ las dos. [_____]

8. Mi tío es programador y trabaja _____ la compañía Microsoft de Chile.

   [_____]

9. Hoy es el cumpleaños de Estela. Ernesto compró un collar de perlas _____

   ella. [_____]

10. El ladrón escapó _____ la ventana. [_____]

11. Regresé a la tienda y cambié el suéter _____ un saco de seda. [_____]

12. ¿Cuánto pagaste _____ ese (teléfono) celular? [_____]

13. ¿_____ quién son estos anillos? [_____]

14. Salimos hoy _____ Argentina. Tenemos que estar en Buenos Aires

    _____ el 9 de julio. [_____] [_____]

15. Me gustaría sacar muy buenas notas en todas mis clases; esta noche debo estudiar

    (_____) seis horas. [_____]

16. No te preocupes, si te enfermas, yo puedo trabajar _____ ti. [_____]

7. Pronoun Placement: Summary

GRAMÁTICA ILUSTRADA ————————————————————————————

Amanda **le regala** una playera a Guillermo.

Ernestito **les pide** dinero a sus padres.

¿Las plantas? Guillermo **está regándolas** ahora.

(Guillermo **las está regando** ahora.)

¿El carro? Amanda **va a lavárnoslo** hoy.

(Amanda **nos lo va a lavar** hoy.)

¿Las legumbres? **Cómetelas** ahorita o no te voy a servir el postre.

¿La ropa? **No la lave** hoy, mejor mañana.

A single set of rules governs the placement of reflexive (**me, te, se, nos, os, se**), indirect (**me, te, le, nos, os, les**), and direct (**me, te, lo/la, nos, os, los/las**) object pronouns.*

———————
*Recognition: **os** is the reflexive, direct, and indirect object pronoun that corresponds to the subject pronoun **vosotros;** and **te** is the reflexive, direct, and indirect object pronoun that corresponds to the subject pronoun **vos.**

A. Object pronouns directly precede a conjugated verb (a verb with endings in any tense).

—¿Cuándo **te diviertes** más? —*When do you have the most fun?*
—Cuando mi novio **me lleva** a bailar. —*When my boyfriend takes me dancing.*

—¿Qué **te dijo** Carmen? —*What did Carmen tell you?*
—**Me dijo** que tenía prisa. —*She told me that she was in a hurry.*

—¿Has visto a Alberto hoy? —*Have you seen Alberto today?*
—No, no **lo he visto** todavía. —*No, I haven't seen him yet.*

—Por lo general, ¿cuándo **se acuestan** —*What time do you usually go to bed?*
ustedes?

—**Nos acostamos** muy tarde, a la una o —*We go to bed very late, at one or two in*
a las dos de la madrugada. *the morning.*

B. When a conjugated verb is followed by an infinitive or a present participle, object pronouns can either precede the conjugated verb or follow and be attached to the infinitive or the present participle.

—¿Qué ibas a **decirme?** *o* —*What were you going to tell me?*
—¿Qué **me ibas a decir**?
—**Quería decirte** que te quiero. *o* —*I wanted to tell you that I love you.*
—**Te quería decir** que te quiero.

—¿Ya llamaste a Alberto y a Esteban? —*Did you already call Alberto and Esteban?*
—No, pero **estoy llamándolos** ahora. *o* —*No, but I am calling them now.*
—No, pero **los estoy llamando** ahora.

—¿Ya terminaste la tarea? —*Did you already finish the homework?*
—No, pero **estoy terminándola** ahora. *o* —*No, but I'm finishing it now.*
—No, pero **la estoy terminando** ahora.

C. These same pronouns follow and are attached to affirmative commands but precede negative ones.

—**Tráigame** el café después de la cena. —*Bring me the coffee after dinner.*
—No **me traiga** el café ahora. —*Don't bring the coffee to me now.*

—¡**Hazlo** ahora! —*Do it now!*
—¡No **lo hagas** mañana! —*Don't do it tomorrow!*

D. Double pronoun sequences such as **me lo** (*it to me*) and **se los** (*them to her/him/you/them*) also follow the rules previously described.

—¡**Démelos!** —*Give them to me!*
—¡No **me los dé**! —*Don't give them to me!*

—¿**Te preparo** la cena ahora? —*Shall I fix dinner for you now?*
—Sí, **prepáramela,** por favor. —*Yes, fix it for me, please.*

—¿Tienes el libro? —*Do you have the book?*
—No, Carmen no **me lo ha dado** —*No, Carmen hasn't given it to me yet.*
todavía.

—¿Cuándo vas a **llevarle** los —*When are you going to take the documents*
documentos a la señorita *to Miss Saucedo?*
Saucedo?
—Ya **se los llevé** ayer. —*I already took them to her yesterday.*

E. Note that it is necessary to add an accent on the verb under the following circumstances:

1. Present participles with one or two pronouns (**bañándome**)
2. Affirmative commands with one or two pronouns (**lléveselo**)
     Exceptions include one syllable commands that have only one pronoun attached: **hazme, ponle, dinos**
3. Infinitives with two pronouns (**vendérmelo**)

These accents are necessary to preserve the original stress on the verb form.

Ejercicio 9

Los Ruiz están de vacaciones en Acapulco. Acaban de regresar de la playa, y Clarisa le pide muchas cosas a su madre. Dé la forma correcta de los mandatos de Clarisa, usando el mandato informal y el pronombre **me.**

MODELO: traer / refresco → Mamá, *tráeme* un refresco, por favor.

1. hacer / un sándwich _____
2. lavar / el traje de baño _____
3. poner / música _____
4. comprar / una playera _____
5. dar / la loción _____

Ejercicio 10

Guillermo le hace preguntas a Amanda, y ella siempre contesta que no. ¿Qué dice Amanda? Conteste con **me lo** o **me la** y el mandato.

MODELO: ¿Te traigo el libro? → No, *no me lo traigas.*

1. ¿Te arreglo el radio cassette? _____
2. ¿Te abro la puerta? _____
3. ¿Te presto el dinero? _____
4. ¿Te preparo el sándwich? _____
5. ¿Te enciendo el televisor? _____
6. ¿Te digo la verdad? _____

Ejercicio 11

El secretario de Paula le hace algunas preguntas. Ella siempre contesta que sí. Dé las contestaciones de Paula usando mandatos formales y dos pronombres.

MODELO: ¿Le doy los cuadernos a la señora González? → Sí, *déselos.*

1. ¿Le pido los documentos a la señora Vargas ahora? _____
2. ¿Le leo el mensaje del señor Ruiz? _____
3. ¿Le presto el dinero a la recepcionista? _____
4. ¿Le escribo las cartas a máquina? _____
5. ¿Le cuento las noticias al señor Ochoa? _____

Ejercicio 12

Es Nochebuena en casa de los Saucedo. Los regalos están en la sala pero sin etiquetas. Todos quieren saber quién les hizo esos regalos. Amanda y Guillermo contestan.

MODELO: DORA: ¿Quién me regaló esta magnífica licuadora? (papá) →
AMANDA Y GUILLERMO: *Te la* regaló papá.

1. ANDREA: ¿Quién me dio esta bata tan fina? (nosotros)

    _____

2. DORA Y JAVIER: ¿Quién nos dio estas herramientas tan útiles? (Raúl)

    _____

3. RAÚL: ¿Quién me regaló este magnífico reloj? (papá y mamá)

    _____

4. JAVIER: ¿Quién me ha comprado estas lindísimas corbatas? (la abuela)

    _____

5. DORA: ¿Y quién me regaló esta sartén tan moderna? (Estela)

    _____

6. AMANDA: Oye, Guillermo, ¿quién nos trajo estas playeras tan hermosas? (Raúl)

    _____

8. Hypothesizing about the Past: *si hubiera* _____ *-do... habría* _____ *-do*

In both English and Spanish hypothetical sentences in the past consist of two clauses: an *if* clause and a *then* clause. *If I had done something (but I didn't), then I would have . . .* In English the verb in the *if* clause is in the past perfect (*had done*) and the verb in the *then* clause is in the conditional perfect (*would have*).

> *If the president had resigned, the country would have been better off.*

In Spanish, the verb in the *if* clause is in the past perfect subjunctive: the past subjunctive form of **haber** (**hubiera, hubieras, hubiera, hubiéramos, hubierais, hubieran**), plus a past participle. The verb in the conclusion or *then* clause is in the conditional perfect: the conditional form of **haber** (**habría, habrías, habría, habríamos, habríais, habrían**), plus a past participle.

> *if* clause = past subjunctive of **haber** + past participle
>
> *then* clause = conditional of **haber** + past participle

Si **hubiera ganado** las elecciones, el candidato **habría hecho** varios cambios para mejorar la situación económica.

If he had won the election, the candidate would have made various changes to improve the economic situation.

> Si el gobierno **hubiera protegido** la selva tropical, **se habrían salvado** varias especies de pájaros.

> *If the government had protected the rain forest, several species of birds would have been saved.*

These forms are not frequently heard in everyday conversation, but they are quite common in writing and more formal speech.

Ejercicio 13

Aquí tiene usted las opiniones de varios ciudadanos. Escriba la forma correcta del verbo **haber**.

MODELO: UNA AMA DE CASA: Si *hubiera* ganado el candidato popular, no *habríamos* tenido tantos problemas políticos.

1. UNA AMA DE CASA: Si _____ conservado la electricidad, no _____ subido los precios.

2. UN HISTORIADOR: Si la tasa de la natalidad mundial no _____ aumentado tanto en el último siglo, no _____ habido tantas guerras.

3. UN INGENIERO: Si se _____ construido este puente de cemento reforzado, no se _____ caído durante el terremoto.

4. UNA TRABAJADORA SOCIAL: Menos jóvenes se _____ metido en pandillas si el gobierno _____ gastado más en la educación.

5. UN POLICÍA: Si se _____ legalizado la cocaína, muchas personas se _____ hecho drogadictos.

6. UNA ECOLOGISTA: Nosotros no _____ sufrido una crisis de energía si el gobierno _____ proporcionado más fondos para la energía «verde».

7. UNA MADRE ORGULLOSA: Si mi hijo no _____ estudiado tanto, nunca se _____ graduado de la Facultad de Medicina.

8. UNA MAESTRA: Si nosotros _____ gastado menos en el presupuesto militar, _____ ahorrado lo suficiente para pagarles la educación universitaria a muchos jóvenes pobres.

9. The Perfect Tenses: Summary

A. The perfect tenses in both Spanish and English are formed with the auxiliary verb **haber** (*to have*) and a past participle. You have already studied one of these tenses, the present perfect. (See **Gramática 10.1** for the present tense forms of **haber** with past participles.)

> Nunca **he viajado** a Brasil.

> *I have never been to Brazil.*

B. The past perfect indicative (pluperfect) describes an action that preceded another action in the past. It consists of an imperfect form of **haber** (**había**) plus a past participle. (See **Expansión gramatical 5** for the imperfect forms of **haber**.)

¡Perdimos el vuelo! Cuando llegamos al aeropuerto, el avión ya **había salido.**	*We missed the flight! When we arrived at the airport, the plane had already left.*

C. In **Expansión gramatical 8** you were introduced to two other perfect tenses: the conditional perfect (**habría llegado**) and the past perfect subjunctive (**hubiera llegado**).

Si los demócratas **hubieran ganado** las elecciones, **habrían proporcionado** más fondos para el bienestar social.	*If the democrats had won the election, they would have allotted more funds for social welfare.*

D. The present perfect subjunctive is often used to indicate a completed action in sentences of subjective reaction or doubt. It consists of the form **haya** plus a past participle.

¡Qué bueno que el partido conservador **haya ganado** las elecciones!	*I am glad that the conservative party has won the election!*

Ejercicio 14

Complete las oraciones con una forma del verbo auxiliar **haber** en el indicativo (**he, has, ha, hemos, habéis, han**) o en el subjuntivo (**haya, hayas, haya, hayamos, hayáis, hayan**), seguido del participio pasado del verbo entre paréntesis.

MODELOS: Los obreros siempre *se han opuesto* a las reducciones en los sueldos. (oponerse)

Es una lástima que los obreros no *hayan protestado* cuando les redujeron el sueldo. (protestar)

1. —Esteban, ¿_____ _____ la película *Amores perros?* (ver)

   —Ay no, Carmen. No la _____ _____ todavía. (ver)

   —Pues, es una lástima que no la _____ _____ porque es excelente. (ver)

2. —Y tú, Carmen, ¿_____ _____ *El espejo enterrado?* (leer)

   —No, porque no _____ _____ un curso de literatura mexicana. (tomar)

3. —¿Todavía no _____ _____ Pablo del cine? (volver)

   —No, y tampoco _____ _____ la tarea. (hacer)

   —¡Imposible! No creo que no la _____ _____ antes de irse. (hacer)

4. —Alberto, ¿cuántas veces _____ _____ tarde a la clase este semestre? (llegar)

   —Ni una vez este semestre. ¿Por qué, Nora?

   —Hmmmmm... ¿y cuántas mentiras _____ _____? (decir)

   —¿Crees que soy mentiroso, Nora?

   —No, Alberto, pero dudo que me _____ _____ la verdad. (decir)

Ejercicio 15

Complete las oraciones con el imperfecto del verbo **haber** y el participio pasado del verbo que aparece entre paréntesis.

MODELO: Antes de cumplir los diez años, Raúl ya *había aprendido* inglés en México. (aprender)

1.   Carmen, Esteban y Alberto sacaron una D en el examen porque no _____

_____. (estudiar)

2.   ¡Qué mala es esa chica! Nos dijo que antes de tomar la prueba ella se _____

_____ todas las respuestas en la mano derecha. (escribir)

3.   ¡Qué casa tan bella! ¡Nunca _____ _____ (yo) una casa tan linda! (ver)

4.   Alberto está enojado con Lan porque ella le preguntó si él _____

_____ durante el examen ayer. (copiar)

5.   —Lan, ¿es verdad que todavía no _____ _____ _____

cuando tu novio llegó a tu casa esta mañana? (levantarse)

—No exageres, Alberto. Ya _____ _____ _____, pero

todavía no _____ _____ _____. (levantarse, ducharse)

6.   ¡Qué mala suerte! Cuando llegamos, la fiesta ya _____ _____.

(terminar)

10. The Subjunctive: Summary

Remember that the subjunctive is used in dependent clauses when the verb in the main clause implies certain conditions. The following is a summary of the most common occurrences of the subjunctive in Spanish.

FOLLOWING **querer (Gramática 11.2)**

Lan, no quiero que tú **salgas** con ese hombre.

Lan, I don't want you to go out with that man.

Andrea quiere que sus hijas **se vistan** para ir a la iglesia

Andrea wants her daughters to get dressed to go to church.

FOLLOWING **cuando (Gramática 11.3)**

La fiesta empezará cuando tú **llegues.**
Saldremos a cenar cuando ellos **vuelvan.**

The party will begin when you arrive.
We'll go out for dinner when they return.

WITH "SOFTENED" COMMANDS **(Gramática 14.4)**

Te aconsejo que **regreses** temprano porque mañana tenemos un examen a las ocho.

I advise you to return early because we have a test tomorrow at eight.

Es importante que todos los niños **tengan** la oportunidad de asistir a la escuela.

It's important that all children have the chance to go to school.

WITH *LET/HAVE* COMMANDS **(Gramática 14.5)**

—Tenemos que **resolver** el problema de la venta ilegal de armas nucleares.
—¡No, que lo **resuelva** el gobierno!

—We have to solve the problem of the illegal sale of nuclear weapons.
—No, let the government solve it!

IN TIME CLAUSES **(Gramática 15.2)**

Tendremos problemas de superpoblación **hasta que logremos** controlar la tasa de la natalidad.	*We will have overpopulation problems until we manage to control the birth rate.*
Tan pronto como saque su título, Luis trabajará para una empresa de Internet.	*As soon as he gets his diploma, Luis will work for an Internet company.*

IN ADJECTIVE CLAUSES **(Gramática 15.3)**

En las guarderías infantiles necesitamos personal que **sepa** educar a los niños.	*In child care centers we need personnel who know how to educate children.*

WITH PURPOSE CLAUSES **(Gramática 15.3)**

Vamos a hablar con nuestros hijos sobre las drogas y el sexo **para que estén** bien informados. La ignorancia es su peor enemigo.	*Let's talk with our children about drugs and sex so that they will be well informed. Ignorance is their worst enemy.*

EXPRESSING OPINIONS **(Gramática 15.4)**

Dudo que **se pueda** erradicar el crimen en las ciudades grandes.	*I doubt we can erradicate crime in large cities.*
No creo que la construcción de más reactores nucleares **resuelva** la crisis de la energía.	*I don't believe that building more nuclear reactors will solve the energy crisis.*

EXPRESSINGS REACTIONS **(Gramática 15.4)**

Ojalá que **podamos** descubrir una vacuna contra el SIDA.	*I hope we can discover a vaccine for AIDS.*
¡Qué lástima que Paula no **haya terminado** su carrera universitaria!	*What a pity that Paula didn't finish her college education!*

IN IF CLAUSES **(Gramática 15.5)**

Si **conserváramos** más el agua, no habría escasez.	*If we conserved more water, there wouldn't be a shortage.*
Si **dejáramos** de usar el automóvil como transporte personal, no habría tanta contaminación ambiental.	*If we quit using the automobile for personal transportation, there would not be so much air pollution.*

IN IF CLAUSES IN THE PAST TENSE **(Expansión gramatical 8)**

Si **hubieran instalado** detectores de metales en las escuelas, habrían muerto menos estudiantes el año pasado.	*If they had installed metal detectors in schools, fewer students would have died last year.*
Si las empresas de energía **hubieran invertido** en la energía solar, no habría habido tantos apagones.	*If the energy companies had invested in solar energy, there would not have been so many blackouts.*

Ejercicio 16

Todas estas oraciones requieren el subjuntivo. Complétalas con la forma correcta del verbo entre paréntesis, según el contexto.

MODELO: Es necesario que ustedes *pongan* atención en clase. (poner)

1. Compraré una casa más grande en cuanto _____ dinero. (tener)

2. ¡Ernestito, no quiero que _____ a la pelota aquí dentro! (jugar)

3. Te sugiero que _____ a la biblioteca y _____ los libros que necesitas. (ir, buscar)

4. Es necesario que todos _____ a tiempo a clase. (llegar)

5. Siento mucho que _____ enfermo, Esteban. ¡Qué _____ _____ pronto! (estar, mejorarse)

6. Espero que no _____ cola en el cine. ¡No me gusta esperar! (haber)

7. —Quiero comprar una casa que _____ un jardín grande. (tener)

    —Dudo que (tú) la _____ aquí tan cerca de la playa. (encontrar)

8. Si Alberto _____ más responsable, no llegaría tarde a clase. (ser)

9. Si (yo) _____ _____ todos los apuntes, habría aprobado el examen. (repasar)

10. Es probable que nadie _____ la respuesta a tu pregunta. (saber)

Ejercicio 17

Algunas de estas oraciones requieren el subjuntivo, pero otras no. Lea cada una con cuidado antes de completarlas.

MODELOS: Si tú *supieras* la verdad, estarías furioso. (saber)

Es verdad que el agujero en la capa de ozono *se pone* cada año más grande. (ponerse)

1. Siempre que tenemos dinero, _____ a Cancún. (ir)

2. Cuando _____ dinero, iremos a Cancún. (tener)

3. —No creo que nadie _____ vivir en este barrio tan peligroso. (querer)

    —Pues, yo no creo que el barrio _____ tan peligroso como tú dices. (ser)

4. Si _____, iré a tu casa después del trabajo. (poder)

5. Si _____, iría a tu casa, pero mi carro está descompuesto. (poder)

6. Los ciudadanos no _____ bien informados. ¡Es importante que _____ bien informados! (estar)

7. Ésta es una universidad excelente. Hay profesores que _____ enseñar. (saber)

8. Si nosotros _____ _____ un carro más grande el año pasado, todos podríamos viajar juntos ahora. (comprar)

9. Al profesor le sorprendió que los estudiantes no _____ la tarea a tiempo. (entregar)

10. Dudo que se _____ el problema de las pandillas sin que el gobierno _____ fondos para centros educativos en toda ciudad grande. (resolver, proporcionar)

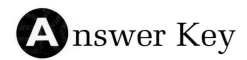
nswer Key

▲ = *Answers may vary.*

PASO A

ACTIVIDADES ESCRITAS **A.** 1. Lean. 2. Bailen. 3. Escuchen. 4. Escriban. 5. Salten. 6. Canten.
B. *Read the directions carefully and write the corresponding names of your own classmates.* **C.** 2. Son unos
lentes. 3. Es un sombrero. 4. Son unas botas. 5. Es un abrigo. **D.** 1. Carmen no tiene el pelo
largo. 2. Mónica no es gorda. 3. Esteban no tiene bigote. 4. Nora no tiene barba. 5. Luis y Alberto
no son feos. **E.** 1. negro 2. blanco 3. verdes 4. amarillo 5, 6. moradas, verdes; rojas
7, 8, 9. roja, blanca y azul **F.** *You should write about your own clothing:* Mi falda es negra y larga. Mis
camisas son blancas y nuevas. **G.** 1. doce, 12 2. quince, 15 3. veinticuatro, 24 4. treinta y
cinco, 35 5. ocho, 8 **H.** 1. Cómo se llama 2. Me llamo 3. Mucho 4. Igualmente 5. usted
6. gracias 7. cansado **Repaso de palabras y expresiones útiles** 1. ¿Cómo se llama? 2. Muy;
gracias; ¿Y usted? 3. ¿Cómo... ?; Me llamo; Mucho gusto 4. Hasta luego **ACTIVIDADES AUDITIVAS**
A. 1. Pónganse de pie. 2. Caminen. 3. Corran. 4. Miren arriba. 5. Bailen. 6. Canten «Cielito
lindo». 7. Digan «¡hola!». 8. Siéntense. **B.** 1. Esteban 2. Nora 3. Mónica **C.** 1. Mónica
2. Esteban 3. Nora 4. Luis **D.** 1. C 2. C 3. F 4. F **E.** 1. cuatro 2. tres 3. seis 4. diez
5. uno **F.** 5, 9, 18, 26, 4, 15, 23, 20, 34 **G.** 1. C 2. F 3. C 4. F **H.** 1. ¡Hasta mañana!
2. Adiós. 3. Hasta luego. 4. Hasta pronto. 5. Nos vemos 6. ¡Hasta la próxima!

PASO B

ACTIVIDADES ESCRITAS **A.** 1. estás; tú 2. está usted; usted 3. estás; usted **B.** *Your answers
should be original, but they should look like the* MODELO. *Remember to start with* **Hay** *(there is / there are).*
C. 1. cara, ojos, nariz, boca 2. cabeza, pelo, orejas 3. cuerpo, cabeza, cuello, brazos, manos, piernas,
pies **D.** *The structure of your descriptions should be similar to that of the* MODELO, *but the information
provided should be original (about your family members or your classmates).* **Repaso de palabras y frases
útiles** 1. gracias 2. ¿Cuánto cuesta? 3. tímido 4. divertida 5. perezoso 6. trabajador
ACTIVIDADES AUDITIVAS **A.** 1. usted 2. tú 3. tú 4. usted **B.** 1. R 2. E 3. LD 4. R
C. 1. No 2. Sí 3. Sí 4. No 5. Sí 6. No 7. Sí 8. Sí 9. Sí 10. Sí 11. No 12. No **D.** 38,
11, 14, 26, 15 **E.** 1. los hombros 2. la boca 3. las manos 4. las piernas 5. la cabeza 6. los
pies 7. el brazo 8. el estómago 9. la nariz 10. el cuello **F.** 1. F 2. C 3. F 4. C
G. 1. d, g 2. a, c 3. e, f **H.** 1. $59.00 2. pequeña 3. $69.50 4. largo 5. elegante
PRONUNCIACIÓN Y ORTOGRAFÍA **Ejercicios de ortografía** 1. ¿Cómo? 2. ¿Qué? 3. ¿Quién?
4. ¿Cuántos? 5. ¿Cuál?

PASO C

ACTIVIDADES ESCRITAS **A.** *You should include the names of the members of your family. Items 7 and 8 are
about you.* **B.** *Answers should be original.* **C.** 1. es de la profesora 2. es de Graciela 3. son de
Ernestito 4. es de Carmen 5. son de doña Lola 6. son de Pablo **D.** *Answers should be similar to
the* MODELO, *but information should be original.* **E.** ▲ 1. Su blusa es... 2. Su pelo es... 3. Sus ojos
son... 4. Sus pantalones son... 5. Su carro es... **F.** ▲ 1. Tengo... años. 2.–5. Tiene... años.
G. 1. setenta, 70 2. noventa, 90 3. ochenta, 80 4. cien, 100 **H.** 1. setenta y cinco 2. noventa
y ocho, noventa y ocho 3. ochenta y ocho, setenta y nueve 4. setenta y siete, noventa y cinco
5. cien **I.** 1. alemana, alemán, 2. egipcio, árabe 3. japonés, Japón 4. italiano, Italia
5. sudafricano, inglés 6. española, España 7. inglés 8. inglés, francés **J.** 1. Falso: La mujer que
tiene un Toyota habla tres idiomas, pero no es de Bogotá; es de Cuzco, Perú. 2. Cierto 3. Falso: El
hombre de México no habla inglés; habla español y francés. 4. Cierto 5. Falso: Susana tiene un coche

japonés y habla japonés también.   **Repaso de vocabulario y frases útiles**   1. ¡Cómo cambia el mundo! 2. Perdón 3. apellido, apellido 4. ¿De quién son... ?   **ACTIVIDADES AUDITIVAS** **A.** Álvaro Ventura; Lisa Méndez de Ventura; Diana; Toni   **B.** Catalina: mamá; Marcos: sobrino; Francisco: hermano; Mario: hermano   **C.** 1. chaqueta negra es 2. bolsa amarilla es 3. suéter morado es 4. lentes de sol son   **D.** 1. 89 2. 57 3. 19 4. 72 5. 15 6. 60 7. 92 8. 8 **E.** 1. Alberto: 31 2. Nora: 25 3. Esteban: 19 4. la profesora Martínez: 30 y muchos **F.** 1. alemana 2. Hugo 3. delgada, pelo negro, agradable; china 4. Brigitte; pelo rojo 5. mexicoamericana 6. Esteban; cómico   **G.** 1. C 2. F 3. F 4. C   **PRONUNCIACIÓN Y ORTOGRAFÍA**   **Ejercicios de ortografía**   **A.** 1. el niño 2. la niña 3. la señorita 4. el señor 5. compañera   **B.** 1. llama 2. amarillo 3. silla 4. ella 5. apellido   **C.** 1. chico 2. muchacha 3. escuchen 4. chaqueta 5. coche   **VIDEOTECA**   **A.** 1. C 2. C 3. F 4. C 5. C 6. C 7. F 8. C   **B.** 1. Antonio 2. Diego 3. Diego 4. Antonio 5. Diego 6. Antonio 7. Antonio 8. Diego   **C.** Tiene el pelo castaño, los ojos negros. Lleva una camisa azul, pantalones color café y zapatos de tenis. Habla español muy bien.

CAPÍTULO 1

ACTIVIDADES ESCRITAS   **A.** 1. Silvia nació el quince de abril de mil novecientos ochenta y uno. 2. Alberto nació el veintidós de diciembre de mil novecientos setenta y uno. 3. Pablo nació el once de diciembre de mil novecientos ochenta. 4. Mónica nació el diecinueve de agosto de mil novecientos ochenta y cuatro. 5. Esteban nació el cuatro de agosto de mil novecientos ochenta y tres. **B.** 1. 1521 2. 1821 3. 1776 4. 2000 5. *the year you were born*   **C.** ▲ 1. ¿Estudias español, Esteban? 2. Nora y Luis, ¿leen ustedes novelas? 3. ¿Vive usted en una casa, profesora? 4. Pablo, ¿comes en la cafetería? 5. ¿Canta usted en español, profesora Martínez? 6. Esteban, ¿escribes muchas cartas?   **D.** ▲ 1. El nombre de esta chica es Silvia Alicia Bustamante Morelos. Tiene 21 años. Es de México y vive en el Paseo de la Reforma número 5064, apartamento 12, en la capital, México, D.F. Su número de teléfono es el 5-62-03-18. Es soltera y no tiene hijos. 2. *Your description should look like the* MODELO *and item 1, but it should have original information.*   **E.** *Your description should look like the* MODELO *but it should have original information.*   **F.** 1. Son las nueve en punto. 2. Son las ocho y cuarto (quince). 3. Son las diez menos trece. 4. Son las tres y media (treinta). 5. Son las once y veinte. 6. Son las doce en punto. (Es medianoche. Es mediodía.) 7. Es la una y cinco. 8. Son las cinco menos cuarto (quince). 9. Son las nueve menos dos. 10. Son las siete menos cinco.   **G.** 1. Es a las 13:05 o a la una y cinco de la tarde. 2. Es a las diez y media de la mañana. 3. Es a las 19:10 o a las siete y diez de la tarde. 4. Es a las 16:00 o a las cuatro de la tarde. 5. Es a las nueve y media de la mañana.   **H.** 1. caminar con los perros 2. jugar al básquetbol 3. correr en la playa 4. A Luis le gusta leer. 5. A Mónica le gusta ver partidos de béisbol en la televisión.   **I.** 1. te gusta, me gusta 2. les gusta, nos gusta 3. le gusta, me gusta   **J.** *Answers should be original. Use ideas from the list or your own ideas (¿ ?).*   **Repaso de palabras y frases útiles** 1. ¿Qué hora tiene? 2. no entendí 3. ¿Cómo se escribe... ? 4. por favor 5. ¡No lo creo! 6. Ya es tarde.   **Resumen cultural** 1. Casimiro González 2. el béisbol 3. Rigoberta Menchú; el Premio Nóbel de la Paz 4. la Sierra Nevada 5. Aranxta Sánchez Vicario; Conchita Martínez 6. básquetbol 7. Isabel Allende 8. Son las ocho y media de la noche. 9. Son las cuatro menos cuarto de la tarde. 10. el quiché   **ACTIVIDADES AUDITIVAS**   **A.** 1. Sí 2. Sí 3. No 4. No 5. No 6. Sí 7. Sí 8. Sí   **B.** 1. e 2. b, d 3. a, c   **C.** 1. el 23 de junio de 1983 2. el 22 de diciembre de 1971 3. el 4 de agosto de 1983 4. el 12 junio   **D.** 1. 2-55-50-25 2. 3-15-70-85 3. 5-55-31-42 4. calle, 235   **E.** 1. 8:30 2. 6:30 3. 9:30 4. 7:30 5. 8:50   **F.** 1. 6:50 2. 8:00 3. 9:30, 12:45 4. cada hora   **G.** 1. C 2. F 3. F 4. C 5. F   **H.** 1. LA 2. LU 3. PM 4. LA 5. PM   **I.** Carlos Medrano: romántica; rojo; 122, apartamento B; grande; Leti Valdés: rock; negro; 408, apartamento 2; mediana   **PRONUNCIACIÓN Y ORTOGRAFÍA**   **Ejercicios de ortografía** 1. borrador 2. hora 3. doctor 4. correcto 5. rojo 6. bailar 7. pizarra 8. perro 9. pero 10. nariz   **VIDEOTECA**   **A.** 1. F 2. F 3. C 4. C 5. F 6. C 7. F 8. C   **B.** 1. Camacho 2. El padre de Paloma 3. Van a ir a un partido de fútbol y luego van a salir a bailar. 4. el fútbol 5. sábados 6. Vallejo 16 C-2 7. 5-2-2-27-18   **LECTURAS**   **Nota cultural: Comprensión** 1. I 2. I 3. I 4. I 5. F 6. F 7. I 8. I 9. F 10. I   **Lectura: Comprensión** I. F 2. F 3. F 4. F 5. C 6. F 7. C 8. C   **El mundo hispano: Comprensión** I. C 2. C 3. F 4. C

CAPÍTULO 2

ACTIVIDADES ESCRITAS   **A.** *Your answers should look like the* MODELO, *but they should have orginal information.*   **B.** 1. voy a 2. vas a 3. van a 4. vas a 5. voy a   **C.** *Include your class schedule here: time and classes. Information should be original.*   **D.** *Read the prompt and include the corresponding classes. Information should be original.*   **E.** *Use the corresponding forms of* **querer** *plus an infinitive to express your wishes. Information should be original.*   **F.** *Answer very much like* MODELO *but with original information.*   **G.** *Decide which activities you enjoy during your free time and which ones you consider an obligation.*   **H.**   2. Es invierno. Quieren esquiar.   3. Hace buen tiempo. Quieren hacer un *picnic.*   4. Hace sol. (Hace calor.) Quieren tomar el sol y nadar.   5. Hace frío y llueve. Quieren tomar un taxi.   6. Hace calor y llueve. Quieren jugar en el agua.   **I.** *Complete the question with any weather you want, then answer it. Your answer should be original but look like the* MODELO.   **J.** *Write about what you like to do and where you like to go for at least two kinds of weather.*   **Repaso de palabras y frases útiles**   1. ¡Qué buena idea!, Ni pensarlo. 2. ¿Por qué? 3. Nos vemos. 4. ¿A qué hora... ?   **Resumen cultural**   1. la peseta 2. la primaria; la preparatoria 3. la plaza 4. Carmen Zapata 5. Ferderico García Lorca 6. Veracruz; Mérida 7. Chihuahua; Monterrey 8. el verano 9. Hace buen tiempo. 10. derecho, psicología, ciencias de la comunicación 11. arquitectura, diseño gráfico   **ACTIVIDADES AUDITIVAS**   **A.** 1. c, f 2. a, g 3. d, g 4. b, e   **B.** 1. Bartlett 2. 5-97-40-03   **C.** a. 2 b. 4 c. 1 d. 3   **D.** 1. F 2. C 3. F 4. F   **E.** MÓNICA los lunes, miércoles y viernes: química a las 9:00, matemáticas a las 11:00 y literatura inglesa a la 1:00; todos los días: español a las ocho. PABLO los lunes, miércoles y viernes: historia a las 10:00 y matemáticas a las 12:00; todos los días: español a las ocho   **F.** 1. Sí 2. No 3. Sí 4. Sí 5. Sí 6. No 7. Sí 8. No   **G.** 1. N 2. N 3. R 4. R 5. N 6. R 7. N   **H.** 1. abrigo 2. suéter 3. traje de verano, sandalias 4. traje de verano, sandalias 5. abrigo, botas **I.** 1. c, e, f 2. b, g 3. a, d   **PRONUNCIACIÓN Y ORTOGRAFÍA**   **Ejercicios de ortografía** 1. estómago 2. teléfono 3. cámara 4. artística 5. simpático 6. matemáticas 7. dólares 8. América 9. química 10. gramática 11. tímido 12. sábado 13. romántico 14. décimo 15. México **VIDEOTECA**   **A.** 1. Sí 2. Sí 3. No 4. No 5. No 6. Sí 7. Sí 8. No 9. No 10. Sí 11. No 12. No   **B.** 1. busca 2. comprar 3. toman 4. bailar   **C.** un cuaderno, plumas, lápices, diccionario inglés-español   **LECTURAS**   **Nota cultural: Comprensión** 1. Falso: Los hispanos llevan el apellido del padre y el apellido de la madre. 2. Cierto 3. Cierto. 4. Cierto.   **Lectura: Comprensión** 1. C 2. F 3. C 4. F 5. C   **El mundo hispano: La gente: Comprensión** 1. leer 2. una vez por semana 3. novelas policíacas y de misterio y biografías

CAPÍTULO 3

ACTIVIDADES ESCRITAS   **A.** ▲ 1. Voy a un restaurante / a casa. 2. Voy a una piscina / al mar. 3. Voy a la biblioteca / a casa. 4. Voy a la librería. 5. Voy a la papelería. 6. Voy a la playa. **B.** 1. Están en la biblioteca. 2. Están en la iglesia. 3. Están en un museo. 4. Están en un hospital o una clínca. 5. Están en un almacén o en una tienda de ropa. 6. Están en un salón de clase. 7. Están en una discoteca.   **C.** ▲ 1. vemos cuadros de pintores famosos 2. compramos zapatos, botas y sandalias 3. compramos ropa, cosas para la casa y más 4. nadamos, tomamos el sol y esquiamos en el agua 5. rezamos 6. estudiamos y leemos   **D.** *Answers should be original. All verbs should end in* **-o**.   **E.** *Answers should be original. All verbs should end in either* **-as** *or* **-es** *because you are addressing another student.*   **F.** *Your paragraph should look like the* MODELO *but with original information.* **G.** 1. peruano 2. español 3. boliviana 4. ecuatoriana 5. colombiano 6. argentina 7. mexicano 8. costarricense   **H.** *Your paragraphs should look like the* MODELO *but with information about one of your friends.*   **I.** 1. La mujer está viendo una telenovela y llorando. Es normal. 2. El hombre está planchando una falda muy femenina. Es posible pero no es normal porque es un hombre muy masculino. 3. El pájaro está cantando. Es normal. A los pájaros les gusta cantar. 4. El gato está buceando. No es normal porque a los gatos no les gusta el agua. No les gusta nadar. 5. El hombre está leyendo poemas de amor. No es normal porque le gusta andar en motocicleta. 6. La profesora está fumando en clase. No es normal porque los profesores no fuman en clase.   **J.** *Answers should be original. They should start with a form of* **estar** (**estoy, estás, está, estamos, están**) *and a verb ending in* **-ando, -iendo,** *or* **-yendo.**   **Repaso de palabras y frases útiles**   1. ¡Cuidado... ! 2. De nada. 3. ¡Lo siento! 4. De acuerdo.   **Resumen cultural** 1. la Plaza Mayor 2. El Rastro, Madrid 3. Antoni

Gaudí   4. Edward James Olmos, *Stand and Deliver*   5. Americanos   6. Arizona, Colorado, Nuevo México, Texas   7. Florida y Nueva Jersey   8. 30.000.000   9. La iglesia de la Sagrada Familia, Barcelona   10. Los Ángeles   **ACTIVIDADES AUDITIVAS**   **A.** 1, 3, 5, 6   **B.** Buenos Aires: En enero hace calor, hace sol. En julio llueve y hace frío. México: En enero hace frío. En julio llueve.   **C.** 1. e   2. d   3. b   4. c   **D.**   1. enfrente de la plaza central   2. detrás del edificio de Ciencias   3. detrás de las canchas de tenis   4. al lado de la Facultad de Ciencias   5. enfrente del gimnasio   6. en la avenida Ximenes, enfrente del Centro Universitario   **E.**   1. de la familia   2. está en   3. va al   4. Voy, ir   5. vas a   6. a alquilar   **F.**   1. E   2. G   3. E   4. A   5. E   6. E   7. A   **G.**   1. Managua, Nicaragua   2. Madrid, España   3. Valparaíso, Chile   4. La Habana, Cuba   **H.**   1. 1810   2. está mirando   3. debajo   4. están leyendo   5. está pensando   **I.**   1. Carmen está en su casa. Está escribiendo.   2. Mónica está en el garaje; está practicando con Alberto.   3. Pablo está en el jardín; está conversando.   4. Luis y Lan están afuera; están hablando con Nora.   5. Nora está afuera; está pintando un cartel.   6. Esteban está en su casa; va a traer una pizza.   **PRONUNCIACIÓN Y ORTOGRAFÍA**   **Ejercicios de ortografía I.** 1. hablan   2. hombres   3. hola   4. hasta luego   5. hora   6. hermana   7. Honduras   8. hace buen tiempo   9. historia   10. hospital   **II.**   1. abuela   2. cabeza   3. nuevo   4. febrero   5. novio   6. abril   7. primavera   8. habla   9. llevo   10. libro   **III.**   1. suéter   2. lápiz   3. fácil   4. difícil   5. fútbol   **VIDEOTECA**   **A.**   1. F   2. F   3. C   4. F   5. F   6. C   7. C   8. F   **B.**   1. j   2. d   3. a   4. b   5. i   6. e   7. g   8. f   9. h   10. c   **LECTURAS**   **Nota cultural: Comprensión**   1. a   2. c   3. d   4. f   5. b   6. g   7. h   8. e   **Lectura: Comprensión**   1. D   2. D   3. PR   4. M   5. PR   6. M y A   7. M

CAPÍTULO 4

ACTIVIDADES ESCRITAS   **A.** *Answers should reflect what you like, prefer, or want to do on these holidays.*   **B.** *Describe what you plan to do on the next holiday. Use voy a + infinitive (of the listed verbs) to express your plans, and add additional information to flesh out your description.*   **C.**   1. me despierto   2. me levanto   3. me baño   4. se levanta   5. prepara   6. desayunamos   7. sale   8. salgo   9. vuelvo   10. Duermo   11. hablo   **D.** *verbs only*   **Yo:** me levanto; me ducho; desayuno; salgo; asisto; almuerzo; trabajo; estudio; vuelvo; juego; ceno; Me acuesto; duermo; **Él/ella:** se levanta; se ducha; desayuna; sale; asiste; almuerza; trabaja; estudia; vuelve; juega; cena; se acuesta; duerme   **E.**   1. ▲ Primero, se viste (se pone la ropa). Luego, recoge sus libros y sale para la universidad. Finalmente, llega a su clase de español.   2. Primero, Luis va al baño. Está cerrado, por eso pregunta «¿Quién está en el baño?» Su hermana contesta: «Yo.» Mientras espera, Luis se afeita. Finalmente, se ducha.   3. Primero, la profesora bebe café y lee el periódico. Luego, se lava los dientes. Después se maquilla y, finalmente, se pone perfume.   **F.**   1. ducharse, se seca   2. afeitarse, se lava los dientes   3. desayunar, lee   4. sale, ponerse   5. trabajar (hacer su trabajo), bebe (toma)   **G.** *Tell how you feel in each situation.* ▲   1. Estoy ocupada/cansada.   2. estoy enojado/a   3. tengo miedo   4. estoy enamorada   5. Tengo prisa   **H.** *For each item, tell what you do when you feel that way.*   **Resumen cultural**   1. Las fiestas de San Fermín, los toros   2. el carnaval   3. disfraces, desfiles   4. José Martí   5. Colombia, Perú, Argentina, Venezuela   6. Guatemala   7. maya   8. el Día de los Reyes Magos   **ACTIVIDADES AUDITIVAS**   **A.**   1. martes, jueves 1:00–2:45   2. martes 8:30–10:00, miércoles 2:00–4:00   **B.**   1. 8:15   2. 11:20   3. 5:30   **C.** b, c, e, g, h   **D.**   1. c   2. b   3. c   4 a   **E.**   1. P   2. A   3. A   4. CC   5. P   6. P   7. A   **F.** a. 1   b. 8   c. 4   d. 7   e. 2   f. 6   g. 3   h. 5   **G.**   1. F   2. F   3. C   4. F   5. C   **H.**   1. C   2. F   3. F   4. C   5. C   **I.**   1. don Anselmo   2. don Eduardo   3. don Eduardo   4. su esposa   5. don Anselmo   6. don Anselmo   **PRONUNCIACIÓN Y ORTOGRAFÍA**   **Ejercicios de ortografía I.** 1. los ojos   2. geografía   3. joven   4. rojo   5. jugar   6. recoger   7. vieja   8. generalmente   9. anaranjado   10. bajo   11. gente   12. el traje   13. generosa   14. las hijas   15. jueves   **II.**   1. yo   2. silla   3. voy   4. llorar   5. hay   6. llegar   7. muy   8. playa   9. amarillo   10. llamar   11. apellido   12. mayo   13. llueve   14. hoy   15. estoy   16. calle   17. millón   18. leyendo   19. soy   20. caballo   **VIDEOTECA**   **A.**   1. C   2. F   3. F   4. C   5. F   6. C   **B.**   1. d   2. a   3. c   4. b   **C.**   1. Los niños quieren dar de comer a las palomas.   2. Lola y su madre hablan de una primera comunión anterior.   3. Recuerdan otros días festivos.   4. Manolo y su hermano se despiden (se dicen adiós).   5. Todos se van.   **LECTURAS**   **Lectura: Comprensión**   1. a la batalla de Puebla en 1862 y la victoria de los mexicanos contra los franceses   2. horchata, tostaditas, guacamole, mango con chile, limón   3. música, colores, banderas, piñata   4. Porque es el mes de mayo.

Se refiere a las vacaciones de verano.   **Los amigos hispanos: Comprensión** 1. G 2. LD 3. G 4. P 5. LD 6. G 7. P 8. G 9. P

CAPÍTULO 5

ACTIVIDADES ESCRITAS   **A.** 1. nos, le 2. le, le 3. nos, le 4. les, le 5. me, te, me
B. 2. comprendo, explica 3. terminar, empezar 4. escucho, dice 5. hago 6. comprenden, hacen preguntas 7. prepara/enseña 8. recoge 9. escribe, escribimos 10. aprendemos   **C.** *Write about what you do in your own Spanish class.*   **D.** *Your answers should look like the* MODELOS *but should contain original information.*   **E.** *Possible people: Kobe Bryant, Tiger Woods, Gloria Estefan, Conchita Martínez, Michelle Kwan, Picaboo Street, Sammy Sosa*   **F.** *Your answers should be original.*   **G.** 1. este, aquel 2. ese, esa 3. aquel, este 4. aquella, este, este 5. ese 6. esos, esos, aquellos   **H.** 1. médico 2. maestras 3. mecánico 4. peluquera 5. ingenieros 6. cajera 7. contadora 8. cantantes 9. mesero 10. trabajadores sociales   **I.** *Write about your full-time or part-time job. Include a description of it and whether or not you like it and why. Also describe your duties (**obligaciones**), as well as the positive and negative aspects of the job.*   **J.** *Fill in the note with your plans for your next birthday.*   **K.** *Write about your plans after graduation (retirement). Use different verbs to express your plans:* **voy a, quiero, pienso, tengo ganas de, me gustaría, quisiera.**   **L.** ▲ 1. La profesora Martínez llega a su casa en su carro. Primero bebe café. Más tarde cena sola. Después tiene sueño. Le gustaría acostarse pero tiene que preparar su clase. 2. Primero la terapeuta le da masaje al paciente. Luego examina sus reflejos. Después ayuda al paciente a caminar. Finalmente, trae la silla de ruedas para el paciente. Al paciente le gustaría jugar/divertirse con ella (la silla). 3. Primero Esteban recoge los platos. Luego limpia la mesa. Después atiende a una clienta. Después le sirve café, pero le gustaría invitarla al cine. 4. Primero la doctora llega al hospital a las diez menos diez. Después habla con una enfermera. Luego examina a un niño y opera a un paciente. Pero le gustaría leer una novela y dormirse en el sofá. 5. Primero entra en el edificio de la Corte Suprema. Luego defiende a un criminal. Después habla/consulta con el juez. Finalmente el criminal le paga. El abogado está contento, pero quisiera jugar al fútbol con sus hijos.   **Resumen cultural** 1. Diego Rivera, David Alfaro Siqueiros, José Clemente Orozco 2. la tierra, el obrero, las costumbres, la historia mexicana y la Revolución Mexicana 3. Es un proyecto de repartir libros en las áreas más pobres como el barrio las Compañías al norte de Santiago. 4. *for example*: Argentina, Colombia, Costa Rica, Chile, Cuba, Ecuador, España, Paraguay, Puerto Rico, Uruguay, Venezuela 5. banana (plátano) 6. caña de azúcar 7. Guinea Ecuatorial 8. *for example*: jonrón, béisbol, básquetbol, suéter, Internet, sitio Web, formatear 9. *for example*: vista, sierra, rodeo, cigarro, lasso, patio, pueblo, rancho 10. *for example*: *tamale, barbecue, hurricane, potato, tomato, chocolate*   **ACTIVIDADES AUDITIVAS**   **A.** 1. N 2. N 3. N 4. Q 5. Q   **B.** d   **C.** 1. C 2. A 3. A 4. C 5. C 6. A 7. C   **D.** 1. c 2. d 3. a
E. 1. V 2. A 3. V 4. N 5. V 6. A   **F.** 1. L 2. C 3. C 4. L   **G.** 1. d 2. c 3. c 4. c 5. b   **H.** 1. F 2. C 3. F 4. C 5. C 6. F   **I.** 1. C 2. C 3. C 4. F 5. F 6. F
J. 1. e 2. c 3. d 4. f 5. b   **PRONUNCIACIÓN Y ORTOGRAFÍA**   **Ejercicios de ortografía**
I. 1. cara 2. ¿Cuánto cuesta? 3. poco 4. parque 5. ¿Qué es? 6. ¿Quién está aquí? 7. corto 8. chaqueta 9. cosa 10. aquí   **II. A.** 1. café 2. está 3. entendí 4. esquí 5. papá   **B.** 1. cafés 2. también 3. francés 4. alemán 5. dirección 6. profesión 7. japonés 8. televisión 9. perdón 10. jabón   **C.** 1. estación, estaciones 2. japonés, japonesa 3. definición, definiciones 4. opinión, opiniones 5. inglés, ingleses   **VIDEOTECA**   **A.** 1. F 2. C 3. C 4. F 5. F 6. F 7. C 8. F   **B.** 5, 2, 3, 4, 1   **C.** 1. bibliotecaria, peluquera, mecánica, recepcionista 2. vendedora, recepcionista, cajera 3. contestar el teléfono, hacer citas con los clientes, organizar los archivos, llevar las cuentas, pagar los gastos básicos 4. ser amable y paciente, aprender rápido, escribir a máquina, usar una computadora   **LECTURAS**   **Lectura: Comprensión** 1. f 2. e 3. d 4. a 5. c 6. g
Lectura: Comprensión 1. d 2. a 3. c 4. b 5. e

CAPÍTULO 6

ACTIVIDADES ESCRITAS   **A.** 1. ▲ El sofá es más grande que el sillón. El sillón es más grande que la mesita. El sofá es el más grande de los tres. / La mesita es más pequeña que el sillón. El sillón es más pequeño que el sofá. La mesita es la más pequeña de los tres. 2. El abuelo es mayor que el hombre. El hombre es mayor que el niño. El abuelo es el mayor de los tres. / El niño es menor que el hombre. El hombre es menor que el abuelo. El niño es el menor de los tres. 3. La casa es más cara que el carro. El

carro es más caro que la bicicleta. La casa es la más cara de los tres. / La bicicleta es más barata que el carro. El carro es más barato que la casa. La bicicleta es la más barata de los tres.   4. Amanda tiene tanto dinero como Graciela. Ernestito no tiene tanto dinero como Amanda y Graciela.   5. La casa de los Saucedo tiene tantas ventanas como la casa de los Silva. La casa de los Saucedo y la casa de los Silva no tienen tantas ventanas como la casa de los Ruiz.   6. El edificio Torres es tan moderno como el edificio Echeverría. El edificio Gonzaga no es tan moderno como el edificio Torres o el edificio Echevarría.
B. *Your answers should be original and should start with* **Es mejor** *or* **Es peor** *plus the appropriate statement and a reason, e.g.,* **Es mejor vivir en el centro porque hay muchos restaurantes y cines allí.**   **C.** *You will use verbs in the* **yo** *form:* **Un día típico, desayuno con... A veces limpio la casa con... o trabajo en el jardín... Otras veces juego con...** *Contents should be original.*   **D.** *You can either describe your house/apartment or your neighborhood. Contents should be original.*   **E.** *Combine a phrase from each column to make logical sentences about the obligations in your own household.*   **F.** *Decide how often the chores listed have to be done. Use* **Hay que** *or* **Es necesario** *plus the chore and a word or phrase to indicate the frequency.*   **G.** *Describe your obligations at home. Answer the questions to create an original paragraph.*   **H.**   1. Ernestito sacó la basura.
2. Lobo jugó con un gato.   3. Amanda tendió la cama.   4. Ernesto habló por teléfono por una hora.
5. Estela regó las plantas.   6. Guillermo cortó el césped.   **I.** *Provide original answers about what you did on your last birthday. Remember that the first-person* **(yo)** *form of regular verbs ending in* **-ar** *should end in* **-é** **(hablé, estudié, caminé)** *and those of* **-er** *and* **-ir** *regular verbs should end in* **-í** **(comí, leí, escribí, abrí).**
J.   1. Sabes, sé   2. conoce, conozco, conocen   3. sabes, conozco   4. sé, conozco   5. sabes, sé, sé
6. conoces, conozco   7. sabe, sé, sé   8. Conocen, sabemos   **K.**   1. lo   2. los   3. los, los   4. los, los
5. las   **L.** *The dialogue should be original. See textbook (pp. 226-227) for ideas.*   **Resumen cultural**
1. Es inspirado por los paisajes y colores de las montañas.   2. al parque/a la plaza   3. Una zona mixta tiene residencias y tiendas y oficinas en la misma área.   4. Alajuela, porque hay muchos árboles de mangos en el Parque Central de esa ciudad.   5. del 16 al 24 de diciembre   6. Los niños van de casa en casa, llevan velas y cantan. Finalmente, entran en una casa y allí les sirven dulces y a veces hay una piñata.   7. San Juan (el Viejo San Juan), Santo Domingo (la ciudad colonial de Santo Domingo), Quito (Quito colonial)   **ACTIVIDADES AUDITIVAS**   **A.**   1. E   2. B   3. E   4. E   5. B   **B.**   1. R   2. R
3. P   4. P   5. P   **C.**   1. c   2. b   3. a   4. d   5. c   **D.**   1. alquiler   2. condominios
3. dormitorios   4. sala   5. cocina   6. 700   **E.**   1. Limpiamos   2. sacudimos los muebles
3. Barremos   4. limpiamos dos baños   5. 95   6. quehaceres domésticos   **F.**   1. R   2. R   3. A
4. R   5. A   **G.**   1. C   2. C   3. C   4. C   5. C   6. F   **H.**   1. b, c, f   2. d   3. a   4. e   5. f
6. b   7. b   8. f   **I.**   1. habla español   2. en casa   3. Nueva York, Buenos Aires   4. la familia de Luis   5. sentarse y comer (algo con él)   6. la universidad   **PRONUNCIACIÓN Y ORTOGRAFÍA**
Ejercicios de ortografía   I.   1. portugués   2. hamburguesa   3. guitarra   4. Guillermo   **II.**
1. economía   2. cafetería   3. zapatería   4. geografía   5. librería   6. día   7. sociología   8. biología
VIDEOTECA   A.   1. F   2. C   3. C   4. C   5. F   6. F   7. C   8. F   **B.**   1. tía Matilde   2. Juan
3. Antonio   4. Diego   5. mesita de noche, estante, cama, armario *(closet)*   **C.**   1. D   2. M   3. A
4. M   5. D   6. A   **LECTURAS   Lectura: Comprensión**   1. g   2. d   3. b   4. g   5. f   6. d, e
7. c   8. a, b   9. c, d, e   10. c   11. h   12. a, d, e   **El mundo hispano: Comprensión**   1. b   2. c   3. a   4. d

CAPÍTULO 7

ACTIVIDADES ESCRITAS   A. ▲   1. No, ya estudié ayer.   2. No, ya la vi anoche.   3. No, ya los visité el mes pasado.   4. No, ya hice ejercicio contigo la semana pasada.   5. No, ya fui de compras el fin de semana pasado.   **B.**   1. fue   2. Me levanté   3. oí   4. me duché   5. me vestí   6. salí   7. fui   8. puse
9. manejé   10. llegué   11. llegué   12. se puso   13. dio   14. Trabajé   15. almorcé   16. descansé   17. Salí   18. Tuve que   19. asistí   20. oí   21. dijo   22. Dormí   **C.**   1. Jugué   2. me duché   3. me puse   4. fui   5. Me divertí   6. me acosté   7. jugó   8. se duchó   9. se puso   10. salió   11. se divirtió   12. se acostó   **D.** *Las actividades deben ser originales. Piense en lo que hicieron los miembros de su familia y/o sus amigos. Mire los modelos y recuerde usar el pasado.*   **E. ▲** ¿Asististe a la escuela? ¿Estudiaste... ? ¿Hiciste... ? ¿Almorzaste... ? ¿Tendiste... ? ¿Sacaste... ? ¿Practicaste... ? ¿Fuiste... ? *Puede usar otros verbos. Recuerde usar la segunda persona* **(tú)** *en el pretérito.*   **F. ▲** Manejaron a Ciudad Juárez. Llegaron a Ciudad Juárez. Fueron a la plaza y escucharon música. Raúl fue a la Librería México. Esteban entró en la tienda Guitarras Segovia. Fueron al cine para ver una película. Cenaron en un restaurante muy bueno. Regresaron al carro con los paquetes. Volvieron a San Antonio.   **G. ▲** *Los*

detalles deben ser originales.   1. Hace *un año* que me gradué de la escuela secundaria.   2. Hace *dos semanas* que conocí a mi profesor(a) de español.   3. Hace *tres días* que limpié mi cuarto.   4. Hace *una semana* que fui al cine con mi novio/a.   5. Hace *un mes* que me divertí mucho con mis amigos.   **H.** *Sus respuestas deben ser originales.*   **I.** 1. llegó, vio, fue, encontraron   2. declaró, fue, empezó, empezó, terminó   3. declaró, terminó, Fue, tuvo, fue, regresó   **J.** *Su párrafo debe ser original. Recuerde que para hablar de su fin de semana, debe usar formas verbales de la primera persona (**yo**): me levanté, estudié, trabajé, comí, corrí, escribí, fui, tuve, hice, etcétera. No escriba una lista de actividades. Incluya detalles interesantes.*   **Resumen cultural**   1. Estudió en la Escuela de Bellas Artes de Buenos Aires.   2. Son montañas; se encuentran en el noreste de España, cerca de Francia.   3. Sale de Cuzco.   4. Es una caminata de 43 kilómetros que pasa por la ruta de los incas.   5. los guaraníes; los incas   6. la represa Itaipú; en Paraguay   7. el castellano   8. Más vale solo que mal acompañado.   **ACTIVIDADES AUDITIVAS**   **A.** 1. Sí   2. Sí   3. No   4. Sí   5. No   6. Sí   7. Sí   **B.** 1. G   2. NG   3. G   4. G   5. NG   6. G   7. G   **C.** 1. fue, bailó   2. llamó   3. salió, volvió   4. pasó   5. dijo   6. dijo   **D.** 1. c   2. b, c   3. a, b   4. b   **E.** 1. c   2. b   3. c   4. c   5. a   **F.** 1. S   2. M   3. S   4. B   5. M   **G.** 1. 27 de abril de 1969   2. 33 años   3. 33   4. 45 años   5. visitar a sus abuelos y otros parientes   6. tienen su familia   7. le gustaría viajar a Japón (la tierra de sus padres).   **H.** 1. F: Carla se divirtió en la playa el sábado.   2. C   3. F: En la playa tomaron el sol, escucharon música, nadaron y jugaron al voleibol.   4. C   5. C   **PRONUNCIACIÓN Y ORTOGRAFÍA**   **Ejercicios de ortografía**   **I.** **A.** 1. saco   2. sombrero   3. silla   4. casa   5. seis   **B.** 1. brazo   2. nariz   3. izquierda   4. rizado   5. azul   **C.** 1. cierre   2. lacio   3. gracias   4. bicicleta   5. cereal   **II.** **A.** 1. comí   2. estudié   3. salí   4. trabajé   5. entendió   6. llegó   7. lavó   8. corrí   9. jugó   10. terminó   **B.** 1. hice   2. puse   3. pude   4. quise   5. dijo   6. trajo   7. vino   **III.** **A.** 1. Juan no quiso buscar el reloj ni los lentes que perdió.   2. Yo busqué el reloj pero encontré solamente los lentes.   3. Roberto no jugó al tenis porque llegó muy tarde.   4. Yo llegué temprano y jugué con su compañero.   5. No pude leer el periódico ayer; mi padre sí lo leyó.   6. Hoy busqué el periódico pero no llegó.   7. Dije que no, pero mi hermano no me creyó.   8. Esta tarde empecé a hacer la tarea a las dos; Luis empezó a las cuatro.   9. Cuando llegamos a Acapulco, busqué mi traje de baño.   10. Yo no pagué el viaje; pagó mi esposo.   **B.** 1. me bañé   2. hablé   3. dije   4. manejaste   5. llegué   6. tuviste   7. levantó   8. salió   9. vino   10. desayunamos   11. hicimos   12. quiso   13. compraron   14. se lavó   15. incluyó   **VIDEOTECA**   **A.** 1. F   2. C   3. C   4. F   5. F   6. C   7. F   8. F   **B.** 7, 3, 6, 5, 1, 8, 2, 4   **C.** 1. durmió y estudió   2. ir al cine   3. vio a Gustavo   4. entrar en una tienda   5. prefirió salir con otra chica   6. se puso rojo   7. una paloma de porcelana   **LECTURAS**   **Lectura: Comprensión**   2, 1, 4, 6, 5, 7, 8, 3   **Lectura: Comprensión**   1. b, c   2. c   3. b, d   4. c   5. b, c, d

CAPÍTULO 8

ACTIVIDADES ESCRITAS   **A.** 2. lo   3. las   4. los   5. los   6. los   7. la   8. La   9. Lo   10. lo   11. los   12. los   **B.** *Escoja la frase más apropiada para cada comida. Para número 8, piense en otra comida.*   **C.** *Sus respuestas deben ser originales. Incluya toda clase de comidas: **mariscos (langosta, almejas,** etcétera), **carnes (bistec, pollo, chuletas,** etcétera), **legumbres (brócoli, zanahorias, lechuga, rábanos,** etcétera), **fruta (papaya, sandía, manzana, melocotón,** etcétera), **postres (arroz con leche, flan, pastel,** etcétera).*   **D.** *Escoja cuatro comidas para cada categoría y escriba los precios. Puede visitar su supermercado favorito para verificar los precios.*   **E.** *Sus respuestas deben ser originales. Si sus respuestas son negativas, use palabras como **nada, nadie, nunca, tampoco** para contestar. Ejemplo: No compro nada de carne porque soy vegetariana.*   **F.** *Explique como hace usted estos platillos. Mire el* MODELO *y no olvide usar la forma **se** impersonal.*   **G.** 1. pedir   2. sirven / se sirve   3. sirven / se sirve   4. pedimos   5. pedir   6. pedir   7. sirven / se sirve   8. pedimos   9. pido   10. sirven / se sirven   11. pido   12. pides   13. pido   14. pides   15. sirven   16. pedir   **H.** *Sus respuestas deben ser originales.*   **I.** *El diálogo debe ser original. Vea las palabras útiles que aparecen con las instrucciones.*   **Resumen cultural**   1. hondureño; estudió humanidades y ciencias   2. torta, bocadillo   3. verduras, hortalizas   4. ejotes, elote, aguacate, tomate, guajolote, chocolate, chile   5. árboles de Navidad; Porque tienen fruta de colores brillantes.   6. Argentina; Se sirven varios tipos de carne preparada a la parrilla.   7. Es el pescado crudo preparado en jugo de limón y varias especias; Perú   8. Es una sopa de pollo, diferentes clases de papas, cilantro, cebolla, alcaparras, crema y aguacate.   9. ¡Estoy muy enojado/a!   10. pequeñas porciones de comida que se sirven en los bares en España; botanas o antojitos   **ACTIVIDADES AUDITIVAS**   **A.** 1. A   2. S   3. A, AN   4. A   5. AN   6. S   **B.** 1. México   2. nacionales   3. arte, cultura y literatura   4. estar   **C.** 1. S   2.

Q   3. Q   4. S   5. Q   **D.**   1. C   2. F: Ayer fue el cumpleaños del papá de Graciela.   3. C   4. F: Graciela pidió dos tortas de jamón y queso.   5. F: La familia comió bistec, arroz, enchiladas de pollo y un pastel de chocolate.   6. C   **E.** queso: $2.39 carne molida: $2.99; chuletas de puerco: $3.49; bistec: $6.49; naranjas: $0.69; uvas: $0.98; fresas: $1.25 ajo: $0.25; azúcar: $1.59   **F.**   1. Quesadillas porque tienen hambre.   2. Ernestito lee el libro de recetas.   3. Las enchiladas son complicadas y los chiles rellenos son difíciles.   4. una tortilla, un chile y queso   5. Se pone un tortilla en una sartén caliente. Se pone el queso y un poco de chile en la tortilla. Se dobla la tortilla. Se tapa y se cocina.   **G.**   1. La abuela está contenta porque llegó su nieto, Raúl.   2. Raúl prefiere la comida que prepara su abuela.   3. La abuela dice que después de estudiar tanto Raúl debe descansar, comer y dormir.   4. La abuela dice que preparar los platos favoritos de Raúl no es trabajo.   5. Van a cenar en casa.   **H.**   1. a   2. a   3. c   4. b   5. d   **I.**   1. A   2. V   3. E   4. A   5. E   6. V   7. A   **PRONUNCIACIÓN Y ORTOGRAFÍA**   **Ejercicios de ortografía**   1. ¿Dónde está el restaurante?   2. La dirección es calle Décima, número veintidós.   3. Buenas tardes, ¿tienen una reservación?   4. No, no hicimos reservaciones.   5. Aquí tienen el menú. ¿Qué quieren tomar?   6. Ella quiere té frío y yo prefiero café con azúcar.   7. ¿Qué van a pedir?   8. Yo quiero el sándwich de jamón.   9. El jamón tiene muchas calorías. Yo voy a pedir la sopa de espárragos y una porción de melón o plátano.   10. Yo también quiero la sopa de espárragos.   11. ¿Cómo vamos a pagar?   12. ¡Con mi tarjeta de crédito, claro!   13. ¿Te gustó la comida?   14. Sí, y comí mucho.   **VIDEOTECA**   **A.**   1. R, C   2. R   3. C   4. C, R   5. C   6. C   7. R   8. C   9. C   10. R   11. C   12. R   13. R   14. R   15. R   **B.** 6, 5, 1, 8, 2, 4, 3, 7   **C.**   1. rosa, aniversario de bodas   2. diez, Hotel   3. gambas, arroz, salmón   4. el bistec, argentino, las gambas   5. una ensalada, atún   6. ajo, tinto   **LECTURAS**   **Nota cultural: Comprensión**   1. El locro se hace con papas, pescado fresco y queso.   2. El caldillo de congrio se hace con pescado fresco, papas, tomate y hierbas.   3. Las papas a la huancaína se hacen con papas hervidas y rociadas con una salsa cremosa de queso.   4. La cacerola de choclo se hace con pollo y maíz molido.   5. El cebiche se hace con pescado crudo en jugo de limón, tomate, cilantro, ajo y cebolla.   6. La arepa se hace con masa de maíz tostada o frita y rellena de queso.

CAPÍTULO 9

ACTIVIDADES ESCRITAS   **A.**   ▲   1. Paula se parece a Andrea, su hermana gemela.   2. Clarisa se parece a Marisa porque son hermanas.   3. Ernestito se parece a Guillermo, su hermano mayor.   4. Ernesto se parece a su papá, Javier. No se parece a su hermano menor, Raúl.   5. Raúl no se parece mucho a nadie.   *Al describir a su familia, sus oraciones deben ser originales.*   **B.** *Sus respuestas deben ser originales. Use la estructura del* MODELO *para hablar de las personas con quienes (no) se lleva bien. No se olvide de explicar por qué.*   **C.**   1. él, ti   2. ellas   3. ti   4. ellos, nosotras   5. ti   6. él, mí   **D.** *Sus respuestas deben ser originales. Recuerde usar los verbos en el imperfecto:* **jugaba, saltaba, leía,** *etcétera.*   **E.** *La descripción de un día típico de su niñez debe ser original. Lea el* MODELO *con cuidado y recuerde usar los verbos en el imperfecto:* **tenía, asistía, me lavaba, leía,** *etcétera.*   **F.** *Sus respuestas deben ser originales. Recuerde usar los verbos en el imperfecto:* **desayunaba, hacía la tarea, bailaba, charlaba con... , viajábamos,** *etcétera.*   **G.** *Lea la narración con cuidado y luego describa su escuela secundaria. Su narración debe ser original. No olvide que debe ser una descripción de cómo era su escuela y qué hacía usted allí y en su casa cuando era adolescente. Recuerde usar los verbos en el imperfecto:* **estaba, era, estudiaba, tenía, pasaba,** *etcétera.*   **H.**   1. supe, sabías   2. conocí, conocías   3. pude, podías   4. quiso, quería   5. tenías, tuve   **I.**   ▲   1. La iba a sacar pero...   2. Lo iba a cortar pero...   3. Lo iba a pasear pero...   4. Lo iba a recoger pero...   5. Lo iba a regar pero...   **Resumen cultural**   1. la opresión, la resistencia política y la injusticia de las dictaduras   2. De tal palo, tal astilla   3. *Supernatural*   4. la Fundación Milagro   5. ayudar a los hispanos pobres en las áreas de la educación, la salud y el albergue de los niños   6. chicos desamparados de Buenos Aires, en el CAINA (Centro de atención integrante para niños y adolescentes)   7. darles a los jóvenes desamparados la oportunidad de expresar sus sufrimientos y sueños y compartir sus experiencias con la sociedad   8. son íntimas y especiales   **ACTIVIDADES AUDITIVAS**   **A.**   1. al mar   2. los viernes, sábados y domingos   3. Manuel Rodríguez   4. las 6:00 hasta las 2:00   5. 3-17-21-14   **B.** a, b, d, e, g, h, j, k   **C.**   1. b   2. c   3. a   4. b   5. Eduardo   6. Pablo   **D.**   1. mexicana   2. trabajo   3. hijos, niñas, niños   4. su familia   5. jugar al fútbol profesional   **E.**   1. gustaban   2. eran   3. leían   4. hacían   **F.**   1. andaba, leía   2. era, pegaba   3. ponía, era   4. llamaba, hacía   5. nadaba   **G.**   1. c, d   2. a, b, d   3. a, c   4. c, d

H. 1. C 2. F: Piensa que no es malo ser viejo. 3. F: Le gustaba jugar en el parque. 4. C 5. F: Escuchaban programas de radio. **I.** 1. E 2. E 3. M 4. E 5. M 6. M **PRONUNCIACIÓN Y ORTOGRAFÍA** **Ejercicios de ortografía** I. 1. boca 2. sobrino 3. joven 4. viejo 5. bonito 6. rubio 7. vivo 8. ventana 9. vez 10. por favor 11. jugar 12. dormido 13. siglo 14. mango 15. limonada II. 1. yo comía 2. Juan dormía 3. Marta peleaba 4. nosotros tomábamos 5. ellas corrían 6. yo montaba 7. tú tenías 8. usted quería 9. nosotros contábamos 10. ellos subían **VIDEOTECA** **A.** 1. F 2. F 3. C 4. C 5. C 6. F **B.** 1. D 2. D 3. A 4. A 5. D 6. A 7. A 8. D **C.** 1. abuelos, California, diez 2. México, diecisiete 3. Los Ángeles, calle, parques, patios 4. primos 5. los días festivos **LECTURAS** **Lectura: Comprensión** 1. A veces Ernestito se escapa a un mundo imaginario. 2. Su padre le dice: «Tienes que limpiar tu cuarto.» 3. La maestra se enoja cuando Ernestito sueña despierto en la clase. 4. Según Ernestito, sus problemas son grandes. 5. En su imaginación, Ernestito viaja por el cielo en una nave espacial. 6. El problema más grande de Ernestito es que tiene que hacer todo lo que todos le dicen. **El mundo hispano... la gente: Comprensión** 1. c 2. b 3. b 4. a

CAPÍTULO 10

ACTIVIDADES ESCRITAS **A.** *Sus respuestas deben ser originales. Use el presente perfecto:* **he** *+ participio pasado. Para la segunda parte, use* **no** *o* **nunca antes del verbo.** **B.** *Sus respuestas deben ser originales. Deben empezar con* **¡Qué... !** *o* **¡Cuánto/a(s)... !** **C.** *Invente un lugar perfecto, con todas las cosas que le gustan: playas de agua cristalina, un clima agradable, selvas maravillosas con animales exóticos, etcétera.* **D.** 1. Los frenos se usan para parar el carro. 2. El parabrisas se usa para protegernos del viento. 3. El cinturón de seguridad se usa para protegernos en caso de accidente. 4. Los cambios se usan para ajustar la velocidad del vehículo, para manejar, para estacionar. 5. El espejo retrovisor se usa para ver los coches que vienen detrás y a los lados de nuestro vehículo. **E.** *Escoja dos medios de transporte y describa las ventajas (cosas buenas) y las desventajas (cosas malas) de cada uno.* **F.** *Para el primer tema —el coche ideal— invente un coche con todas las cosas que usted siempre ha querido tener en su coche. Para el segundo tema, escriba una narración en el pasado, sobre lo que hizo con sus amigos. Por ejemplo,* **Fui a Nueva York con unos amigos. Primero compré... y el mecánico revisó el coche. Durante el viaje...** **G.** *Exprese su opinión sobre cinco de los problemas que se dan. Ejemplos:* **Me preocupa mucho la destrucción de las selvas tropicales. Me dan miedo los desperdicios nucleares.** **H.** *Escriba el número de una solución posible al lado del problema correspondiente. Para el número 9, puede escribir otra solución que usted considera importante.* **I.** *Sus respuestas deben ser originales. Es su oportunidad de expresar lo que hace para proteger el medio ambiente. Si no ha hecho nada, explíquelo:* **No he hecho nada para resolver el problema de... porque** **J.** *Conteste las preguntas para explicar sus ideas originales. Si prefiere, ponga las respuestas en un cartel con dibujos apropiados.* **Resumen cultural** 1. Costa Rica 2. en la Escuela Nacional de Bellas Artes de la República Dominicana 3. la mariposa monarca (en las sierras de México), el quetzal (en las selvas de Centroamérica), el guacamayo (en las selvas de Centroamérica), la tortuga marina (en las playas tropicales), las ranas (en las selvas de Centro y Sudamérica) 4. Mitch, Guatemala, El Salvador, Honduras, Nicaragua, Costa Rica 5. las viviendas, la agricultura, los animales, el comercio 6. Porque los nutrientes de su ecosistema viven en las plantas y no en la tierra. 100 especies 7. por su oposición a la destrucción de los bosques en las montañas de Petatlán, México 8. En México entre la costa occidental y Baja California. **ACTIVIDADES AUDITIVAS** **A.** 1. Alicia 2. Roberto 3. Gabriela 4. Jorge **B.** 1. 79 2. dos 3. nietos 4. hijos 5. esposo 6. hijos 7. Navidad 8. cumpleaños 9. preparaba 10. jugaban **C.** 1. Llovió mucho en la Ciudad de México 2. Las calles estaban llenas de gente. 3. Es una isla que no tiene coches, tiendas ni teléfonos. Sólo hay una montaña, playas y sol. 4. Es un lugar muy aburrido. 5. Quiere vivir con su futuro esposo. **D.** 1. rápida, confortable 2. ocho, doce, viernes, domingos 3. terminal 4. 6-12-48-83 **E.** a. 3 b. 4 c. 1 d. 2 **F.** 1. el agujero en la capa de ozono; el cáncer de la piel 2. el reciclaje: la gente no está reciclando lo suficiente. 3. En California hay programas de reciclaje del agua. 4. En el este de los Estados Unidos, varias fábricas han empezado a limpiar y repoblar los lagos y ríos. **G.** 1. A 2. P 3. P 4. LD 5. A 6. P 7. LD **PRONUNCIACIÓN Y ORTOGRAFÍA** **Ejercicios de ortografía** I. 1. caro 2. tierra 3. perro 4. carro 5. pero 6. carretera 7. terremoto 8. seguro 9. maletero 10. arrecife II. 1. ¡Qué seco es este desierto! 2. ¡Cuánta lluvia! ¿Cuándo va a hacer sol? 3. ¡Qué selva más húmeda! 4. ¡Qué curva más peligrosa! 5. ¡Cuánto petróleo! ¿Cómo van a limpiar esa playa?

6. ¡Cuántos coches! ¿Por qué hay tanto tránsito hoy? **VIDEOTECA** **A.** 1. F 2. C 3. F 4. F
5. C 6. F 7. C 8. C **B.** 2, 3, 6, 7, 8 **C.** 1. medio ambiente 2. un problema grave
3. el petróleo 4. la economía del país 5. un ruido, un taller 6. a la izquierda, carretera
LECTURAS **Lectura: Comprensión** 1. Copiapó, Chile; 5:12 de la mañana 2. 6 grados
3. no 4. Sólo afectó algunas casas antiguas. 5. no 6. normal **Lectura: Comprensión**
1. d 2. f 3. g 4. a 5. b 6. h 7. k 8. j 9. c 10. e 11. i

CAPÍTULO 11

ACTIVIDADES ESCRITAS **A.** *Su diálogo debe ser original.* **B.** 1. Salga del hotel por la calle Amberes,
doble a la derecha y siga derecho hasta Paseo de la Reforma. En el Paseo de la Reforma, doble a la
izquierda y siga derecho. Camine ocho cuadras; después de pasar la calle Escobedo, va a ver el Museo a
la izquierda. 2. Camine hacia la calle Melchor Ocampo y doble a la izquierda. Siga por la calle Melchor
Ocampo y doble a la derecha en la calle Pánuco. Vaya seis cuadras hasta la calle Río Tíber. Doble a la
derecha en Río Tíber, pase la calle Lerma y el hotel está a la derecha. 3. Salga a la izquierda por la calle
Escobedo. Siga derecho hasta el Paseo de la Reforma. Doble a la izquierda en el Paseo y siga derecho.
Después de pasar la calle Varsovia, va a llegar a la glorieta del Monumento. 4. Doble a la izquierda en
la calle Víctor Hugo. Siga por esa calle y cruce la calle Melchor Ocampo para doblar a la derecha en la
calle Río de la Plata. Vaya dos cuadras hasta la calle Lerma y doble a la izquierda. Camine una cuadra,
pase la calle Mississippí y el hotel está a la izquierda en la esquina de Mississippí y Lerma. **C.** *Sus
oraciones deben empezar con (***No***) **Quiero que** y llevar cinco de estas formas del presente del subjuntivo:* **hagan,
vayan, pongan, salgan, tengan, traigan, vengan, vean.** *No olvide escribir oraciones completas.* **D.** *Los
verbos pueden variar pero la pregunta debe estar relacionada directamente con la respuesta. Respuestas (preguntas)
posibles:* 1. ¿La habitación tiene luz? ¿Hay radio y televisión? 2. ¿Tiene baño privado la habitación? ¿Y
hay toallas? 3. ¿El precio incluye el desayuno? 4. ¿Cuánto cuesta la habitación por día? 5. ¿Cuánto
es en dólares? **E.** *Sus respuestas deben ser originales. Como todas se refieren a un futuro incierto, todas deben
tener un verbo en el presente del subjuntivo.* **F.** *Sus respuestas deben ser originales y deben formarse con el
imperfecto de* **estar** *y el participio presente de otro verbo. Vea el* MODELO. *Otros ejemplos:* **estaban cenando,
estaba leyendo.** **G.** *Sus respuestas deben ser originales con verbos en el pretérito. Vea el* MODELO. **H.** *Su
párrafo debe ser original con verbos en el pretérito y en el imperfecto.* **Resumen cultural** 1. Taxco, San
Miguel de Allende, Guanajuato, (San Luis Potosí, Zacatecas y otras) 2. de la palabra *mariage* en francés
3. los tarahumaras 4. los mayas 5. el zócalo 6. Sevilla y Granada 7. Burbujas de amor, La
bilirrubina, Ojalá que llueva café 8. proveer cuidado médico a los pobres de la República
Dominicana 9. en la península de Yucatán **ACTIVIDADES AUDITIVAS** **A.** 500 ciudades, costo,
comodidad; vagones; reclinables; ventanas panorámicas, rápidamente **B.** 1. Caracas,
Venezuela 2. moderna, autopistas 3. playa 4. agua, arena 5. anuncio comercial **C.** 1. Sí
2. No 3. Sí 4. No 5. No 6. No 7. Sí 8. No **D.** 1. En la agencia de Paula la excursión
incluye un puerto más, Santo Tomás. 2. La duración es de 17 días, no de 14. 3. El precio es 10.500
pesos, no 11.500. 4. Incluye desayuno continental y almuerzo, pero no incluye la cena. No incluye una
excursión pagada en cada lugar. No incluye trámite de visas. **E.** 1. F 2. C 3. C 4. C
5. F 6. F **F.** 1. pasar las vacaciones 2. una para Estela y Ernesto, una para los niños y una para
Amanda 3. maleta 4. fútbol, béisbol 5. vuelo **G.** 1. c 2. b, c 3. c 4. a
H. 1. a. rutina b. aburrido 2. a. el Museo del Prado, el restaurante Casa Botín y la Plaza
Mayor b. la Torre Eiffel c. el cambio de guardia en el Palacio Real d. las ruinas de Machu
Picchu e. el carnaval **I.** 1. ocupada (y contenta) 2. 2:00, mediodía 3. Puerto Rico 4. planes;
bosque tropical; Viejo San Juan 5. trabajar **J.** 1. b, c 2. b, c 3. a, d 4. a 5. b, d
PRONUNCIACIÓN Y ORTOGRAFÍA **Ejercicios de ortografía** **I.** 1. Cómpreme el boleto hoy. 2. ¿Las
reservaciones? Hágalas mañana. 3. Levántense temprano para llegar a tiempo. 4. Pídale
instrucciones a este señor. 5. Cuéntenos de su viaje. **II.** 1. mi, tu 2. te, té 3. Sí, si
4. De 5. sé, si, se **III.** 1. —Mi novio no conoce a mis padres. Quiero que los conozca. Debe llegar
a las 7:00. Espero que no llegue tarde. 2. —Hijo, quiero que busques tu tarea ahora. —No importa,
mamá. El profesor no quiere que la entreguemos. 3. —Usted traduce muy bien. Por favor, tradúzcame
esta carta. —¿Y quiere que le explique la gramática también? 4. —Si quieren comenzar temprano, es
mejor que comiencen a las 5:00. —Está bien, pero el director no quiere que empecemos hasta las 6:00.
VIDEOTECA **A.** 1. C 2. F 3. C 4. F 5. F **B.** 2, 4, 7, 9, 10 **C.** 1. Quito 2. sábado

3. trece   4. seis   5. hotel de la isla   6. divertirse   **LECTURAS**   **Lectura: Comprensión   A. (B.)** 2 (O) 4 (O, A) 8 (T) 10 (T) 6 (E) 5 (A) 1 (A) 3 (A, O, T) 7 (T) 9 (T)   **El mundo hispano: La gente: Comprensión**   1. de un azul profundo   2. muy tranquilo, sin turistas   3. para morirse del gusto, barata   4. un inmenso desierto lleno de flora y fauna

CAPÍTULO 12

ACTIVIDADES ESCRITAS   **A.**   1. los codos   2. las encías   3. hígado   4. las costillas   5. las nalgas 6. el corazón   7. la lengua   8. la calavera   **B.**   1. Caminamos, saltamos, corremos y bailamos con los pies.   2. Pensamos con el cerebro.   3. Comemos, hablamos, cantamos y besamos con la boca. 4. Tragamos, hablamos y cantamos con la garganta.   5. Tocamos, comemos y escribimos con los dedos.   **C.**   1. engordo   2. adelgazo   3. me puse alegre, me puse contento/a, me puse de buen humor, me alegré   4. te enojas, te pones de mal humor, te pones furioso/a   5. se enojó, se puso furioso, se puso de mal humor   *Para 6. a 10. sus respuestas deben ser originales.*   **D.**   1. había, hay   2. hay, había   3. va a haber, tiene que haber, haya   4. hubo, hubo   **E.** *Sus respuestas deben ser originales. Algunas posibilidades:*   1. estornudos, nariz tapada, comezón en los ojos   2. dolor de cabeza, estornudos, nariz tapada   3. frío, calentura (fiebre), puntitos rojos por todo el cuerpo   4. estornudos, nariz tapada o lo opuesto, comezón en los ojos y en los oídos   5. fiebre, dolor en el pecho, tos, dolor de garganta 6. dolor de cuerpo, dolor de cabeza, mareo, vómito   **F.**   1. le sirva   2. les lleve   3. me traiga   4. le prepare   5. les tome   **G.** *Sus repuestas pueden variar. Algunas posibilidades:*   1. ayuda al médico; atiende a los pacientes   2. opera a sus pacientes   3. atiende/cura a los animales   4. ayuda a los pacientes que tienen problemas psicológicos   5. surte las recetas médicas   6. atiende a los pacientes que tienen problemas físicos, a veces les da masajes o les ayuda con sus ejercicios   **H.** *Sus repuestas pueden variar. Algunas posibilidades:*   1. Le recomiendo que tome Peptobismol y que no coma mucho. 2. ...que ponga el pie en alto, que se ponga una venda, que no camine, que use muletas.   3. ...que tome jarabe para la tos; también que haga gárgaras con agua de sal y que no hable mucho.   4. ...que se quede en la cama, que tome caldo de pollo y muchos líquidos.   5. ...que se ponga una curita.   **I.**   1. Sí, déles jarabe para la tos.   2. No, no le dé flores, déle una píldora (un antihistamínico)   3. Sí, póngale una curita.   4. No, no le dé licor (un martini), déle café caliente.   5. No, no le dé una curita; déle Tylenol y muchos líquidos. También puede bañarlo con agua fría.   **J.**   1. Se rompió   2. se cayeron   3. se acabó.   **K.**   1. se me perdió   2. se les escaparon   3. se le cayeron   4. se le olvidaron   5. se le cayó; se rompió / se descompuso   **L.**   1. caía   2. rompí   3. corté 4. estornudé   5. enfermó   6. desmayó   **M.** *Su descripción debe ser original. Recuerde que debe leer «Una aventura de "Jefe"». No olvide usar el pretérito y el imperfecto.*   **Resumen cultural**   1. Ojos que no ven, corazón que no siente.   2. la papa; el frijol con tortilla   3. una partera   4. Es del D.F. (de México). 4. a las madres hispanas   6. los olmecas, los mayas, los mixtecas y los zapotecas   7. Fue periodista, diplomático, autor y poeta.   8. la pasiflora   9. el áloe   **ACTIVIDADES AUDITIVAS**   **A.** 3, 4, 6, 7, 9 **B.**   1. Sevilla   2. la Plaza Mayor, el Museo del Prado   3. a unas discotecas   4. la medianoche **C.**   1. tener una dieta equilibrada; hacer ejercicio   2. dejar de fumar; reducir la cantidad de cigarrillos que fuma   3. correr sólo en campos de deportes o en los parques   **D.**   1. X-enfermo; saludable 2. X-subir; bajar   3. X-limones; naranjas y manzanas   4. X-frutas; postres   5. X-café; un vaso de jugo   6. X-saludable; estricta   **E.**   **1.**   1. catarro   2. gripe   3. suéter   4. llueve   5. manos 6. enfermedades   7. niños   8. vitamina C   9. gripe   10. tos   11. salud   **2.**   1. d   2. a   3. d 4. b, c   5. f   6. e   **F.**   1. a, c   2. a, b, d   3. a   4. a, b   5. b, c   **G.** NOMBRE: Señora Martínez; SÍNTOMAS: tos, estornudos, fiebre, congestión, dolor en los pulmones; RECOMENDACIONES: beber muchos líquidos, descansar, quedarse en cama; RECETA: un antibiótico; PREOCUPACIONES: no puede trabajar y tiene que darles un examen a los estudiantes   **H.**   1. operación   2. inflamada, grande, dura   3. ¡Estoy bien! Ustedes no saben nada! ¡Socorro! (¡Auxilio!)   4. calentura   5. pulso 6. inyección   7. directora del hospital   **I.**   1. c   2. a   3. a   4. c   **J.**   1. ambulancia 2. inmediatamente   3. dolor   4. techos   5. espalda   6. brazo   7. pecho   8. libro   **K.**   1. R   2. C 3. C   4. R   5. R   6. C   7. C   8. C   **PRONUNCIACIÓN Y ORTOGRAFÍA**   **Ejercicios de ortografía I.**   1. frío   2. media   3. junio   4. biología   5. día   6. oír   7. secretaria   8. colegio   9. lluvia 10. continúe   11. negocios   12. bueno   13. cuidado   14. se peina   15. reía   **II. A.**   1. ¿Cómo se llama?   2. ¿Cuándo es su cita con el doctor?   3. ¿Dónde le duele?   4. ¿Qué síntomas tiene?   5. ¿Por qué no viene a las seis?   6. ¡Qué moderno es este hospital!   7. ¡Cuántos pacientes hay en la clínica hoy! 8. ¡Qué choque más fuerte! **B.** 1. corazón 2. dedos 3. así 4. escuchen 5. café 6. resfriado 7. herida 8. inglés 9. Perú **C.** 1. pastel 2. ventilador 3. difícil 4. niñez 5. hospital 6. azúcar 7. automóvil 8. bistec 9. juventud **D.** 1. psicólogo 2. plástico 3. típico 4. estómago 5. periódico 6. médicos 7. clínica 8. cómoda 9. músculos 10. gramática 11. América 12. teléfono **E.** 1. resfrío 2. librería 3. María 4. sociología 5. continúa **F.** 1. El doctor me recetó una medicina que no me gustó; no la tomé. 2. No consulté con el médico ayer porque tuve que trabajar todo el día. 3. El accidente ocurrió a eso de las seis. El chofer del carro azul tuvo la culpa. 4. El paciente se enfermó y estuvo tres semanas en el hospital. **G.** 1. De niños, mi hermano y yo éramos alérgicos. 2. Nuestro doctor nos ponía inyecciones. 3. Mi madre se volvía loca con tantas visitas al médico. 4. Después de los 15 años ya no me enfermaba tanto. **H.** 1. Lléveles los papeles a las enfermeras. 2. Póngale la inyección al paciente. 3. Dígame si le duele la pierna. 4. Lleve la receta a la farmacia. 5. Quítese la camisa, por favor. **Videoteca** **A.** 1. a, d, h 2. g, i 3. b, f 4. c, e **B.** 1. su amiga, Carolina 2. resfriado 3. recetas 4. congestión 5. tos 6. hacerle un análisis; embarazada 7. cambiarle los pañales; darle de comer 8. estornudaba; tosía **Lecturas** **Lectura: Comprensión** 1. F: Don Teódulo quiso investigar el misterio porque quería resolver el crimen. 2. F: Don Teódulo vio la aguja caer de una ventana del hospital. 3. F: Don Teódulo llevó la aguja al doctor del laboratorio y el doctor le dijo que tenía rastros de sangre. 4. F: Pedrito dejó su bata y su mascarilla en un pasillo; luego, encontró solamente la bata en otro pasillo. 5. C 6. C 7. F: Como el criminal no devolvió la mascarilla, don Teódulo decidió que el homicida tenía que ser don Casimiro porque él se pinta el bigote. **B.** 6, 10, 3, 1, 5, 9, 2, 11, 7, 4, 8 **Lectura: Comprensión** 4, 8, 6, 5, 3, 7, 2, 1

CAPÍTULO 13

Actividades escritas **A.** *Sus respuestas deben ser originales:* 1. Prefiero los de... 2. Compro los de... 3. Prefiero las de... 4. Las de... son mejores. 5. Me gustan más los de... **B.** *Sus respuestas deben ser originales. Vea el* MODELO. **C.** 1. ésas 2. aquéllos 3. aquél 4. Prefiero éste. 5. ¿Cuánto cuestan éstas? **D.** *Sus respuestas deben ser originales. Vea el* MODELO. **E.** *Sus respuestas deben ser originales. Vea el* MODELO *y use los pronombres demostrativos. Ejemplo:* 1. Ésta que está aquí cuesta $45,00. Ésa es más barata y aquélla más grande es más cara / es la más cara de las tres. **F.** *Sus respuestas deben ser originales. Vea el* MODELO. **G.** *Las respuestas 1, 5 y 6 deben ser originales.* 1. por... 2. para 3. para, para 4. por, por 5. para... 6. para... **H.** *Sus respuestas deben ser originales. Unas posibilidades:* 1. Hija, creo que es demasiado corta para ti. 2. Sí, hija, muy sofisticado pero demasiado pequeño para ti. Te queda muy apretado. 3. Hija, es muy lindo pero es muy caro y... ¿un vestido negro para tus quince años? ¿No prefieres uno blanco? 4. No hija, te queda muy grande. 5. Hija, es bonito y es tu talla pero tienes 16 años. ¡No voy a permitir que lleves un vestido transparente! **I.** *Su diálogo debe ser original. Tenga cuidado con las preguntas. Antes de escribir la pregunta, lea la respuesta.* **J.** *Sus respuestas deben ser originales. Vea el* MODELO. **K.** *Sus respuestas deben ser originales. Lea con cuidado lo que dice el comerciante antes de escribir su parte del diálogo.* **L.** *Su composición debe ser original. Conteste las preguntas pero no escriba una lista; escriba una composición con sus respuestas.* **Resumen cultural** 1. sol, colón, bolívar 2. El Rastro 3. bolsa de lona o de plástico 4. el chaleco de cuero, los pantalones de campana, las camisetas teñidas, las minifaldas 5. joyería; heladería 6. los arawakos, los caribes, los siboney y los taínos 7. las enfermedades europeas y el trabajo duro que les exigían los españoles 8. *las naguas.* 9. esculturas de piedra y cerámica; joyería de concha, coral y piedra; artefactos religiosos, llamados *cemís* y sillas de madera llamados *duhos* 10. guayabera **Actividades auditivas** **A.** número dos **B.** 1. Lo ideal es beber ocho vasos de agua al día. Los líquidos son importantes para la salud. 2. Debe tomar un descanso. Juegue solamente tres o cuatro días a la semana. **C.** 1. a. cansados b. nueva c. solución d. detergente e. diferencia f. precio g. ropa h. fragancia 2. a, d, f **D.** 1. b 2. c, d 3. b, c 4. a, b **E.** 1. J 2. P 3. P 4. J 5. J **F.** 1. C 2. C 3. F 4. F 5. C 6. C **G.** 1. necesitan un regalo de cumpleaños para la mamá de Ernesto 2. no es un regalo diferente y no es especial 3. son feos 4. conoce bien el gusto de Dora Lucía (su madre) 5. va a ser una sorpresa y es un regalo muy especial **H.** 1. suéteres, invierno 2. 6.000 3. lana, mano 4. estudiante 5. 4.500 **I.** 4, 1, 6, 2, 3, 5, 7 **J.** 1. N 2. ES 3. E 4. E 5. N 6. E 7. ES 8. ES **Pronunciación y ortografía** **Ejercicios de ortografía** **A.** 1. ¿La blusa? Estoy planchándola en este momento. 2. La licuadora no se lava. ¿Por qué estás lavándola? 3. ¿Los regalos? Luis y Marta están escogiéndolos ahora. 4. Sí, yo tengo las tijeras; estoy poniéndolas en su lugar. 5. Ése es mi anillo. ¿Estás limpiándolo? ¡Gracias! **B.** 1. Tengo tu dinero y quiero dártelo ahora. 2. Aquí está mi raqueta. Voy a prestártela. 3. Juan tiene mis herramientas. Necesito pedírselas. 4. Si me haces preguntas tontas, no tengo que contestártelas. 5. Éste es mi hermano. Quiero presentártelo. **VIDEOTECA A.** 1. C 2. C 3. F 4. C 5. F 6. F 7. C 8. F **B.** 1. primera calidad; hecho a mano 2. azul 3. 120 pesos 4. 80 pesos 5. 100 pesos 6. frutería; carnicería **LECTURAS Lectura: Comprensión** *Las respuestas van a variar.* **Lectura: Comprensión** *Sus respuestas deben ser originales. Para la **parte I**, trate de escribir un retrato de don Samuel con sus propias palabras. Para la **parte II**, puede hacer una lista de lo que el músico hace y dice. Ejemplos:* 1. El músico llega a la tienda. 2. Dice que quiere comprar cosas para una iglesia; etcétera. **Ahora... ¡usted!** *Debe considerar la siguiente respuesta para el número 1:* Hay ironía en esta descripción. El dinero no puede comprar una verdadera amistad. Si una persona quiere ser amiga de alguien por su dinero, obviamente su intención no es honesta.

CAPÍTULO 14

ACTIVIDADES ESCRITAS A. *Sus respuestas deben ser originales. Ejemplos:* 1. se casa, no se pelea, se besa, se abraza, se comprende... 2. se enoja, se pelea, se insulta, se grita 3. se hablan, se piden perdón, se dan la mano, se comunican 4. se pelean, se golpean, se insultan 5. se escriben, se hablan por teléfono **B.** 1. es 2. están 3. es 4. es 5. son 6. están 7. están 8. son 9. estén 10. es 11. están 12. están 13. es 14. es 15. está 16. está **C.** *Sus respuestas deben ser originales pero basadas en el dibujo. Recuerde que debe usar la forma correcta de **ser** para expresar cualidades inherentes (**es alto y delgado**) y la forma correcta de **estar** para expresar estados transitorios (**está cansada**).* **D.** *Su descripción debe ser original. Recuerde que debe usar la forma correcta de **ser** para expresar cualidades inherentes (**es bonita y generosa**) y la forma correcta de **estar** para expresar estados transitorios (**con frecuencia está de mal humor, está triste**).* **E.** 1. Mamá, no me sirvas tanta sopa. 2. No juegues con mis libros y trofeos; juega con tus juguetes. 3. No me llames tan (muy) tarde; llámame por la tarde. 4. Por favor, denme dinero para la matrícula. O Mamá (papá), por favor dame dinero... 5. Pon atención en clase. 6. Papá, no saques la basura hoy; yo la voy a sacar. 7. Por favor limpie las ventanas. 8. Préstame tu raqueta por favor. **F.** *Use mandatos informales (**tú**) para darle las instrucciones a su amigo; use mandatos formales (**usted**) para darle instrucciones a su profesor(a).* **G.** *Usted debe describir uno o dos trucos caseros de su familia o de sus amigos; no hable de productos comerciales.* **H.** *Quiero que... / Prefiero que... / Te aconsejo que...* 1. limpies la cocina. 2. me enseñes a cocinar. 3. (no) vayas al trabajo a medianoche. 4. bañes al perro. 5. devuelvas el libro a la biblioteca. 6. llames a la abuelita. 7. me prestes dinero. 8. (no) castigues al gato. **I.** *Te sugiero que... / Te recomiendo que... / Te aconsejo que...* 1. no copies durante los exámenes. 2. devuelvas los libros de la biblioteca a tiempo. 3. hagas la tarea y la entregues todos los días. 4. (no) comas en la cafetería. *5. y 6. deben ser originales.* **J.** *Usted debe imaginar que es Abby y contestar una de las dos cartas. Después de saludar a la persona, debe darle consejos para resolver su problema. Use **le aconsejo que, le sugiero que, le recomiendo que** y formas correctas del subjuntivo.* **K.** 1. ¡Que la tienda Berta, la doméstica! 2. ¡Que los lave Amanda! 3. ¡Que le dé de comer Ernestito! 4. ¡Que la saque mamá! 5. ¡Que las riegue el jardinero! 6. ¡Que los recoja Amanda! **L.** *Las respuestas van a variar.* 1. ¡Que lo limpie...! 2. ¡Que te las traiga...! 3. ¡Que la prepare...! 4. ¡Que te ayude (a limpiar las ventanas)...! 5. ¡Que los lleve...! 6. ¡Que vaya (al cine)...! **M.** *Usted debe escribir consejos para la crianza de los adolescentes. Fíjese en las diferentes categorías. Empiece con una de las siguientes frases: **Es importante que, Es indispensable que, Es necesario que, Es recomendable que, Es mejor que**. Luego exprese una idea original usando un verbo en el subjuntivo.* **Resumen cultural** 1. pasó a mejor vida, estiró la pata 2. los miembros de la familia real 3. la fiesta rosa, la quinceañera 4. las damas y las chambelanes 5. Se origina en los ritos de iniciación que observaban los incas, los mayas y los aztecas 6. el martes, trece 7. a. llama al pan, pan y al vino, vino; b. entre la espada y la pared 8. *wa-sa Alláh*; Y quiera Dios 9. alberca, alcalde, alcanfor, alcoba, alcohol, alfalfa, álgebra, algodón, almacén, almohada, azahar, azúcar, ojalá; porque en árabe *a-* o *al-* significa *el* o *la*. 10. Porque los árabes ocuparon el sur de la Península Ibérica por 800 años. **ACTIVIDADES AUDITIVAS** 1. A 2. M 3. A 4. A 5. V 6. M **B.** 1. suéter 2. regatear 3. Rastro 4. ganga **C.** 1. F 2. C 3. F 4. C 5. F 6. F **D.** 1. C 2. P 3. P 4. P 5. C **E.** 1. Disfrute 2. Pase 3. telenovela 4. programa 5. escuche 6. artistas 7. Vea 8. mejor

F. 1. c 2. b, c, d 3. c **G.** 1. J 2. A 3. A 4. J 5. A 6. J 7. J **H.** 1. b, c
2. b 3. b 4. a, d **I.** 1. X-amiga; un hombre (don Enrique) 2. X-moderno; anticuado
3. X-cenar; bailar 4. X-molesta; preocupa 5. X-típica; moderna **J.** 1. legumbres 2. lechuga y
tomate 3. postre (pastel de chocolate) 4. cebolla 5. tomate 6. ajo 7. Corte 8. fríalo
9. ponga 10. Déjelos **PRONUNCIACIÓN Y ORTOGRAFÍA** **Ejercicios de ortografía A.** 1. tenía
2. peleábamos 3. estábamos 4. era 5. tenía 6. tenía 7. quería 8. sabía 9. prefería 10. hacía
11. comía 12. podía 13. salíamos 14. Pasábamos 15. hacíamos 16. Íbamos 17. quedábamos
18. jugábamos **B.** 1. Limpié mi cuarto ayer. 2. Mi mamá barrió el patio. 3. Mis hermanas
jugaron todo el día. 4. Mi papá regresó temprano y fuimos todos al parque. 5. Luego mi padre le
ayudó a mi madre a preparar la cena. **C.** 1. Buenos días. ¿Te llamas Verónica? 2. Sí, Verónica
Ovando, a tus órdenes. 3. Mucho gusto. ¿Vienes con el chico de traje gris? 4. No, no vengo con él.
¿Quién es? 5. No sé. Juan, ¿tú lo conoces? 6. ¿No es tu pariente, Luisa? 7. ¡Es verdad! Es mi primo
Julián. ¡Hola, Julián! 8. ¡Hola, chica! Si me presentas a tus amigos, los invito a tomar un café.
D. 1. ¿La cena? Voy a preparártela. 2. ¿La tarea? Estoy haciéndola ahora, mamá. 3. Báñate y
acuéstate, hijo, ya es tarde. 4. Levántense todos, ya son las ocho. 5. Llámame mañana, no me
llames esta tarde. **VIDEOTECA** **A.** 1. F 2. C 3. F 4. C 5. C 6. F 7. F 8. F **B.** 3, 8, 1,
7, 4, 2, 5, 6 **C.** 1. entre la espada y la pared 2. al pan, pan, y al vino, vino **LECTURAS**
Lectura: Comprensión *Sus respuestas deben ser originales. Para la **parte III**, debe escribir un retrato del
personaje rico que busca relojes. Incluya descripciones del acuerdo (agreement) que puede tener con el músico.
Para la **parte IV**, haga una lista de las situaciones que conducen a la compra del violín por parte de don
Samuel.* **Lectura: Comprensión** 1. JR 2. JR 3. JR 4. P 5. P 6. JR 7. P 8. P

CAPÍTULO 15

ACTIVIDADES ESCRITAS **A.** *Sus respuestas deben ser originales. Recuerde usar un verbo en el futuro para
expresar su pregunta.* **B.** 1. llegue 2. preparas, diga 3. muestre 4. tienes, tenga 5. sabes, sepa
C. *Sus respuestas deben ser originales con verbos en el presente del subjuntivo.* **D.** *Sus respuestas deben ser
originales con verbos en el futuro.* **E.** *Sus respuestas deben ser originales. Use el subjuntivo para expresar
duda o sorpresa (**Dudo que las guerras sean necesarias... ¡Qué lástima que haya tantas guerras!**) y el
indicativo para expresar una afirmación (**Creo que las guerras son muy destructivas.**).* **F.** 1. pague
2. dé 3. podamos 4. tenga 5. aprecian 6. seamos 7. ofrezca **G.** 1. ponga 2. puedan
3. tenga 4. haya **H.** *Su composición debe ser original. Use sus apuntes de clase sobre la diversidad
cultural.* **I.** 1. hubiera 2. supieran 3. quisieran 4. fueran 5. compráramos **J.** 1. prepararan,
tomemos / tomen 2. haya, hicieran, construyan, sepan 3. puedan, sea 4. votara, tenga, hablemos,
tratemos, obtengan 5. termine, se pongan **K.** *Sus respuestas deben ser originales pero todas deben tener
un verbo en el condicional.* **L.** *Su composición debe ser original. Use sus apuntes de clase.* **Resumen
cultural** 1. *El Andar.* 2. Dolores Huerta, chicana / mexicanoamericana; César Chávez, chicano /
mexicicanoamericano; Luis V. Gutiérrez, puertorriqueño; Katherine Fernández Rundle,
cubanoamericana; Antonia Hernández, chicana / mexicanoamericana 3. poesía y ficción 4. El Border
Book Festival de las Cruces 5. 11 por ciento 6. Franklin R. Chang-Díaz, Costa Rica; Ellen Ochoa,
México; Carlos Jiménez Noriega, Perú 7. el tema político-social 8. Su arte emplea colores vivos y
combina elementos precolombinos con los surrealistas. 9. impresora, pirata 10. correo caracol,
ciberespacio **ACTIVIDADES AUDITIVAS** **A.** 1. Toma vacaciones. 2. Trata de pasar más tiempo con
Estela y tus hijos. 3. Habla con tu jefe. Explícale la situación. Dile que necesitas unos días
libres. **B.** 1. la gente está sentada sin hablar y sin bailar 2. no hay música 3. Esteban tiene su
guitarra y toca bien 4. siempre lleva su guitarra a las fiestas 5. aprendieron la canción en la clase de
español **C.** 1. No habrá ciclón en Miami en agosto. 2. Su esposa tendrá un viaje muy feliz y el
avión llegará bien. 3. Ella se casará y será feliz con su esposo. **D.** 1. trabajador social; para él es
importante ayudar a la gente 2. doctora; es una labor humanitaria y le gustaría curar a los enfermos y
descubrir nuevas medicinas 3. ingeniero; es una carrera para los genios **E.** 1. hospitalarios;
simpáticos 2. alegres; habladores (conversadores) 3. estereotipos 4. cosas básicas 5. los piropos y
los silbidos (la atención) de los hombres **F.** 1. Son fáciles de conseguir. Causan muchas
muertes. 2. Muchas mujeres consideran el aborto como una solución fácil. 3. Hay familias enteras sin
hogar. 4. Las familias pierden sus casas, no tienen que comer. **G.** 1. c 2. a, c 3. a, c, d
4. d **H.** 1. Sí, un poco, pero los estudiantes hacen las actividades en el laboratorio de

lenguas o en casa.   2. Sí, es suficiente porque lo importante en la clase de lenguas es el trabajo del profesor con sus estudiantes.   3. ¡Sí, los aprovecho! Uso el correo electrónico y hago investigaciones en el Internet. 4. Lo que yo digo es que los estudiantes aprenden más español conmigo que con una computadora. (¡El idioma es algo vivo y humano!)   **I.**   1. Se cansa del trabajo doméstico.   2. Ella puede salir cuando quiere, visitar a sus amigas y pasar tiempo con los niños.   3. Él tiene que pasar todo el día en una oficina.   4. Son la violencia en el cine y la televisión y el Internet y los niños.   5. Ernesto podría trabajar menos y Estela podría volver a su carrera de periodismo.   **VIDEOTECA**   **A.** 1. C 2. C 3. F 4. F 5. C 6. F   **B.** 1. G 2. P 3. G 4. P 5. JM 6. JM   **C.** 1. anticonceptivos; embarazos   2. obtener anticonceptivos (en cualquier farmacia)   3. los embarazos, los abortos, el SIDA   4. *opinion personal:* más conservador: José Miguel; más liberal: Paloma   **LECTURAS** **Lectura: Comprensión**   1. Francisco: su hija se graduó en la secundaria con muy buenas notas; Francisco salió retratado en el periódico   2. una maestra de Leticia: Leticia sacó buenas notas 3. Margarita: Francisco, un empleado de la universidad, fue reconocido como un empleado muy dedicado y bueno   4. el periodista: Francisco siempre trabajaba a pesar de la lluvia, nieve o tornados 5. el periodista: no sabía si la universidad le daría un aumento a Francisco   6. Margarita: Francisco salió muy bien en la foto del periódico   7. Francisco: Francisco tiene su *Green Card,* su permiso para vivir y trabajar en los Estados Unidos   8. el presidente de la universidad: Francisco es un empleado muy bueno   9. la gente de la universidad: después de salir el artículo, Francisco es «visible» y la gente lo saluda   10. el presidente: Francisco trabaja con mucho esmero y dedicación

EXPANSIÓN GRAMATICAL

Ejercicio 1   ▲   1. Sí, es mío. / No, no es mío, es de *Lan.*   2. Sí, son suyas. / No, no son suyas, son de *Mónica y Nora.*   3. Sí, es tuyo. / No, no es tuyo, es de *Pablo.*   4. Sí, son suyas. / No, no son suyas, son de *la profesora Martínez.*   5. Sí, es suyo. / No, no es suyo, es de *Esteban.*   6. Sí, es nuestro. / No, no es nuestro, es de *la profesora Martínez.*   7. Sí, son suyas. / No, no son suyas, son de *Lan.*   8. Sí, es suya. / No, no es suya, es de *Luis.*   9. Sí, es mío. / No, no es mío, es de *Pablo.*   10. Sí, son tuyos. / No, no son tuyos, son de *Luis y Nora.*   **Ejercicio 2**   1. Sí, (No, no) fui...   2. Sí, (No, no) cené...   3. Sí, (No, no) escribí...   4. Sí, (No, no) compré...   5. Sí, (No, no) leí...   6. Sí, (No, no) hicimos...   7. Sí, (No, no) vimos...   8. Sí, (No, no) ganamos...   9. Sí, (No, no) dimos...   10. Sí, (No, no) sacamos... **Ejercicio 3**   1. —¿Vas a quedarte en casa esta noche?   2. —No, pienso salir al cine. ¿Y tú?   3. —¿Por qué no vienes conmigo?   4. —¿Qué piensas hacer después del cine?   5. —Dar una vuelta por el centro. ¿Quieres?   6. —¿Tienes coche?   7. —Claro que sí. ¿Qué dices?   8. —De acuerdo. ¿A qué hora pasas a buscarme?   **Ejercicio 4**   1. —¿Qué piensan hacer esta noche?   2. —No sé. ¿Qué quieren hacer ustedes?   3. —¿Qué les parece ir al cine? Hay una nueva película francesa que tengo ganas de ver.   4. —A ustedes les gustan las películas francesas, pero a mí no. Me aburren. ¿No les gustaría salir a bailar un rato?   5. —Pero si ustedes saben que soy el peor bailador en Santiago. ¡No, gracias! ¿Qué tal si hacemos una fiesta en casa?   6. —¡Excelente idea! Ustedes dos invitan a sus amigos y yo invito a los míos. ¿A qué hora?   7. —¿Qué les parece si empezamos a las diez?   **Ejercicio 5**   1. Estela horneó el pastel.   2. Pedro escribe las cartas.   3. Los estudiantes pagan los libros cada semestre.   4. Los mexicanos ganaron la Batalla de Puebla en 1862.   5. Los bomberos apagaron el incendio.   6. Un loco atacó a Nora y a Pablo.   7. El arquitecto diseñó el edificio.   8. El profesor asigna la tarea.   9. Esteban contestó la pregunta.   10. La profesora Martínez calificó los exámenes.   **Ejercicio 6**   1. b, c, d 2. b, c   3. a, b, c   4. a, d   5. a, d   **Ejercicio 7**   1. habíamos limpiado   2. habían subido   3. ha visto   4. había escrito   5. ha hecho   6. se había duchado   7. ha viajado   8. se habían acostado **Ejercicio 8**   1. para: *destination*   2. por, por: *transportation*   3. por, por: *movement along, through* 4. para: *purpose*   5. por, por: *movement through, length of time*   6. para: *deadline*   7. para: *telling time* 8. para: *employer*   9. para: *recipient*   10. por: *movement through*   11. por: *in exchange for*   12. por: *paying*   13. Para: *recipient*   14. para, para: *destination, deadline*   15. por: *length of time*   16. por: *substitution*   **Ejercicio 9**   1. Mamá, hazme un sándwich, por favor.   2. Mamá, lávame el traje de baño, por favor.   3. Mamá, ponme música, por favor.   4. Mamá, cómprame una playera, por favor. 5. Mamá, dame la loción, por favor.   **Ejercicio 10**   1. No, no me lo arregles.   2. No, no me la abras.   3. No, no me lo prestes.   4. No, no me lo prepares.   5. No, no me lo enciendas.   6. No, no me la digas.   **Ejercicio 11**   1. Sí, pídaselos.   2. Sí, léamelo.   3. Sí, préstaselo.   4. Sí, escríbamelas.

5. Sí, cuénteselas.   **Ejercicio 12**   1. Te la dimos nosotros.   2. Raúl se las dio.   3. Papá y mamá te lo regalaron.   4. La abuela te las compró (ha comprado).   5. Estela te la regaló.   6. Raúl nos las trajo.   **Ejercicio 13**   1. hubiéramos, habrían   2. hubiera, habría   3. hubiera, habría   4. habrían, hubiera   5. hubiera, habrían   6. habríamos, hubiera   7. hubiera, habría   8. hubiéramos, habríamos   **Ejercicio 14**   1. has visto, he visto, hayas visto   2. has leído, he tomado   3. ha vuelto, ha hecho, haya hecho   4. has llegado, has dicho, hayas dicho   **Ejercicio 15**   1. habían estudiado   2. había escrito   3. había visto   4. había copiado   5. te habías levantado; me había levantado, me había duchado   6. había terminado   **Ejercicio 16**   1. tenga   2. juegues   3. vayas, busques   4. lleguen / lleguemos   5. estés, te mejores   6. haya   7. tenga, encuentres   8. fuera   9. hubiera repasado   10. sepa   **Ejercicio 17**   1. vamos   2. tengamos   3. quiera, sea   4. puedo   5. pudiera   6. están, estén   7. saben   8. hubiéramos comprado   9. entregaran   10. resuelva, proporcione